조남수의

이건 아니야

이건 아니야

발행일	2019년 7월 19일

지은이	조남수		
펴낸이	손형국		
펴낸곳	(주)북랩		
편집인	선일영	편집	오경진, 강대건, 최예은, 최승헌, 김경무
디자인	이현수, 김민하, 한수희, 김윤주, 허지혜	제작	박기성, 황동현, 구성우, 장홍석
마케팅	김회란, 박진관, 조하라, 장은별		
출판등록	2004. 12. 1(제2012-000051호)		
주소	서울시 금천구 가산디지털 1로 168, 우림라이온스밸리 B동 B113, 114호		
홈페이지	www.book.co.kr		
전화번호	(02)2026-5777	팩스	(02)2026-5747

ISBN	979-11-6299-797-0 03300 (종이책)	979-11-6299-798-7 05300 (전자책)

이 도서의 국립중앙도서관 출판예정도서목록(CIP)은 서지정보유통지원시스템 홈페이지(http://seoji.nl.go.kr)와
국가자료공동목록시스템(http://www.nl.go.kr/kolisnet)에서 이용하실 수 있습니다.
(CIP제어번호: CIP2019027854)

정치 에세이

조남수의
이건 아니야

소득주도성장 이대로 좋은가?
누가 이 나라를 병들게 하는가?

조남수 지음

북랩 book Lab

프롤로그

나는 25년간 중소기업을 하다 은퇴한 기업인이다. 재주는 없지만 열심히 한 결과 망하지 않고 버텨는 왔으나, 왜 노력한 만큼 성공하지 못하고 더 쇠락하고 말았는지 한이 맺혀 있는 사람이다. 이는 현재 대한민국의 중소기업과 자영업자들이 최저임금인상과 주 52시간 근로시간 시행으로 과거 IMF보다 더한 고통을 겪고 있기 때문이다. 이러한 소득주도성장 정책을 주도하는 문재인 대통령과 진보진영에 우리 중소기업인과 자영업자들을 살려달라는 절규를 전달하고 싶어 나는 이 책을 펴낸다. 나는 문재인 대통령을 만난 적도, 먼발치에서 뵌 적도 없다. 그러나 내 꿈에서 나는 그분을 뵈었고 그분은 환하게 웃으면서 나를 반겨 맞아주었다. 증명할 수는 없지만 사실이다. 프로이트는 그의 저서 『꿈의 해석』에서 꿈이 무의식의 발로라고 하였지만, 꿈이라는 것이 특정한 꿈을 꾸고 싶다고 꿀 수 없는 것처럼 내 꿈도 대한민국의 중소기업인과 자영업자들의 추락하는 모습을 걱정하는 마음에서 대통령에게 하소연이라도 하고 싶은 상념 때문이라 생각하고 싶다. 촛불혁명의 문재인 정부가 좌우 이념 때문에 서로 상생해야 할 보수 세력을 적폐로 몰아가고, 비현실적인 소득주도성장으로 서민들의 삶이 나락으로 떨어지는 것을 더는 두고 볼 수 없어 임금에게 충간하는 신하처럼 나의 충심을 전하기 위해서이다.

위축된 기업을 살리고 국민이 신바람 나는 세상을 바라보고 싶다. 노사가 사생결단 싸우기보다 사용자를 중심으로 근로자도 같이 공존 번영하는 대한민국을 보고 싶다. 보수가 성장을 견인하고 진보가 복지를 펼쳐 기업이 돌아오고 청년들의 일자리가 활짝 열리는 그러한 나라를 보고 싶다.

마지막으로 내가 사랑했던 전북 새만금에 영호남권을 아우르는 관문 공항이 유치되어 영호남이 상생 발전하고 대한민국이 동북아 물류 중심으로 도약하는 역발상 제안을 첨부하였다. 이 제안이 난제에 빠져 있는 영남권신공항의 해법이 되었으면 한다.

차례

1장

대한민국을
살리자!

내가 책을 쓴 이유

내 나이 70이 넘어 다시 책을 쓰겠다고 결심한 것은 나라가 망가지는 것을 더 두고 볼 수 없다는 안타까움 때문이다. 문재인 정부는 박근혜 탄핵과 촛불시위로 정권을 잡자 이 나라의 통치 근간이었던 자유 이념과 시장경제를 보수세력이자 적폐로 몰아 차근차근 허물어가는 좌편향 정책을 폈고, 정치권 싸움과 관계없이 생업에 종사하는 대다수 중소기업과 자영업자들의 폐해가 더 이상 서민들의 고통을 감내할 수 없는 지경에 와 있기 때문이다.

제도권 밖에서 조그만 기업을 꾸려 생활하는 평범한 나 같은 사람이 이렇게 나설 수밖에 없는 이유는, 나처럼 평범한 사람들이 평범하지 않은 제도권의 사람들로 인하여 삶의 바닥으로 추락하고 있기 때문이다. 이 정부가 추구하는 좌편향 이념인 소득주도성장의 핵심인 최저임금인상과 근로시간 단축이 얼마나 대기업의 투자를 위축시키고 중소기업과 자영업자들을 막다른 길에 내몰았는지 그들은 알지를 못하는 것 같다.

청와대 전 정책실장 장하성은 2018년 7월 고용 쇼크로 인하여 당시 소득주도성장의 가시적 성과가 올해 연말까지 나올 것이라고 했다가 계속해서 부작용이 나타나자 다시 내년에는 좋아진다고 말 바꾸기를 계속했고 종국에는 중국으로 도망⑺을 갔다. 그는 강남에 시가 20억대 아파트에 살면서도 모든 국민이 강남에 살 필요가 없다고 염장 지르는 소리를 한 100억대 자산을 가진 강남 좌파로 하루 벌어 하루 사는 저소득층의 피 말리는 삶의 실체를 그는 알 도리가 없기 때문이다. 흡사 세월호 침몰당시 천진난만한 나이 어린 학생들에게 "그 자리에 그냥 있으라."라고 방송하여 죽음으로 내몰고 자기들만 빠져나온 선원들과 무엇이 다르랴.

문재인 정부와 민주당은 서민의 삶이 바닥인데도 옹고집으로 정권 연장에 올인하고자 선거법 개정과 공수처법을 한데 묶어 야3당과 함께 패스트트랙을 상정하여 밀어붙이고 있다. 대통령이 임명하고 통제하는 공수처법안으로 인해 사법권이 장악되고 민주주의의 핵심인 삼권분립이 훼손되는 상황이 눈앞에 닥쳐오고 있으나 국민은 이것의 위험성을 알지 못하고 있다. 이런 상황에서 나 역시 침묵해서는 안 되겠기에 졸필이라도 책을 펴내 알리고자 한다.

행정이 입법과 사법을 장악하면 독재가 된다. 미국이 번영을 구가하고 강대국이 된 것은 영국으로부터 독립한 이후 삼권분립의 전통을 어떤 일이 있어도 꾸준히 유지했기 때문이다. 삼권분립이 훼손되어 독재국가로 전락한 나라에서 국민이 참상을 겪은 것은 역사에 수도 없이 널려있다. 석유 부국 남미 베네수엘라의 독재자 차베스가 죽고 나서 국민이 빈곤의 참상으로 내던져진 것은 독재자였던 그가 소신 있는 판사들을 체포하여 감옥에 보내고 사법부를 장악하였기 때문이다. 멀리 볼 것도 없이 박정희의 유신 독재만 해도 본인은 물론 국민들까지 값비싼 희생을 치르게 했다. 이것 역시 정권이 유신 헌법으로 국회와 사법부를 장악했기 때문이다.

이제 민주당 정부는 야3당을 끌어들여 선거법을 개정하여 개헌 선을 확보하고 공수처법으로 법원을 확실하게 장악하여 이해찬 민주당 대표가 예언한 50년 집권을 꿈꾸고 있다. 이게 독재로 가는 길이기에 이것만은 민주당을 위해서라도 온 국민이 나서 막아야 한다. 그것은 그들이 후일 독재집단이 될 수도 있기 때문이다.

문재인 대통령을 지지 하든 지지하지 않든 우리의 대통령이기에, 또다시 독재자의 오명을 그분에게 안겨 후세에 기록되게 하여서는 안 된다. 이제 중·고등학교 역사 교과서에 자유를 빼버린, 사회주의 국가를 지향하는 기울어진 대한민국이 세월호처럼 침몰하지 않기 위해서는 보수 가치를 국정의 기본으로 하여 성장정책을 수립하고 선별적 복지를 펼쳐 나가야 한다.

나는 좌측으로 기울어진 작금의 상황에서 무게 중심을 우측으로 옮기어 균형을 잡는 중심점이 필요하다 여기기 때문에 국민을 향한 보수의 가치를 설명하고자 이 책을 출간하고자 한다. 여기서 보수는 현재 자유한국당이나 태극기집회 세력을 말하는 것이 아니며, 현재 집권당인 더불어민주당과 박근혜 대통령의 탄핵 촛불을 들었던 세력을 제외하는 것도 아니다. 자유주의 가치를 중심으로 두고 서로 같이 잘 살자는 평등사상을 좌우 날개로 하는 사상 철학을 가진 거라면 그게 내가 생각하는 보수이다. 비유하자면 자유가 나무의 뿌리와 기둥이 되고 평등이 가지와 잎이 되는 사회체제가 내가 바라는 진정한 보수이다. 국민이 안정적으로 삶을 영위 할 수 있도록 하는 중심적인 보수, 우리의 후손들이 번영할 수 있도록 하는 미래지향적인 보수가 왜 이 시대에 필요한가를 이 책에서 말하고자 한다.

나는 이 책에서 사용자와 근로자의 관계를 나무로 비유하였다. 사용자를 나무의 기둥뿌리라고 하고 근로자를 가지와 잎으로 하였다. 기둥뿌리는 나무의 중심이 되고 생명의 기본이 된다. 뿌리는 사람으로 치면 두뇌와 같은 것으로 이는 진화론을 창시한 찰스 다윈이 제시한 '루트-브레인(root=brain)' 이론에 기반하고 있다. 즉 뿌리가 식물의 두뇌 활동을 하며 동물의 뇌와 유사한 기능을 하는 구조를 가지고 잎에서 흡수된 빛이 광섬유 구조의 관다발을 통해 지하의 뿌리까지 전달되고, 뿌리에 전달된 빛은 광수용체 단백질을 활성화시켜 뿌리의 생장을 촉진하고 지상의 잎과 가지에 전달하여 생육시키는 역할을 하고 있다는 이론을 믿기 때문이다.

기둥뿌리는 노사관계에서 중심을 정하는데 적용된다. 기둥뿌리는 기업에서 사용자가 되며, 따라서 사용자가 기업의 중심역할을 해야 하고 근로자는 가지와 잎이 되어 잉여산물을 생산하여 사용자에게 보내는 것이다. 사용자는 기업을 뿌리처럼 튼튼히 하면서 근로자에게 잉여 산물을 같이 공유하나, 겨울이 오거나 주변의 생육 환경이 열악해지면 식물이 잎을 떨어뜨려 생명을 보존하듯 기업도 위기가 왔을 때 구조조정이나 합병할 수 있는 중심 역할을 사용자가 할 수 있도록 하는 것이 순리이다.

한국을 곧 추월할 중국의 조선 산업이 정부 주도 아래 합병으로 덩치를 키우는데, 현대중공업과 대우해양조선의 합병이 노조의 반대로 표류하고 있는 것은 기업의 사용자가 나무의 기둥뿌리에 해당하고 나무의 중심이 된다는 평범한 사실을 망각하고 있기 때문이다.

지난 어버이날 조사에서 노인들이 제일 받고 싶어 하는 것이 현금이요, 최악의 선물이 책이라 했는데 책이 외면당하는 이 시대에 책을 펴내는 것도 또한 내가 전생에 지은 나의 업보이다.

기울어진 운동장

부모덕도 없고 가방끈도 짧은, 그리고 재능까지 없던 내가 험한 세상 죽지 않고 살아온 것은 끝없는 노력 때문이었다. 삶 이란 자전거가 넘어지지 않도록 쉼 없이 페달을 밟아온 것은, 나처럼 부모덕은 물론 아무것도 없는 흙수저 무산자(無産者)가 감당해야만 하는 숙명이었고, 그것을 가능하게 한 것은 주어진 시간을 최대한 많이 쓰는 것밖에 달리 없었다.

평상시 산을 좋아해 주말마다 산을 찾던 나였다. 그러나 등산한답시고 하루를 허비하는 것이 아까워 빠른 걸음으로 산에 오르다 보니 모악산 입구에서 정상까지 1시간, 지리산 백무동에서 천왕봉까지도 3시간 만에 오르게 되었다. 내가 1995년 회사를 차린 후부터 그토록 좋아했던 주말 산행을 접고 그 시간에 회사에 나와 업무처리와 특허명세서를 작성하곤 했다. 주말에도 일을 해야만 했기 때문인데, 대신 건강을 위해 매일 30분 새벽 운동을 하는 것으로 바꾸었다. 없는 자가 있는 자가 되기 위해 선 주말을 반납할 수밖에 없었다. 그러한 나도 과거 직원으로 일할 때는 돌아오는 주말이 그리웠고, 주말이 오면 늘어지게 잠을 자거나 놀러만 다녔다.

나 자신이 직원으로 있을 때와 사장이 되었을 때 똑같은 사람인데도 의식과 행동에서 하늘과 땅처럼 차이가 나는 것은 왜일까? 내가 주인 일 때는 무슨 일이든 능동적으로 주도하지만, 주인이 아닐때는 피동적으로 변하기 마련이다. 누구에게나 똑같이 주어지는 공평 자산인 시간을 토끼는 잠자는 것으로 허비했지만, 거북은 쉼 없이 한발 한발 목표를 향해 갔기에 승자가 될 수 있었다.

해방 후 가진 것 다 버리고 혈혈단신 몸뚱이 하나로 자유를 찾아 넘어온 이북사람의 성공담은 무수히 많다. 기회의 땅 미국을 향해 떠난 사람들의 성공사례 역시 수없이 많은데 하나같이 주말을 반납하고 열심히 일했다는 공통점이 있다. 돈 없고 재주 없는 평범한 사람들이 성공하려면 남보다 시간을 더 많이 활용하는 것밖에 달리 방법이 없다. 남 잠잘 때 같이 자고 놀 때 같이 논다면 결코 성공할 수 없다는 것은 진실에 가깝다.

이 정부에서는 주 52시간 노동을 강제하기 시작 했다. 더 일하고 싶어도 더 일하지 못하게 한다. 계층 간의 사다리가 끊어진 우리 사회에서 더 많이 일하여 유산자(有産者)가 되고 싶어도 될 수 없게 만든다. 그동안 가난뱅이 자식들이 위로 올라갈 수 있었던 유일한 계층 간 사다리로 사법고시가 있었지만, 이제는 비싼 수업료 때문에 부잣집 자식들만 갈 수 있게 되었다. 로스쿨의 높은 문턱도 결국 돈이기에 가난뱅이 집 자식들은 법조인의 꿈을 버려야 했고 대신 알바생으로 전락하여 빈곤의 대물림을 이어갈 수밖에 없다.

대신 기초 연금, 노령연금, 청년수당, 아동수당 등 헤아릴 수도 없는 가지가지 명목으로 돈을 줄 테니 정부가 하자는 데로 그만 일하자고 한다. 사람 인(人) 자가 말해주듯 사장 혼자서는 아무 일도 할 수 없고, 직원들과 같이 시간을 공유해야만 재화를 생산하고 그것을 나눌 수 있는데 더 이상 일을 시키지 말라고 한다. 벤처기업이든 제조업이든 더 연구하고 더 생산하고 해야 하는데 정부에서 하지 말라 한다. 그리고 업종 불문, 지역 불문, 내용 불문 일주일 52시간을 넘지 말아야 하고, 일의 전문성과 숙련도와 관계없이 무조건 최저임금 이상을 주라고 한다. 한마디로 좌측으로 기울어진 운동장이 되어가고 있다.

중소기업과 자영업자

현재 중소기업과 자영업자들이 저성장 불경기로 어려움을 겪고 있는데, 엎친데 덮친다고 최저임금 인상과 근로시간 단축으로 기업은 최악의 상황에 빠져드는데도 정권을 잡은 문재인 정부가 이를 바로잡기보다 소득주도성장을 신념화하여 계속하고 있기 때문이다.

2018년 통계청의 통계에 따르면 지난해 국내 자영업자 수는 564만 2천 명으로 2014년 이후 최고치이고, 이중 고용원 없이 혼자하거나 가족끼리 하는 자영업자는 405만 6천 명으로 나타났다. 정부의 오판은 자영업자 대부분이 통계와 같이 고용 능력이 없으니 최저임금을 올려도 관계가 없다고 생각하고 근로소득을 높여주면 자영업자에게 피해 없이 경기가 좋아지는 선순환 구조로 갈 것이라는 생각이다. 경기만 살아나면 임금을 올리지 않아도 자영업자들이 고용을 창출하고 실업률이 낮아지는 연관효과를 왜 모르는지 모르겠다. 경기가 좋아지면 자영업자 하나가 한사람만 채용해도 400만의 고용창출이 되는 이치를 모르고 있다. 중소벤처기업부장관을 지난번엔 홍종학으로, 이번엔 언론인 출신 박영선 의원을 임명한 것도 사태의 심각성을 모른 채 안일하게 생각하고 우리는 잘하고 있다는 신념 때문이다.

경제가 침몰 하는데 좀 있으면 나아지니 조금만 참으라 한다. 흡사 세월호가 침몰하는데 그대로 있으라고 한 안내방송과 똑같은 상황이다. 나는 이 정부가 평등사상의 진보 이념에 사로잡혀 세월호가 침몰했던 마의 구간으로 대한민국 호를 운행할까 걱정이 앞선다. 자영업의 쇠락을 대외 환경변화나 온라인 시장의 변화쯤으로 생각하는 정부를 더 믿다가 완전히 침몰할까 걱정이다.

나는 중소기업을 25년간 경영하면서 중소기업의 구조적인 문제와 정부의 방만한 규제와 노조의 위력 앞에 풍전등화 같은 중소기업의 현실을 체감하고 있었다. 특히 일자리 창출의 근원인 제조업이 몰락하는 현시점에 중소벤처기업부 장관은 청와대의 예스맨이 아니라 노동계와 맞설 투사형 장관이 필요하다고 생각했다. 좌파 정부 들어 기울어진 노사의 균형추가 촛불혁명 이후 더 노동계로 심하게 기울어진 판을 바로 세워야 경제가 정상 위치로 돌아오고 중소기업과 자영업자의 살길이 생긴다고 믿었기에 많은 생각을 했다.

마침 장관후보자가 국회 인사검증에 실패하자 의욕이 생겼다. 인사혁신처의 인재 데이터 베이스에 나를 등록하고 청와대 민정수석과 인사수석에게 중소벤처기업부장관을 해보겠다고 내가 나를 셀프 추천하여 편지를 보냈다. 내 비록 성공가도를 거친 관료나 법조인은 아닐지라도 중소기업인으로서 중소기업을 옥죄는 규제의 본

질을 알고 이를 혁파하며 강성노조에 맞설 수 있는 투사형 장관이
될 자신이 있었다. 그래서 편지에 이렇게 썼다.

목숨을 걸고 임금에게 충간하는 신하처럼 제가 중소벤처기업부 장
관이 된다면 최저임금 인상과 근로시간 단축 등 각종 노동정책의 부
작용을 최소화 하여 기업을 살리겠습니다. 힘센 노동 세력에 맞서 그
들과 투쟁할 수 있는 투사형 장관이 되어야 중소기업을 살릴 수 있
고, 중소기업이 살아야 일자리가 창출됩니다. 국가가 언제까지 청년
들의 일자리를 만들어낼 수는 없습니다.

내가 대한민국의 중소기업과 자영업자 생존에 소명 의식을 갖고
있다지만, 정권 핵심부에 동아줄이 없는 이상 편지를 보낸다고 그
게 될 일도 아니고 비웃음거리가 될 해프닝일 뿐이었다. 하지만 이
렇게 하지 않고서는 견딜 수 없는 서민경제의 비참함과 우리나라
경제의 답답함이 나를 짓누르고 있었기 때문에 편지를 아니 보낼
수가 없었다. 그래도 국민이 보낸 편지라고 청와대는 무시하지 않고
인사수석실과 민정수석실 명의로 각각 답장이 왔다. 국정에 관심을
가져주어 감사하고 중소벤처기업부장관 청원은 꼼꼼히 살펴보고
적극 검토하여 정의로운 대한민국 건설에 반영될 수 있도록 노력하
겠다는 의례적 수사로 가득 찬 답신이었다.

저성장 불경기에 자영업자들이 아우성이다. 영세한 자영업자만
아니라 경제의 성장세가 꺾이다 보니 기업체의 경영도 위기에 봉착
해 사무실까지 비는 공실이 많아지고 있다. 금융의 메카로 불리는

여의도의 사무실 공실률이 지난해 2분기 12.4%로 가장 높았다고 한다. 태양광으로 외양을 치장한 최고급사무실인 전경련회관 건물도 30% 이상이 비어있다고 한다. 한때 사람에 치여서 걷지를 못한다는 명동도 비어있는 상가가 속출하고 있다. 2017년 2분기 4%이던 중대형상가 공실률이 2018년 6.4%로 뛰어올랐고, 젊음의 거리로 서울 3대 핵심 상가인 홍대, 합정동의 소형 상가들은 3.7%에서 17.2%로 상가 공실률이 약 5배 수직 상승하였다.

국세청에 따르면 작년 전국에 사업자 폐업신청 건수는 90만 건이 넘어 최악의 경제위기였던 IMF 당시의 폐업건수인 65만 건을 훨씬 웃돌고 말았다고 한다. 자영업자가 짊어지고 있는 빚은 평균 1억으로 조사되었으며, 김영란법과 냉각된 소비 경기로 2016년 말 통계는 작년대비 45%의 매출이 줄어든 것으로 조사되었다. 현재 중소기업중앙회 조사에 의하면 소상공인 3명 중 1명(33.6%)이 지난 1년 동안 휴업이나 폐업을 고려한 적이 있다고 응답했다. 정말로 후임자가 없어 마지못해 장사하고 있다는 뜻이다.

울산에 이어 대구의 소상공인 자영업자들이 길거리에 나와 최저임금을 수용할 수 없다고 시위에 나섰다. 옛날로 말하면 민란이 일어난 것이다. 죽으라면 죽는 시늉을 하던 서민계층인 소상공인 자영업자들이 들고 일어난 것은 현실과 동떨어진 최저임금인상과 52시간 근로시간 단축을 받아줄 수 없기 때문이다.

하지만 이념코드에 사로잡힌 문재인 정부는 물러날 기색이 전혀 없는 듯하다. 이전 주무장관인 홍종학 중소벤처기업부 장관이 소상공인들과의 간담회에서 최저임금 인상으로 손해나는 부분은 근로 장려금 등으로 정부가 보전해주겠다고 했다. 어쩜 이처럼 꽉 막힐 수가 있는가? 내가 살고 있는 전주시의 가장 번화가인 서부신시가지 상가는 번쩍이는 네온과 달리 곳곳에 임대 현수막이 줄줄이 걸려있다. 장사가 안 되어 임대료가 6개월 이상씩 밀린 데가 부지기수이며 영업하고 있는 점포도 부동산에 무더기로 매물로 나와 있다. 장사가 안 되는데 임금을 올려주라고 하면 문을 닫는 수밖에 도리가 없다.

경제 분위기를 살려주고 대기업부터 시작하여 중소기업과 자영업자들이 판을 벌리도록 유도하는 것이 아니라 재벌을 해체하여 곳간에 쌓아둔 돈을 같이 나눠 쓰자는 정부라면 나라 망하는 것 시간문제이다.

풀죽은 우리 사회

경제는 분위기로 먹고산다고 한다. 경기가 가라 앉으니 지갑을 닫고, 지갑을 닫으면 소비가 줄고, 소비가 줄면 생산이 줄어 결국 일자리까지 줄어든다. 시쳇말로 노름판이라도 벌여야 고리 뜯는 사람이 생기고, 막걸리 심부름하는 사람이 생기고, 그 막걸리 얻어먹는 사람도 생기게 된다. 투자를 해야 공장도 짓고 함바집도 생기고 자재납품도 하고 일자리도 생긴다. 누가 국내 좁은 시장만 바라보고 공장을 짓나? 인력이 넘쳐나고 교육의 기회가 많아져 턱 밑까지 치고 올라오는 동남아와 경쟁하려면 생산단가가 맞아야 하는데, 최저임금 인상하고 근무시간은 주 52시간을 넘기지 말라고 하면 국내 투자보다 해외 투자를 하기 마련이다. 국내 규제는 더욱 강화되고 노조와 근로자의 요구는 갈수록 높아만 가는데. 장관을 하고 계신 높은 분들! 본인들이 기업인이라면 국내에다 투자하겠는가?

우리 사회에는 이제 아싸 아싸가 없어져만 간다. 하면 된다는 헝그리 열정이 사회전반에서 식어가고 있다. 즉 신바람이 없는 사회가 되어 가는 것이다. 갈수록 가라앉는 분위기는 노래방의 쇠락에서 알 수가 있다.

노래는 삶의 일부이고 활력을 준다. 직장 단합을 도모하고 비즈니스에서는 거래처와 친분을 만들어 낸다. 청탁금지를 못하게 하는 김영란법이 시행되어 오해받기도 싫고, 미투 운동으로 노래방에서 같이 노래 부르다가 성추행으로 오해받을까 발길을 끊고 윤창호법에 강화된 음주단속에 신세망칠까봐 술집도 이제 멀리한다. 결국 죽어나는 것은 서민들을 상대로한 자영업자들이다.

노래방에서 도수 낮은 맥주 정도는 괜찮으련만 그것도 위법이다. 장사를 안 한다면 모를까, 손님이 요구하여 맥주 내놓았다가 함정 단속에 걸려 영업정지 먹는 노래방이 부지기이다. 평생 동안 직장생활하여 나온 퇴직금에다 대출받아 노후대책으로 노래방 차렸다가 손님은 없고 술 팔았다고 영업정지를 먹는다. 열심히 노력해도 버틸 재간이 없어 인수할 사람을 찾아보아도 불경기에 새로 시작할 사람은 없고 하니 건물주에게 간 보증금이라도 살리려고 권리금 안 주어도 좋으니 대신 노래방 문만 열고 장사해줄 사람에게 넘기고는 실업자가 되어 공사판에서 막노동까지 하는 자영업자도 있다. 중소기업과 자영업자들의 한탄소리가 저들에게는 왜 들리지 않는가?

우리 주변에는 두 부류의 가정이 있다. 하나는 그날 벌어 마음껏 먹고 즐기면서 사는 타입이다. 저축은 염두에 두지 않고 미래는 계획하지 않는다. 이솝우화의 배짱이다. 또 하나는 근검절약하여 저축하고 목돈을 만들어 재산을 불려가면서 미래에 희망을 갖고 사는 타입이다. 자기가 이루지 못하면 자식들이 이루기를 바란다. 자식들에게는 인기가 없어도 가난을 대물림 하지는 않는다. 이에 반해 전자는 놀고 즐기면서 살기에 자식들에게는 최고의 아빠지만, 자식들도 가난의 굴레를 벗어나지 못한다. 어느 가정이 바람직한 것인가는 이미 정해져 있다.

국가도 마찬 가지이다. 내일을 준비하지 않고 세금을 긁어모아 복지라는 미명 아래, 저소득층을 핑계 삼아 평평 국민의 혈세를 쓰는 나라이다. 위험의 임계점에 도달할 때까지는 그 위험을 모르고 지나친다. 수출로 먹고사는 나라에서 수출이 쇠락하고 제조업이 추락하여 경기가 선순환구조로 가지 못하고 있는데, 증세로 공무원 숫자 늘리고, 헬리콥터 살포식 복지로 국민의 자력갱생 의지를 꺾고, 복지예산 시혜로 국민을 복지중독자로 만들어 가면 어떻게 되겠는가? 일시적으로 환심을 사고 정권을 재창출할 수는 있으나, 나라가 망하는 것은 시간문제 아닌가?

정치인이야 권력을 잡기 위해 그렇다지만, 제일 나쁜 사람은 이를 알고도 입 다물고 있는 우리나라의 경제전문가들이다. 이재열 서울대 교수가 말한 불신, 불만, 불안의 3불 사회가 현재 우리나라의 모습이 아닌가? 그래서 대한민국을 떠나려는 사람들이 늘어난다고 한다. 외교부에 따르면 작년 해외이주 신고자가 2,200명으로 2016년의 455명에서 2년 만에 5배가 되었다고 한다. 정말 이대로 가도 좋은 것인가?

일할 데가 없다네

현재 문재인 정부의 경제실적이 추락하고 있다는 것은, 정부가 발표하는 통계지표를 통해 알 수 있다. 지난해 외국으로 수출된 제조업 중고설비가 최고를 기록하는 것은 바로 더 이상 대한민국에서 제조업을 하기가 어려워 설비라도 중고 값을 받고 외국에 팔려는 것이다. 일자리 창출의 핵심인 제조업이 무너지고 있는 이유는 한국이 제조업하기 어려운 국가가 되었기 때문이다.

한국경제의 유일한 버팀목인 수출이 계속 줄어들더니 경상수지가 7년 만에 적자로 돌아섰다는 보도까지 나왔다. 6월 5일, 한국은행이 지난 4월 경상수지 적자가 6억6000만 달러를 기록했다고 발표했다. 장사란 잘될 때도 있고 안 될 때도 있지만, 문제는 귀족 노조, 강성노조, 기득권 노조로 대표되는 민노총, 한국노총 등 노조 세력들이 대기업부터 시작해 중소기업까지 영향력을 확대하고 있다는 것이다. 이제 임금인상 정도에 그치지 아니하고 인력배치, 채용 등 경영권에 간섭하는 등 그들의 요구는 끝이 없다. 이 때문에 대기업과 중소기업들의 엑소더스가 시작된 것이다.

4월 26일, 한국수출입은행의 자료에 의하면 2018년 대·중소기업의 해외 직접투자액은 478억 달러(55조)로 관련 통계작성이 시작된 1980년 이후 최고치를 기록했으며, 2017년의 438억 달러보다 9.1% 늘어난 것이다. 반면 국내 투자는 큰 폭으로 줄고 있는데, 올해 1/4분기 설비투자 증가율은 21년 전 외환 위기 이후 최저치인 -10.8%에 머무르고 있으며, 이러한 설비투자 감소는 곧바로 GDP 경제성장률에 반영되어 10년 만에 최저치인 -0.3%로 내려 앉았다고 한다.

최저임금 인상으로 소득을 늘려주었다는데, 실제로는 소비 침체, 설비투자 감소로 인해 제조업의 하락세는 계속되고 있는 것이다. 법인세, 상속세의 과중한 부담도 사업 의욕을 잃게 한다. 현재 법인세 최고 세율은 25%로 OECD 평균보다 높다. 특히 상속 세율은 최대 주주 지분 실질 최고 세율이 65%로 OECD 평균인 26.6%의 2배가 넘는다고 한다. 평생을 바쳐 일궈온 기업을 내 자식한테 물려주지 못하고 세금 때문에 시장에 매물로 내놓고 사모펀드 등에 파는 사례까지 생겨나고 있다.

제조업 강국인 일본은 장수기업의 천국이기도 하다. 창업 200년이 넘은 기업이 3,000곳이고, 100년 이상 되는 기업은 만 개에 이른다. 반면 우리나라에서 창립 100년을 넘긴 기업은 두산, 동화약품, 몽고식품 등 7곳 밖에 되지 않는다고 한다. 이는 사농공상을 천시한 조선시대의 유물이기도 하지만, 가업을 물려줄 수 없도록 한 빡빡한 상속세 규정도 한몫하고 있다. 일본, 독일처럼 장수기업이 많은 나라의 특징은 70%가 가족 기업이며, 가족이 기업을 이어가도록 한 것은 완만한 상속 규정 때문이다. 이런 나라들에서는 일정 기간(5~7년 이상) 동안 기업을 유지하면 상속세를 80~100% 감면하거나 유예하는 파격적인 정책을 쓰고 있다고 한다. 그런데 우리는 거꾸로 가고 있다. 이런 상황에서 제조업일자리 창출을 말할 수 있을 것인가?

민주당이 정권을 잡으면서 주문처럼 외쳤던 소득주도성장이 집권 2년 차에 최악으로 나타나기 시작했다. 5월 15일 통계청이 발표한 4월 고용동향에 따르면 취업자 수는 줄어드는데 실업자 수치는 IMF

이후 19년 만의 최대치인 124만 5천 명으로, 실업률은 4.4%를 기록했고 이중 취업을 앞둔 15~29세 청년층 실업률은 무려 11.5%로 나타났다고 한다.

경제가 무너지기 시작하면 실업대란이 일어난다. 이미 그 징조는 나타나기 시작했다. 그럼에도 대통령은 "경제가 성공으로 가고 있다."고 엉뚱한 소리를 해댄다. 박지원 의원 말마따나 참모들로부터 엉터리 보고를 받고 실상을 파학하지 못한 벌거벗은 임금님이거나 왜곡된 신념으로 진실을 못보고 있는 것 아닌가?

이러한 괴리는 왜 나오는 것일까? 문재인 정부의 신앙 같은 소득주도성장은 세상을 유기적으로 보지 못하는 근시안적 좌파적 안목에서 나오기 때문이다. 우리나라는 자원이 없는 나라로 원자재를 들여와 가공하여 수출하는 수출 의존형 경제이다. 국내 임금을 올려 소비를 늘리면 생산이 많아져 임금, 소비, 생산의 선순환 구조를 만들 수 있다는 것은 한쪽만 바라보는 반쪽짜리 안목이다. 임금이 오르면 수출단가가 올라가고, 수출단가가 오르면 채산성이 안 맞기에 기업은 부득이하게 외국으로 옮길 수밖에 없다. 기업이 외국으로 나가면 국내 일자리는 줄어들고 경기는 침체하게 된다. 정부의 인위적인 임금 인상이 부메랑이 되어 국내 제조업의 공동현상을 만들어 내는 것이다.

외국으로 중소 기업이 탈출하는 것을 해외투자라고 부른다. 일자리 창출의 일등공신인 중소기업의 해외투자는 2017년 대비 31.5%나 폭증하여 100억 달러에 이르렀다. 2012년의 22억 달러에서 거의 5배나 폭등했는데, 이는 매년 30%씩 늘어난 것이다.

한국의 중소기업을 일컬어 9988이라고 한다. 기업 숫자의 99%를 차지하며, 고용의 88%를 차지하는 경제의 버팀목이다. 50인 이하 중소기업이 국내 고용의 70%를 담당하고 있는데, 이런 중소기업의 엑소더스가 현실로 닥친 것이다. 일자리가 줄어들면 그 고통은 근로자에게 돌아간다. 어린이날인 지난 5일 새벽, 경기도 시흥시 한 농로에서 30대 부부가 4살, 2살짜리 아이들과 함께 숨진 채 발견되었다. 7,000만 원의 부채를 짊어지고 있었는데 부부가 모두 직장에서 잘리자 자살이라는 막다른 길을 선택한 것이다.

지금 청년들의 실업률은 사상 최고치를 기록하고 있다. 젊은이들은 궂은일 힘든 일을 하지 않으려 해서 중소기업을 외면하는 판에 임금은 생산성 향상 이상으로 인상하라고 강제하니 배겨낼 도리가 없다. 그런데도 이 정부는 근로자들의 임금을 올려주는 소득주도성장이 소득 불평등과 양극화를 해소할 수 있다고 믿는다. 숲을 못 보고 나무만 보는 좌파적 근시안적 이념이 나라를 망치고 있다.

점령군이 되어서야

문재인 대통령은 대통령 취임사에서 "기회는 평등하고 과정은 공정하며 결과는 정의로울 것."이라고 했다. 그러나 2년이 흐른 지금 나라꼴을 보면 "기회는 우리끼리, 과정은 내로남불, 결과는 좌파독재"가 되어가고 있다. 능력에 따른 적재적소를 인사 대원칙으로 삼아 자기에 대한 지지 여부와 상관없이 유능한 인재를 삼고초려해 일을 맡기겠다고 국민 앞에 약속했다. 그러나 진보세력이 장악한 이 정권은 정권을 잡자마자 공공기관 물갈이부터 시작했다. 대표적인 것이 환경부 산하기관 불랙리스트다. 자기편에 있는 사람들을 전문성과 관계없이 낙하산으로 심기 위해 임기가 보장된 기존 임원들을 갖은 협박으로 쫓아내었다.

공기업 임원이 무엇인가? 사무실과 여비서, 자가용, 몇 억에 달하는 연봉을 주면서 국민을 위해 일 잘하라는 것인데, 전문성도 없고 임명권자 바라보는 캠코더 인사들만 내리 꽂았으니 공기업이 잘될 수 있겠는가? 5월 1일 기획재정부의 2018 공공기관경영정보공시에 따르면 국내 339개 공공기관의 당기 순이익이 2016년 15조 4000억 원에서 2017년에는 7조 2000억 원, 2018년에는 1조 1000억 원으로 곤두박질쳤다.

좌파 지향의 정당들은 건국 후 이승만과 박정희 정권을 거치 면서 지금까지 김대중, 노무현의 10년 좌파 정권 빼고는 오랫동안 춥고 배고프고 어렵게 살아왔다. 박정희의 유신 정권과 전두환 군사 정권에 맞서 민주화 투쟁을 하였고, 아스팔트에서 최루탄 연기를 마셔야 했으며, 기득권의 배부른 것이 해방 후부터 내려온 구조적인 것임에 적개심을 품은 채 이를 악물고 시민단체와 힘을 모아 진보진영을 이루어 보수 세력에 대항하였다.

하늘도 무심치 않아 시민들이 촛불을 들어 주었고 혁명의 외침 소리에 꿈에도 그리던 정권이 진보세력으로 넘어왔다. 원래 천하를 쟁취할 때와 천하를 다스릴 때의 인재는 다르다 하였는데, 배가 고팠던 진보세력은 그걸 생각할 겨를이 없었다. 정권을 잡자마자 잔치를 벌이기 시작했다. 경력과 전문성은 보지 않았다. 내 편이라 하면 논공행상으로 장·차관과 공기업 자리를 서로 나누어 가졌다.

박정희는 경제만큼은 혁명 공신인 군인들에게 주지 않고 경제 전문가에 맡겼다. 그래서 김재익 경제 수석에게 "경제는 당신이 대통령이야."라고했다. 그 옛날에 폭군 연산군을 몰아내고 중종반정에 성공했던 쿠데타 세력들의 정권 싹쓸이 나눠 먹기로 백성들은 도탄에 빠지고 스스로 자멸했던 역사가 있건만, 현 정권은 문재인 대통령 취임 1년 4개월 동안 선거캠프 출신, 이념 코드가 맞는 인사, 더불어민주당 출신 등 이른바 캠코더 인사들에게 365개가 넘는 공기업 수장의 자리를 주었다는 보도가 있다. 이는 하루에 하나 꼴로 진보 진영에 떡고물을 던져준 것이다.

원래 농사일은 농군이 길쌈 일은 아낙이 하는 게 정상이다. 이는 그 분야에 잘하는 사람이 있다는 뜻이고, 잘하는 사람을 찾기 위해서는 진보와 보수를 가리지 말아야 한다. 그러나 진보는 먹잇 감에 취해 달려드는 이리떼처럼 그들만의 잔치를 벌였다. 그러다 보니 해당 분야에 경력이 없어도 낙하산을 타고 내려앉았다. 그 피해는 고스란히 국민에게 돌아간바, 대표적인 것이 KAI(한국항공우주산업) 사장에 문재인 대선 캠프에서 일한 감사원 사무총장 출신이 앉은 것이다. 결국 향후 100조 시장까지 바라볼 수 있는 알토란 같은 미 훈련기 사업자 선정에서 탈락했다.

자기 사람 심기 위해 멀쩡한 회사를 적폐로 몰아 검찰수사로 3개월 동안 쑤셔대니 핵심 간부인 부사장은 목숨을 끊었고 사장은 기소되었으나 1심에서 주요 혐의가 무죄가 선고되었다. 세계 무기시장은 전쟁보다 숨 막히는 첩보와 술수가 있는 곳이다. 리베이트가 있고 무기 중개상도 있다. 한마디로 불법도 있는 곳이다. 보잉과 사브의 컨소시엄에 패한 것이 상대의 저가 입찰 때문이라지만, 실상은 무기시장의 생리도 모르는 감사원출신 사장이 원칙만 고수하다고배를 마신 것이다.

언론을 장악하기 위해서 아직도 임기가 남아있는 지상파 KBS, MBC의 사장을 몰아내고자 했고, 사장의 임명과 해임 의결권을 갖고 있는 이사회를 장악하고자 보수 성향 이사를 내쫓기 위해 노조를 동원하여 집 앞에서 데모도 하였고 먼지털이 수사로 법인카드로 2500원 김밥 사 먹은 것도 찾아내 몰아내었다.

그랬던 진보세력도 치부가 공개되었다. 자유한국당 심재철 의원이 국가재정정보 시스템에서 내려받은 정부 예산 집행 자료 중 일부를 공개했는데, 정권을 잡은 작년 5월부터 심야·주말 업무추진비로 2억 4천만 원을 주점 등에서 사용했고, 임용이 되기전에도 회의수당을 지불하였다고 한다. 청와대 직원들이 밤 11시가 넘은 심야에 와인바 등 술집에서 업무추진비를 사용한 것은 공과 사가 구분이 안 된다는 증거이고, 중이 고기 맛을 본 것으로 해석될 수 있다. 그동안 춥고 배고팠던 진보진영 친구들이 한 손에 권력을 한 손에 법인카드를 들었으니 눈에 보이는 것이 없이 술집에서 마구 긁어댄 것 아닌가?

대통령의 '나를 지지하지 않은 사람들도 삼고초려하여 인재등용하겠다'는 취임사는 거짓말이 된 것이다. 이 정권은 유달리도 내로남불의 명성을 날리고 있다. 자기들은 부동산 몇 채씩 갖고 강남에 살면서 국민에게는 패가망신하니 부동산 투기하지 말라고 한다.

부동산 가격을 때려잡겠다고 재개발,재건축을 타깃으로 삼아 초과 이익 환수제, 조합원 분양권 전매금지, 5년 재당첨 금지 등 고강도 정책을 쏟아내면서 뒤로는 이 정권의 입인 김의겸 청와대 대변인처럼 은행 빚내고 전세 앉고 하여 투자원금의 무려 3.5배의 상가 딱

지 투기에 나선 것을 보면 가히 부동산 프로급 이상이다. 소유건물 매매가 뉴타운 사업 시행 인가 3달 전에 이루어진 것은, 건물주가 사업인가 정보만 미리 알았다면 아무리 자영업몰락으로 막다른 길에 내몰렸다 하더라도 그걸 팔았겠는가? 건물주와 대변인의 정보력 급수가 서로 다른 것이다. 이렇게 보면 도덕성이 생명인 진보도 눈앞의 이익 앞엔 탐욕 보수와 조금도 다르지 않음을 스스로 입증한 것이다.

그들은 내 편이면 눈감아주고 내 편이 아니면 적폐로 모는 것을 능사로하기에 부동산 투기를 책임지는 국토부 장관 후보 추천에서 후보가 갖고 있는 3주택이 부담이 되자 자기가 살고 있는 집을 딸 부부에게 증여하고 월세를 사는 기상천외한 발상까지 하는 능력자를 추천하였다. 부동산 투기 바람 때 살지 않는 세종시에 분양권 투자하고 서울 잠실 재건축 아파트는 구입 15년에 10억 이상 차익을 누렸다는 최정호 씨다.

현 정권의 DNA는 적폐세력과 다르다고 했지만, 국민이 볼 때는 진보진영 이야말로 보수보다 한 수 더 위선적이고 내로남불의 DNA를 가지고 있는 것 아닌가?

공수처는 안 된다

이제 이 정권은 자기들이 할 짓과 한 짓을 너무나 잘 알고 있기에 정권을 뺏기면 보수에 당한다는 뿌리 깊은 의식이 꽈리처럼 집단 형성되어 있을 것이다. 그래서 정권을 잡자마자 적폐청산 TF팀을 꾸려 대대적인 보수 세력에 대한 적폐청산을 단행하여 두 명의 대통령을 위시하여 130명이 감옥으로 갔고, 조사받던 이재수 전 기무사령관, 변상훈 고검사, 한국항공우주산업 부사장, 국가정보원 변호사, 조진래 전 의원 등 5명이 압박에 견디다 못해 스스로 목숨을 끊었다.

서슬퍼런 정권초기에 적폐청산의 회오리가 몰아치면 사법부도 겁을 먹게 되어 있다. 지난 총선 선거법 위반으로 기소된 여야 국회의원들의 판결내용도 살펴보면 여당 의원은 추미애 80만원, 송영길 90만원, 김진표 90만원, 박영선 70만원, 유동수 90만원, 오영훈 80만원, 윤호중 80만원, 박재호 90만원, 강훈식 80만원 등 모두 벌금 100만원 이하로 국회의원직을 유지하였으나, 야당의 최명길, 이군현, 박준영, 송기석, 권석창, 윤종오 의원 등은 100만 원 이상 또는 금고이상의 형을 받아 의원직을 상실하였다. 유전무죄 무전유죄와 같이 여당무죄 야당유죄가 입증된 것이다.

과거 유신 정권에서 인혁당 사건 피의자들이 대법원에서 사형당할 만한 죄가 없음에도 억울하게 사형을 선고받고 형장의 이슬로 사라진 것처럼, 사법부는 지금도 똑같이 정권입맛에 맞는 판결을 내놓고 있다. 이는 판사들도 정권의 눈치를 보아야 하는 사람이기 때문이다. 이처럼 진보 정권은 보수세력을 초토화시켰음에도 마음이 놓이질 않는가 보다. 적개심을 가지고 투쟁은 잘했지만, 미운 놈 떡 하나 더 줘야 한다는 세상 원리를 모르고 있는 진보세력이다보니 집권 2년 만에 경제가 엉망이 되어가고 있다.

중소기업과 자영업자들이 무너지고 대기업들도 해외에 투자하지 국내에는 하지 않고 있다. 제조업이 몰락하다보니 표밭인 부·울·경의 민심도 돌아서고 있다. 내년이 총선인데 발등에 불이 떨어진 것이다. 세월호나 5.18 분노의 약발도 떨어져간다. 이해찬 민주당 대표가 말한 50년 집권플랜이 실현되려면 헌법도 개정해야만 하는데 말이다. 진보 진영 측의 민변, 우리법연구회 등이 대법원 헌법재판소까지 장악했지만, 국회에서 진보가 압승하지 않으면 수포로 돌아간다.

결국사법권을 완전히 장악하고 총선에서 이기기 위해 바른미래당 손학규 대표가 단식하면서 주장한 연동형 비례대표제를 받아들이고 회심의 절대 권력을 얻게 되는 계산법을 추진한 것이다. 즉 정부 여당이 보수 정당에 불리한 선거법 개정안을 신속처리 안건으로 처리하고자 하는 패스트트랙 지정 법안에 공수처법안을 끼워 넣고 선거법과 함께 도매금으로 처리하면 된다.

공수처, 즉 고위공직자 비리수사처는 판검사를 조사하여 감옥에 잡아넣을 수 있는 초권력기관이 될 수 있어, 이것이 민주주의의 기본인 삼권분립을 훼손하는 독재 권력으로 가는 길임에도 대다수 국민은 모르고 있다. 중국의 시진핑도 고위공직자나 공산당원들을 직접 체포 및 조사를 할 수 있는 중앙기율검사 위원회를 장악해 보시라이 같은 정적을 숙청하고 권력을 공고히 했으며, 비당원들은 국가 감찰 위원회를 통해 사회를 완전히 통제한 후 주석 임기의 연임 제한을 철폐하고 독재로 가는 종신 집권 시대를 열었다.

일반적인 사람들도 완장을 차면 어깨에 힘이 들어간다지만, 권력기관도 견제받지 않으면 독단으로 흘러 국민의 지탄을 받는다. 과거 대검중앙수사부가 산천초목을 떨게 하는 권한 행사를 하다가 노무현의 죽음으로 폐지되었으나, 특별한 것을 좋아하는 검찰은 검찰 특수부를 계속 두어 고위직 공무원과 재벌총수 등을 상대로 청와대 하명 수사를 진행하여 인권침해 논란을 불러일으켰다.

만인은 평등하니 검찰 내 형사부가 고위직 공무원이든 아니면 다른 누구든 형사법상 죄를 지었다면 불러 조사하면 될 것을 굳이 특수부를 두어 정치권력의 망나니로 두려는 것은 아직 우리나라가 민주국가가 덜 되었기 때문이다. 문재인 정부는 검경수사권 조정으로 특수부 축소라는 여론이 일자 선거공약에 있었던 공수처를 청와대 직속으로 만들려고 하는 것이다.

우리에게는 과거 중앙정보부가 정보수집기관으로 출발했으나, 대공수사권이 있음으로 인해 무소불위의 권력을 휘둘러 정치인은 물론 일반 국민도 술집에서 권력자의 험담을 했다가 남산에 붙들려가 치도곤을 당한 기억이 있다. 나는 그 옛날 중정에 붙들려가 혼난 적은 없어도 소집되어 정부 정책을 잘 말해달라는 교육받은 일은 있다. 한국역술인협회 남서울지부 이사로 등록한 것 때문에 이문동 중정본부에 가서 반공 및 민심 선무 교육까지 받은 것이다. 이는 유신정권을 받치고 있는 핵심기관으로서 누구든 불러다 조사할 수 있는 권한을 갖고 있는 중정 권력이다보니 국정홍보나 반상회 운영까지 행정에서나 할 일까지도 간섭하고 넘나들고 있었던 것이다.

이처럼 중정이건 공수처건 권력기관이 되면 월권을 하게 된다. 그로 인하여 정부 조직의 자율성이 침해되고 모든 정부기관은 청와대를 향한 해바라기 기관이 되어 국민 여론보다 집권자의 눈치를 보게 되어 자연히 독재 국가로 흐르게 된다. 시집살이를 톡톡히 한

며느리가 시어머니가 되면 새로 들어온 며느리에게 한술 더 한다는 말처럼, 군사정권에 반기를 들고 이 나라의 민주화를 외쳤던 우리의 운동권 학생들이 그때 당시 그렇게 남산 지하 조사실에서 당했으면서도 촛불혁명으로 권력을 잡게 되자 중정을 초월하는 공수처를 만들겠다는 것이다.

견제를 받지 않고 대통령만 바라보는 초 권력기관이 국민보다 대통령을 위하여 불법, 무법을 서슴지 않고 자행하다 보면 어떤 결말이 오는지를 역사가 가르쳐주었건만, 이들은 애써 귀를 막고 있다.

대통령이 임명하는 수사기관이 사법 공무원을 불러 조사하게 되면 어떻게 되는가? 사법부를 위축시키고 막강한 권력을 갖게 된다. 유신 시절 대통령 경호실의 차지철 실장이 경호법을 넘어서는 무소불위 권력을 갖다 보니 국기 하강식에 경호업무와 관련이 없는 각료와 의원들까지도 오라 가라 하며 위압적으로 군림한 사례가 이를 말해준다.

공수처가 판검사를 잡아넣으려면 이유만 갖다 붙이면 된다. 상부에 보고한 것은 비밀누설 혐의, 하급자에게 지시하면 업무방해 혐의, 말 안 듣고 소신껏 하면 직권남용 혐의, 하라는 데로 안 하면 직무유기 혐의, 얼마든지 잡아 넣을 수 있다. 조직의 규모가 커지면 독자적으로 고위 경찰 및 판·검사, 정보수집 부서까지 공수처 내부에 생길 것이고, 각 시도에도 공수처 분실이 하나씩 생길 것이다. 공수처라는 권력의 힘이 모아지는 초법적 권력기관은 대통령만 바라보고 전횡을 일삼게 될 것이고 힘의 원심력에 의해 조직은 더욱더 확대·재생산될 것이다.

공수처가 무섭다는 것을 보여주고 권력을 다지기 위해 코드가 맞지 않는 몇몇 소신 있는 판·검사들을 본보기로 두드려 잡으면, 사법부 전체가 금방 살살 길 수밖에 없을 것이다. 소신껏 했다가 적폐판사가 되어 재판권을 박탈당하고 피의자 신세가 된 성창호 판사처럼 될 것이기 때문이다. 이러니 누가 감히 국민을 위해 영장을 기각하고 소신 것 판결하겠는가? 결국 사법부가 대통령에 예속되어 정권의 독주는 브레이크 없는 과속으로 독재 권력으로 치닫게 된다.

이것이야말로 사법권을 제약할 수 있는 초법적기관을 대통령 직속으로 두어서는 아니 되는 이유이다.

공수처가 설립되면 민주당과 청와대는 반색할 것이다. 그들이 말한 50년 집권의 토대를 마련했기 때문이다. 그러나 세상은 변한다. 민심도 변한다. 유신의 핵심인 중정이 오히려 유신 정권을 무너뜨렸듯이, 좌파 정부의 핵심이 될 공수처가 오히려 좌파정부의 종언을 가져올 수도 있다. 미래는 누구도 모른다. 그 옛날 중국 위나라 사람 상군 위앙은 진나라에 들어가 임금의 신임을 얻어 법령을 만들게 되자 백성들을 서로 감시하고 고발하며 연좌하는 법을 만들어 위반 시에는 가혹한 형벌을 내리는 것을 통해 사회질서를 안정시키고 나라를 일시적 부강하게 만들어 재상까지 올랐으나, 임금이 죽자 모반하려다 도망을 치게 되었다. 도망가던 중 변방의 객사에 묵으려고 했으나 객사 주인이 상군의 법엔 여권이 없는 사람을 머물게 하면 손님에 연좌되어 벌을 받게 된다고 거절하자 상군은 한숨을 쉬며 "내가 만든 법의 폐해가 이곳에 이르러 결국 내가 당하는구나." 하고 탄식하였다고 한다.

문재인 대통령의 취임사에서 말한 결과가 정의로운 것이 되는 것이 아니라, 공수처로 인하여 독재 권력이 될 수 있는 것이다. 좌파 세력이 중심이 된 정부 여당이 공수처를 만들고 한술 더 떠 경찰의 국가 수사본부까지 신설한다고 하는데 양손에 칼을 쥐어주는 것과 무엇이 다르랴? 사법부를 장악하고 50년 집권으로 사회주의국가건설을 꿈꾸겠지만, 대한민국을 그렇게 끌고 간다면 애국선열과 국가에 죄를 짓는 것이다.

공수처를 추진 중인 진보진영은 그들의 욕심 때문에 결국 문재인 대통령을 역사의 죄인으로 만들 생각인가? 2016 추운겨울 박근혜 정부의 국정농단에 촛불을 들고서 이뤄낸 우리의 민주정부 아니던가?

만행산 천황봉

만행산, 전북 남원시 보절면과 산동면에 남북으로 길게 걸쳐 있는 산으로 백두산에서 금강산과 태백산을 거쳐 지리산으로 이어지는 백두대간에 속하는 산이다. 만행산은 '만 가지 고행을 겪은 다음에야 불가의 진리를 깨닫는다'는 뜻이 담긴 진리의 선산이며 주봉인 천황봉이 중앙에 우뚝 솟아있다.

전언에 의하면 모택동의 아버지 모광대가 연고도 없는 이 나라에 있다는 '천지발복지지'를 찾아 이곳 남원 땅 만행산에 와 유택을 마련하고 선조를 봉안하고 누가 손댈까 두려워 광대묘라 하고 떠났다고 한다. 그래서 근세 혼란기에 중국 통일의 위업을 달성한 모택동을 낳은 것이 그가 만행산 천하 명당에 묘를 쓴 덕분 이라는 말도 있다.

만행산의 아침 해가 솟아오르면 제일 먼저 해가 비친다 하여 지어진 남원시 덕과면 신양리 양선마을이 내가 태어난 고향이다. 德果는 덕 있는 열매요, 새로운 빛이 먼저 든다는 내 고향의 자부심을 갖게 된 것이 내가 땅의 지기를 받고 태어난 탓인지, 아니면 만행산의 뜻이었는지 몰라도 나는 생애 온갖 고생을 했고 이를 숙명처럼 여기며 살아왔다. 아버지는 초등학생 때 하늘로 보낸 탓에 정규 학력은 중졸에서 끝났으며, 사회에 내딛는 첫발을 포목점 점원으로 시작했고, 군대 생활은 해병대에서 하였다. 해병대의 혹독한 훈련 덕분에 사회에 나와 행상, 사원, 택시, 버스 운전사 가리지 않을 수 있었으며 표구사, 식당, 농사일까지 생존을 위해서라면 닥치는 데로 일을 하지 않을 수 없었다.

늦은 나이에 뜻을 세워 상수도관련 중소기업을 창업하여 경영했으며, 쓰러지지 않으려고 진력한 결과 50건이 넘는 특허등록과 국산 신기술 3회, 조달 우수9회의 실적도 이루어 내었다. 늦깎이 공부지만 방송통신대학을 졸업하고 전북농업개발대학원에서 석사 학위까지 취득했으며, 전북 발전을 위해 새만금에 오랫동안 열정을 쏟았다. 도의회나 국회에 들어가 새만금 개발의 견인차가 되고 싶었으나 이 또한 능력부족으로 꿈은 이루지도 못 했다.

전북 남원시 만행산 천황봉 전경

'인걸은 지령이라.' 하는 것은 무속인 세계에서는 상식에 속한다. 내가 걸출한 인걸이라면 조선시대 때 몸종의 아들로 태어나 세조, 예종, 성종, 연산군, 중종까지 5대 임금에 걸쳐 나라를 쥐락펴락한 고발의 달인 유자광이 태어난 고향처럼 지기가 뽑혀 대나무가 노랗게 변했다는 전설을 가진 남원시 고죽동 황죽 마을처럼 내 고향 양선마을에도 그러한 전설이 있어야 하지만 그것도 아니고, 중앙의 정치무대에 이름 석 자 올린 것도 아니다. 걸출한 위인은커녕 양반축에도 못 낀 채 평생을 고생만 하고 살아온 옛날로 치면 천 하디 천한 천민 백성이 바로 나였던 것이었다.

다만 '만 가지 고행 끝에 진리를 깨우친다'는 만행산의 지기를 받고 내가 태어났다면 그토록 고생한 이유가 중국 이태백의 장 진주시에 나오는 '天生我財必有用(천생아재필유용)' 때문이리라. 하늘이 나로 하여금 지금 문재인 좌편향 정부의 소득주도성장 정책 때문에 나와 같은 서민들의 삶이 그 어느 때보다 어려운 이 시대에, 밑바닥으로 떨어지고 적폐로 몰린 보수 세력을 대신하여 고통스러운 삶을 살고 있는 중소기업인과 자영업자의 목소리를 전달하라는 뜻이 있지 않았나? 그들은 소득주도성장 좌파 이념에 사로잡혀 서민경제가 죽어 가는 상황임에도 눈 깜짝하지 않고 마이웨이를 하고 있기에 나에게 소임을 맡긴 것이 아닌가?

내가 죽지 않고 고생을 반려자로 삼아 살아온 끝에 깨달은 진리가 기둥뿌리가 나무의 중심이 되듯 우리 사회에서도 보수가 중심이 되어야 한다는 것이며, 보수가 기둥뿌리가 되고 진보는 잎과 가지가 되어 서로 상생하면서 열매를 맺고 성장을 하라는 이 진리를 책을 통해 전하고 싶은 것이다. 그리고 이것은 만행산 천황봉의 뜻으로 나는 받아들이고 싶다.

1995년 47세의 늦은 나이에 기업을 창업하여 25년간 한눈팔지 않고 열심히 일 해왔음에도 성공하지 못한 중소기업인으로서 성공못 한 이유를 "내 탓이요." 하는 것이 옳을 지도 모른다. 하지만 내 실패에는 우리나라의 구조적인 문제가 있었음을 내가 겪은 체험을 펼쳐 보임으로써 왜 사용자가 근로자보다 중심이 되어야 하고, 성장이 분배보다 중심이 되어야 하며, 보수가 진보보다 중심이 되고 자유가 평등보다 중심이 되어야 하는지를 국민에게 호소하고 싶기 때문이다.

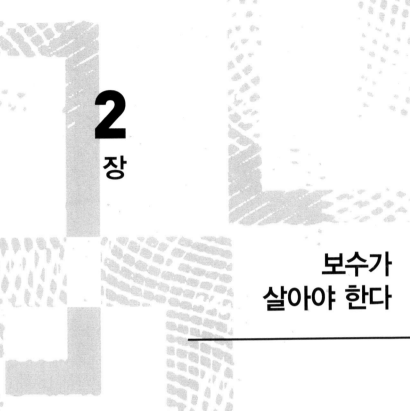

2
장

보수가
살아야 한다

보수와 진보라는 이름

　문재인 대통령은 대선 당시 대한민국 주류를 교체하고 싶다고 했다. 즉 자신은 권력의 비주류로 맴돌았다는 뜻으로, 이런 이분법의 세계관도 따지고 보면 이 세상을 좌우로 절반씩 나누어 바라보는 시각에서 나온다. 그래서 부패한 주류 세력, 즉 대통령이 바라보는 주류 세력이란 일제 강점기에 일제에 영합하여 사회 지배층으로 있다가 해방이 되었음에도 청산되지 않고 다시 이승만 집권 세력의 중심이 되었고, 박정희 군사 정권과 이후 전두환 정권에서도 군부에 편승하여 지금까지 배부르고 따뜻한 양지에만 맴돌았던 지금의 보수 세력은 청산되어야 할 적폐세력인 것이다.

　반대로 지금까지 춥고 배고픔에 떨며 권력의 주변만 맴돌았던 자신들을 비주류로 보고 진보 세력인 우리가 상해 임시정부의 정통을 자임하고 계승했기에 더불어민주당은 촛불혁명으로 집권한 것이며, 지금까지의 주류세력을 이어받은 보수와 자유한국당은 청산되어야 할 적폐세력으로 보는 것이다.

　좌파들이 늘 써먹는 백년전쟁의 역사가 바로 주류와 비주류의 이념을 기치로 한 정권쟁취에서 늘 수세에 몰렸는데 이제 그동안 철

옹성 같은 주류 세력을 교체하였으니 소원 성취한 것이고, 이 권력을 앞으로 50년은 놓지 않겠다는 진보 진영의 이심전심의 각오가 있었기에 웬만한 불법행위도, 내 사람 챙기기도 야당과 국민 눈치에도 개의치 않고 계속 자신 있게 밀어붙이고 있는 것이다.

보수는 자유를 진보는 평등에다 기반에 두고 있다. 보수는 경쟁을 통해서 재화를 생산하는 것을 최우선 가치로 하고, 진보는 평등사회를 구현하기 위하여 분배를 최우선 가치로 한다. 그래서 보수는 큰 시장 작은 정부를 지향하고 진보는 시장에 대한 국가 개입의 확대를 우선시한다. 시장을 시장 기능에 맡겨놓으면 승자와 패자가 생기고, 이로 인해 빈부격차가 심화 되어 사회적 불평등이 만연되기에 진보는 큰 정부를 추구하고 과도한 국가 개입을 정당화한다. 결과의 평등을 만들어야 기회의 평등도 만들어진다고 주장을 한다.

이러한 진보적 사상은 결국 사회주의를 만들어 내었고 진보 이념은 공동선이라는 이름 아래 사람들의 마음을 흔들기에 충분했다. 이 때문에 세계 각지에서 실패한 사회주의 역사를 보면서도 많은 국가들이 다시 마약에 빠지듯이 진보적 사상을 통해 사회주의 유혹을 떨치지 못하고 있는 것이다.

보수와 진보의 이분법은 잘못된 것이다. 보수와 진보를 동등하게 비교하는 것 자체가 잘못된 것이다. 보수는 중심이고 기둥이나 진보는 날개이고 가지이다. 민주국가는 행정이 중심이고 입법과 사법이 양 날개로 민주국가의 균형을 유지하는 것처럼, 성장은 진보가 하는 것이 아니라 보수가 중심이 되어 하는 것이다. 성장은 외형을 키우는 것이다. 비유하면 보수가 중심이 되어 경쟁과 이익이라는 추진동력이 되어 날아오르면 진보는 복지와 인권이라는 양 날개로 비행기가 균형 있게 날도록 해주는 것이다. 그것이 진보의 역할이다. 보수의 역할인 성장의 중심위치가 되겠다는 것 자체가 잘못된 것이다. 진보는 추진동력이 될 수 없다. 부의 경쟁에서 뒤처지는 사람들을 보듬어 주고 살피는 게 진보가 해야 역할이다.

인간의 삶의 욕구이며 본능인 리비도(libido)는 절박함과 간절함이 있을 때 더 많이 분출된다. 사람들의 리비도를 창조와 능동적인 방향으로 유도하는 것이 자유민주주의이고 규제와 피동적인 방향으로 유도하는 것이 사회민주주의다. 자유는 욕구를 수반한다. 더 잘살고 더 높아지고 더 만족하고 싶어 하는 욕심이 있기에 인류는 도전과 응전의 과정을 거치면서 부단히 발전해왔고, 더불어 인간이 평등해지는 사회로 진행될 수 있었다.

진보가 성장을 논하는 것은 어불성설이다. 동반성장. 공정성장. 포용성장. 그동안 진보진영에서 말하는 성장이란 경쟁과 이익 추구라는 보수의 기본가치를 없애는 것이기에 성공할 수가 없는 것인데 문재인 정부는 또 하나의 평등가치인 소득주도성장을 추진하였고, 2년이 흘렀음에도 벌어진 계층 간 소득 격차는 더 벌어지고 경제는 계속해서 추락하는 중이다. 경제의 중심은 기업인데 추진동력을 살리지 못하고 노동계에만 힘을 실어주니 기업이 주도적으로 성장을 이끌지 못하기 때문이다.

재벌을 해체하고 곳간 문을 열어 노동자에게 나누어주자는 좌파들의 목소리에 귀를 기울인 문재인 대통령과 민주당이 무슨 잘못이 있겠는가? 근로자 임금을 올려주면 소득이 높아져 성장을 가져올 수 있다는 족보에도 없는 얼치기 진보 이론을 만들어 내어 민주당의 선거전략에 반영하고, 집권 후에는 한 자리씩 꿰어 찬 사이비 경제학자들이 이 사태를 만든 원인 제공자들이다. 이들은 소득주도성장으로 서민경제가 파탄이나 정권이 야당으로 넘어가도 장관, 수석, 위원 등 화려한 경력을 하나씩 얻어 가지고 다시 대학교 연구원으로 아무 일 없었던 것처럼 되돌아가면 된다.

근로자의 임금이 올려주면 소득이 늘어 소비와 생산도 같이 늘어 모두가 좋아질 거라는 논리는 임금을 주어야 하는 사용자는 숫제 생각해보지 않은 반쪽논리이다. 수익이 줄어드는데 임금을 올려주라고 하면 문을 닫던가 직원을 내보내야 하기 때문이다.

논어의 자로 편에 '必也正名(필야정명)'이란 말이 나온다. 여기서 정치를 하는 데 있어 제일 먼저 해야 하는 것이 이름을 바로 짓는 것이라 하였다. 자유한국당을 보수정당이라 하고 더불어민주당을 진보정당이라 하는 것도 잘못된 것이다. 기업과 성장에 중점을 두는 보수 정책과 노동과 복지에 중점을 두는 진보 정책이 있을 따름이지 처음부터 보수 정권, 진보 정권하는 것 자체가 틀린 것이다. 정권이 어떤 정책을 정부의 기본방향으로 제시했느냐에 따라 우파 정권, 좌파 정권이란 별칭은 있어도 지금의 야당은 보수이고 여당은 진보가 될 수 없는 것이다.

2012년, 새누리당 박근혜 대통령 후보가 한판승부에 표심이 움직이지 않자 영유아 무상보육, 65세 이상 20만 원 기초연금지급 등을 대선공약으로 내세워 아기보육에 골머리를 앓고 있는 젊은 층과 아직도 쓸 돈이 있어야 하는 노인층의 지지를 이끌어내 대통령에 당선되었다. 그것은 진보 공약으로 진보 대통령이지 보수 대통령이라는 별칭은 맞지 않는 것이다.

지금의 민주당 정권이 노동과 복지보다 기업과 성장을 국정의 축으로 전환하면 민주당이 보수정권이 되는 것이지 영원한 진보 정권이 아니며, 반대로 자유한국당이 표심 때문에 노동과 복지를 정책 기조로 삼는다면 좌파 정당의 이름을 얻게 되는 것이다.

진보는 진보가 갖는 이름의 역할이 있는 것이지 성장을 이끄는 보수의 역할을 할 수는 없다. 진보들이 근로시간을 단축하고 임금을 올려 성장을 이끌어내겠다는 소득주도성장은 그래서 실패할 수밖에 없다. 어느 정권이든 자유를 신장하고 성장을 높이면 우파 정권이 되는 것이고, 평등을 확대하고 복지를 높이면 좌파 정권이 되는 것이다. 지금 이 정부는 기업을 홀대하고 노동계를 과보호하면서 진보가 성장을 이끌 수 있다고 한다. 이것은 일급 코미디이다.

자유사회와 평등사회

재벌 아들과 경비원의 아들이 경쟁할 경우 사회 출발점에서 차이가 생기고 그 격차는 영원히 극복할 수 없기에, 진보는 국가가 적극적으로 개입하여 소득의 격차를 줄이고 누구나 똑같은 교육의 기회를 주기 위해 뺑뺑이로 명문고를 없애고 자사고 특목고를 폐지하는 것이 바른길이라 확신했으며 지금도 이 정부에서는 이를 밀어붙이고 있다. 이러한 평준화는 대입의 문턱을 낮추었으나 학력의 저하를 가져왔고 졸업하고도 직장을 갖지 못한 대한민국만의 청년실업 대란을 가져왔다.

진보의 사상은 결과뿐만 아니라 출발부터 평등해야 정의롭다는 것이다. 사람으로 태어나서 불평등은 불의이고 불의는 타파되어야만 했다. 그래서 기회의 평등을 주어 경쟁하되, 경쟁에서 생기는 차별성을 인정한다는 보수는 청산되어야 할 적폐로 몰려 버렸다.

우리가 사는 사회가 과연 똑같이 평등해야만 하는가? 이 어리석은 질문에 대한 해답은 현실보다 철학적 통찰에서 답을 찾아야 한다.

우리가 사는 세상 우주의 원리를 설명하는 근거로 인용하는 태극을 말하는바 태극은 陰(음)과 陽(양)으로 나누어지듯 밝음을 뜻하는 明(명)은 태양의 陽光(양광)과 달의 陰光(음광)이 합쳐져서 밝은 明(명)이 생긴다. 이는 세상에 陽地(양지)만 있어서는 안 되고 陰地(음지)도 있어야 한다는 뜻이다. 음지가 있어야 서늘함도 생기고 미생물의 분해도 이루어지고 따라서 생명체인 버섯생태계도 생긴다. 양지만 있으면 생명은 타서 죽을 수밖에 없다. 화성에 물의 존재가 밝혀졌지만 생명이 없는 것은 양광만 있고 음광이 없기 때문이다.

사람이 경쟁하는 사회생태계에도 음지가 존재해야 한다. 깨끗한 도시는 하수구가 있어야 존재하듯 우리 인간이 경쟁하는 사회에서도 누군가가 궂은일, 힘든 일을 하지 않으면 유지되기 어렵다. 누구나 경쟁의 기회를 고르게 부여하되 탈락하고 쳐진 사람들이 극빈층으로 전락하지 않게 사회안전망을 갖추는 것이 정답이지 경쟁 자체를 원천적으로 없애는, 그래서 누구나 평등하게 먹고사는 진보적 사상의 결말은 결국 누구나 가난하게 살 수밖에 없는 결과를 초래

한다.

　미꾸라지 양식 할때 천적인 메기를 같이 키우면 생산량이 증가한다는 메기 효과는 경쟁사회인 자본주의가 많은 문제점에도 불구하고 사회주의에 비해 경쟁력을 갖게 되어 결과적으로 국가는 강국이 되고 국민은 부유해진다는 것을 뒷받침한다. 우리사회가 건강한 사회가 되려면 경쟁의 출발선에 섰을 때 기회의 평등을 주되, 경쟁에서 탈락하여 음지에서 살아야만 하는 하위계층에 대한 재도전 기회와 복지혜택을 국가에서 살피면 된다. 모두가 잘사는 모두가 평등한 사회를 꿈꾸는 사회주의는 인간의 본성에 역행하는 것으로 실패한 남미 사회주의가 이를 잘 말해주고 있다.

　진보 정권인 문재인 정부는 무상복지를 표방하는 과도한 국가주의 성격을 갖고 있다. 시장은 자율경쟁을 통해 물 흐르듯 해주면 된다. 자원이 없는 우리나라가 생존하기 위해선 수출이라는 수단밖에 없어 박정희 정권 때 수출 주도형 경제로 전환했다. 현재는 글로벌 시장경제에 편입한 국가인데, 주당 52시간만 일하고 일의 내용 불문, 지역 불문, 생산효율 불문 최저임금 인상을 강제하는 타율적 국가 개입은 시장의 자율성을 해치고 결국 공동체의 붕괴를 가져올 수 있다.

　과거 바이킹의 후예로 우리보다 앞선 조선국가 스웨덴이 골리앗 크레인을 단돈 1달러의 팔면서 말뫼의 눈물을 흘린 것처럼 우리도 출산율이 높은 동남아시아나 아프리카 등 저개발국가가 교육의 기회까지 확대되어 우리의 턱 밑까지 치고 올라오면 우리 역시 눈물을 흘릴 수밖에 없다. 그래서 지속가능한 성장을 유지하기 위해서는 국가의 과도한 시장개입과 정부의 비대화를 자제하고, 규제를 완화하고 기업들의 시장경제를 확대해주어야 한다.

그동안 보수 정권도 안보를 내세워 체제를 유지 했고, 보수이면서도 시장경제에 과도하게 개입해 경제 활력을 떨어트렸다. 기득권을 유지해야 하는 정치 세력임에도 시대의 변화를 읽지 못하고 촛불로 탄생한 진보 정권에 의해 적폐로 몰리는 수모를 당했다. 보수 정권의 이명박, 박근혜 두 대통령이 청산 대상으로 감옥에 보내졌으며, 수많은 측근과 관료들이 사법처리 되었다. 참여연대가 주축이 된 시민단체와 좌편향 민변과 법조 단체, 강단의 진보 성향 교수들 평등을 부르짖는 진보 가치에 모여 그들의 세상을 활짝 열어제꼈다.

재벌 해체와 반기업정서가 난무하고, 을로 표현되는 노동자의 세상이 활짝 열렸다. 그러나 모두가 잘살자는 진보의 염원과 달리 문재인 정부 출범 후 한국 경제는 더 추락하고 빈부 간의 격차는 더욱 벌어졌으며 희망이 없는 시대에 세대 간의 갈등도 더 심해지고 있다. 과연 이대로 두어도 되는 것인가? 노무현 대통령도 좌파 대통령이면서 FTA가 이념의 문제가 아니고 먹고사는 문제라 하여 밀어붙였고, 무장 없이 국가를 지킬 수 없다고 제주 해군 기지 건설을 시작했으며 이라크 파병도 옹호하였는데 말이다.

보수는 기둥뿌리이다

보수와 진보는 이분법적으로 나누어지는 것이 아니라 그 맡은바

위치와 역할이 다를 뿐이다. 나무의 뿌리와 몸체가 보수라면 가지와 잎은 진보라 할 수 있다. 튼튼한 과실을 얻기 위해서 가지치기로 잎의 숫자를 줄이지 뿌리를 솎아 내지는 않는다. 가지와 잎은 떨어져도 생육에 지장이 없지만, 뿌리가 썩거나 기둥이 잘려나간다면 나무는 살 수가 없다. 기둥과 뿌리가 중심이기 때문이다.

기업이나 사회에서도 기본의 중심을 어디에 두느냐가 핵심이다. 가정에서는 가족을 부양하는 가장이 중심이며, 회사에서는 근로자에게 급여를 주는 사용자가 중심이듯 나라의 중심은 보수가 되어야 한다. 이는 보수 정권을 말하는 것이 아니다. 진보 정권이든 보수 정권이든 나라의 통치이념을 자유와 시장경제를 근본으로 하여 기업의 자유로운 활동과 사회적 자율성을 보장해야 한다는 것이다.

지금 촛불집회로 정권을 잡은 진보세력은 보수를 적폐 세력으로 보고 뿌리까지 캐내어 들려 하고 있다. 그래서 완전한 진보의 세상을 만들려 하고 있다.

회사보다 근로자가, 갑보다 을이 우대받는 세상을 만들려고 재벌 해체라는 좌파의 깃발 아래 삼성, LG, 롯데 등 대표적 기업들이 수난을 당하고 있다. 근로시간 단축과 최저임금 인상으로 사업체의 중심인 자영업자와 중소기업이 직격탄을 맞고 있다. 조직화된 귀족 노조의 상승세는 민주노총의 전성기를 구가하여 그들이 호헌한 200만 조합원 시대가 도래할 것 같다. 회사라는 뿌리는 약해지는데 노조라는 잎사귀는 무성해지는 형국으로, 언제가 폭설 한번 쌓이면 우드 득 하고 소리 내어 쓰러지는 가지치기 안 한 소나무 꼴이 되는 것이 아닌가 두렵기만 하다.

보수는 개인에게 자유를 모두에게 기회를 주는 것이라면, 진보는 모두에게 평등을 개인에게는 협동을 강요한다. 그러나 개인의 자유와 기회가 없다면 인간의 번영도 없고, 그 결과 국가의 발전도 없게 된다.

자유는 인간으로 태어나 스스로 기회를 만들고 삶을 결정할 수 있는 권리를 말한다. 자유가 있어야 더 잘 살 수 있는 기회가 만들어진다. 모두를 평등의 굴레에 가두면 창의성과 도전성은 사라지고 피동적인 숙명관이 자리 잡는다. 내가 노력하면 노력한 만큼의 기회가 오고, 그 기회가 계층 간 사다리가 되어 위로 올라갈 수 있는 유동성(modility)이 되어야 사회가 역동적으로 진화하게 된다. 개인의 노력은 동기부여에서 나온다. 서로가 평등한 사회주의에서는 동기부여가 나오지 않는다.

모두가 협동하여 잘사는 사회를 건설하려 했던 공산 마르크스 레닌주의와 남미의 사회주의가 빈곤과 퇴보의 결과만 안겨준 역사의 실험 결과가 확연한데도 인간은 마약의 유혹을 끊지 못하듯 모두가 잘사는 사회주의 평등세계의 망상을 끊지 못하고 있다. 그래서 국민 들은 실패한 사회주의 교훈은 잊어버리고 진보의 사회주의 정책에 열광하고 표를 주어 또다시 좌파 정권을 만들어 내어준다.

개인의 능력이 협동의 능력보다 뛰어나다는 것은 링겔만효과(Ringelmann effect)에서도 입증된다. 집단에 참여하는 사람의 숫자가 늘어갈수록 개인의 공헌도(생산성)는 떨어지는데, 이는 개인이 혼자 일할 때 100% 맡은바 역할을 하지만 남 들과 함께 할 때는 이에 미치지 못하는 현상으로 이를 입증한 프랑스 심리학자 막시밀리앙

링겔만(1861~1931)의 실험 결과가 있다. 즉 마차를 끄는 말의 능력이 마차를 끄는 두 마리의 힘이 한 마리가 끌던 때 힘의 2배가 되지 않거나 줄다리기를 할 때 사람이 많아지면 많아지는 만큼 개인의 파워가 최대한으로 나오지 않기 때문이다. 즉 사람들은 동기부여가 없거나 타인과 같이 일을 할 때 자신의 역량을 최대한으로 발휘하지 않는다는 것이다. 개인에게 절박한 목표가 있을 때는 기대 이상의 능력이 나오나 남과 같이 일할 때는 최선을 다하지 않기 때문이다.

노무현 정부의 적장자인 문재인 정부의 이념은 모두 같이 평등사회를 꿈꾸는 사회성에 있다. 재벌을 해체하고 교육을 평등하게 하여 모두가 잘사는 이상 사회를 꿈꾼다. 무상복지를 확대하고 가능하다면 요람에서 무덤까지 국가가 책임지려 한다. 사람들이 약에 의존하여 살아가듯 정부 지원에 의존하여 삶을 지탱한다. 노동력이 있음에도 연금에 기대고 요양병원 신세를 마다하지 않는다. 그렇기에 경제는 추락하고 사회는 침체하게 된다.

우리사회는 좌측으로 기울어진 운동장이다. 정부는 큰 정부를 지향한다. 세금을 많이 걷고 국가간섭을 극대화한다. 자연스럽게 시장은 위축이 될 수밖에 없다. 사회적 보장성이 구비될수록 인간의 동기부여는 없어지게 된다. 인간의 위대한 힘은 절박함과 간절함에서 나온다. 그런데 문재인 정부는 성장의 원동력이 개인의 동기부여에 있다는 것을 모를 리 없건만, 근로자들의 소득을 높여주면 소비가 증가하고, 소비가 증가하면 생산이 증가해 경제가 선순환 구조로 돌아간다는 좌파 이론에 입각한 최저임금 인상을 밀어붙이고 있다.

경제 원리는 물 흐르듯 자연스럽게 돌아가야 한다. 수요와 공급을 시장 기능에 맡기되 공정한 거래가 이루어지도록 하고 부당한 개입을 막으면 된다. 몇 시간을 일하든 얼마를 받아가든 당사자의 자율에 맡기는 것이 원칙이다. 힘든 일을 하더라도 돈을 더 벌려면 늦게까지 일할 수 있어야 하고, 편한 일이면 낮은 급여를 책정할 수 있어야 한다. 편한 일이라고 급여가 낮아지면 사람이 오지 않게 되어 자연스럽게 급여를 올리게 되고, 그렇게 급여가 오르면 사람이 오게 되는 것이 시장원리이다. 이러한 경제 원리를 무시하고 용돈벌이 하는 미성년자도 최저임금 이상을 주어야 하고, 서울 도심의 바쁜 커피숍의 일당과 시골 벽지의 한가한 커피숍 일당을 똑같이 주라고 하며, 일의 효율도 지속성이 있을 때 생산성이 증가하는데 실험이나 연구 개발을 할 때 밤을 새워야 결과가 나오는 경우가 수두룩한데 하루 8시간 만에 끝내라고 한다.

불나방과 사회주의

모든사람이 똑같이 잘살게 된다는 사회주의가 오히려 모두가 못사는 결과를 초래하게 되는 것과 불나방이 좋아하는 불 주변을 맴돌다가 결국 불에 타죽는 것은 이상과 착각으로 비참한 결과를 초래하는 것이 똑같이 닮았다. 불에 뛰어드는 불나방이 불을 정말 좋아해서 뛰어든 것이 아니라 착각 때문임이 밝혀진 것처럼, 모두가 잘사는 사회주의의 환상에 젖어 사회주의를 선택하였다가 모두가 못사는 국가가 되어버린 이유는 무엇일까? 이는 불나방이 불을 좋아해서가 아니라 빛을 향해 일정한 각도를 유지하면서 나는 특성 때문에 계속하여 각도를 유지하다가 나선을 그리게 되고 결국 불빛 주위를 맴돌다가 불길 속에 들어가는 것처럼, 인간의 경쟁을 봉쇄하고 역동성의 원천인 욕구를 제약해 서로가 공평해지는 세계를 꿈꾸는 사회주의가 결과적으로 피동적 가치관으로 전락하여 모두가 가난한 공평한 사회를 만들어낸 것이다.

공산주의를 지상낙원으로 선전하며 모두가 평등하게 일하고 평등하게 잘사는 이상 사회를 꿈꾸었던 마르크스 레닌 혁명은 1991년 소련의 몰락과 인민의 빈곤함으로 인해 허상임이 드러 났으며, 남미 많은 나라에 열풍처럼 불어왔던 사회주의 역시 경제 실패와 국력 쇠퇴라는 실패가 드러났다. 그럼에도 지구 상에 여전히 사회주의를 꿈꾸는 혁명가들이 나오는 것은 민중들의 착각과 이상향의 사회주의 선동과 맞아떨어지기 때문이다.

이 정부는 대놓고 공표하지는 않았지만 추구하는 정책을 살펴보면 최종 지향점은 사회주의인 것으로 보인다. 자본주의 경제의 근간인 재벌을 해체하기 위하여 국내 정점의 재벌 삼성이 타깃이 되어 검찰이 삼성 경영권 상속 과정에서 불법적인 것이 있었는지에 대한 수사를 몇 년째 계속하거나, 불법시위와 무단점거 등 무소불위의 권한을 휘두르는 노동계를 징벌하기보다 감싸 안으면서 국민연금을 통해 기업의 통제권을 강화하려는 등 기업 옥죄기가 사회주의로 향하는 시작으로 보인다.

이러한 반기업 정서 속에서 기업들의 대한민국 대탈출 엑소더스는 이미 시작되었다. 지난 1분기 설비 투자는 전 분기 대비 10% 이상 감소해 21년 만에 최악을 기록했는데, 지난해 기업들의 해외투자 금액은 55조 원으로 통계작성 이후 최고를 기록했다. 이는 재작년의 투자액 50조 8000억 원보다 9.1% 늘어난 것이다. 특히 중소기업의 해외투자는 2015년부터 2018년까지 3년 동안 2배로 뛰었고, 반대로 국내 투자는 2년 동안 33% 급감했다. 이는 우리나라의 산업 생태계가 급격히 무너지고 있다고 봐야 할 것이다.

정부는 기업 옥죄기를 위해 그동안 검찰의 압수수색과 세무서의 세무조사, 공정위의 과징금을 넘어 이제는 경영진을 갈아치우는 전가의 보도까지 휘두르기 시작했다. 이번 대한항공의 주주권 행사로 회사를 글로벌 국제 항공사로 도약시킨 조양호 회장을 갈아치우고 결국 죽음에 이르게 한 국가권력의 횡포가 기업인들을 얼어붙게 만들고 더 이상 기업 보국으로 국가에 이바지하겠다는 기업인이 더 이상 나오지 않게 정부가 스스로 만드는 것이다.

자원 부국으로 부럽지 않았던 남미 국가들이 사회주의를 선택한 결과 빈곤 국가로 추락했다가 다시 시장경제 자본주의 체제로 회귀하는 것은 사회주의가 인간사회의 경쟁기반을 훼손하기 때문이다. 사회주의 국가는 아니지만 남 유럽국가인 그리스를 위시하여 이탈리아, 스페인 등은 과도한 복지정책으로 홍역을 치르고 유럽연합(EU)의 지원을 받았다. 왜? 사회주의 국가가 경제성장에서 자본주의 국가에 비해 뒤떨어지는 것은 분배의 유혹이 경제성장을 앞지르기 때문이다. 연일 계속되는 중남미 국가의 비참한현실은 독재와 사회주의 정책이 결국에는 국민을 빈곤으로 빠뜨리는 마약 같은 것임을 똑바로 보여주고 있다.

별다른 자원이 없는 온두라스의 국민이 빈곤과 폭력으로부터 자신의 삶을 지키기 위해 기회의 땅 미국으로 향하는 캐러밴 행렬을 찍은 사진과 세계 최고의 원유 매장량을 가진 베네수엘라의 국민이 경제 파탄으로 돈이 있어도 살 식품이 없고 거리의 쓰레기통을 뒤지는 사진을 보고도 우리하고 관련이 없다고 강 건너 불 구경 한다면, 사회주의 국가를 지향하여 경제가 도탄 난 후 깨닫는다면, 이는 불이 좋아 불 주변을 맴돌다 타죽는 불나방과 무엇이 다른가?

이 정부의 사회주의 지향은 내 조국 대한민국에 너무 큰 재앙이기에 압박이 있어도 직언을 하지 않을 수 없다. 누가 되었던 대한민국의 사회주의 국가 건설은 반드시 막아야 한다.

보수가 사다리를 세운다

진보는 서로가 같이 잘살자는 평등사상을 기본으로 하기에 나누어주는 분배 정책에 치중한다. 그러나 보수는 자유 사상을 기본으로 하고 있기에 인간의 근원적 욕구를 보장한다. 사람은 누구나 태어난 환경과 성장 환경이 다르기에 재능과 재복의 차이가 생기기 마련이고, 이는 같은 형제라 하더라도 서로 다른 계층으로 살아가게 되는 원인이다. 이러한 계층은 단절된 것이 아니며, 운과 노력 여하에 따라 다른 계층으로 올라가기도 하고 내려오기도 한다.

진정한 보수는 살아가는 모든 사람에게 기회를 공정하게 부여하고 경쟁을 공정하게 치러야 한다. 그리고 경쟁의 끝에 승자는 보상받고 패자는 재도전의 기회와 보호받는 사회구조를 만들어야 한다. 따라서 높은 데로 오르는 사다리처럼 우리가 사는 계층 사회에서 위로 올라가는 계층 간 사다리가 있어야만 하며, 그러한 사회가 건전한 보수가 지향하는 사회가 된다. 최상위층은 권력과 돈이 많은 지배 계층이고 구조적으로 난공불락의 기득권층이다. 아래로 내려가면 중산층과 서민층이 이어지고 맨 아래에는 최하위 빈민층이 있다.

문재인정부가 주장한 소득주도성장의 2년간 실적이 이번에 최상위 계층의 소득과 최하위 계층의 소득이 갈수록 벌어진 것으로 나타난 것은, 어떻게 보면 사다리가 무너진 사회라고 볼 수 있다. 여기에는 최저임금 인상과 주 52시간 근로시간 단축도 한몫 한 것이라 볼 수가 있다.

계층간에 벌어진 소득 격차를 줄이려면 복지라는 사다리를 세우는 것이 아니라 기회의 사다리를 사회 곳곳에 만들고 사람들에게 동기를 부여해 스스로 올라갈 수 있도록 해야 한다. 이러한 사회가 바로 정의로운 사회이다. 결국 사다리는 복지가 아닌 제도이고 기회이며 성장이 지속되어야 존재할 수 있다. 따라서 최하층 빈민가의 아들도 공부만 잘하면 상층부로 진입할 수 있었던 예전의 사법고시처럼 우리 사회 모든 분야에 사다리가 설치되어 있어야 한다. 낭인 고시생 폐단 때문에 사법고시 자체를 없앤 것은 구더기 때문에 아예 장을 담그지 아니한 것과 무엇이 다르랴!

이번에 전국적으로 시청률 18%를 달성하고 큰 열풍을 불러온 TV조선의 '내일은 미스트롯'은 무명의 신인 가수들에게 그동안의 설움과 고난의 굴레에서 벗어나는 등용문이 되어 스타반열에 오를 수 있는 기회가 되었는데, 이것이 바로 가요계의 사다리다. 스타가 되려면 방송사. 연예 기획사 등에 고래 심줄의 인맥을 갖추거나 돈을 갖다 바쳐야 했다. 때문에 이 프로그램은 아무리 재능이 뛰어나도 스타가 되겠다는 꿈은 꾸지도 못했던 가정주부나 거리의 가수들에게 위로 올라갈 수 있도록 계층 간 사다리를 만들어준, 칭찬받아 마땅한 보수가 지향하는 멋진 오디션 프로그램이다. 특히 몸을 푼 지 67일 만에 산후조리도 포기하고 무대에 나선 평범한 엄마 정미애 씨나 한겨울에도 헬멧을 쓴 채 퀵서비스 오토바이에 몸을 싣고 행사장을 쫓아다닌 마흔 살의 숙행 씨, 무당의 딸로 판소리를 전공하여 뛰어난 가창력이 있음에도 인정받지 못해 변방에서 노래를 불러야만 했던 송가인 씨 같은 이들에게 '미스트롯'은 스타 가수의 길을 열어주었다. 이러한 기회의 사다리가 많아지고 그 기회가 공정하게 유지된다면, 가수를 지망하는 이들이 노래 실력을 갖추려고 노력하지 가수 시켜준다는 악마의 유혹에 허물어지지 않을 것이다.

우리 사회 각 방면에서 모든사람이 마음만 먹으면 위로 올라갈수 있는 기회의 사다리가 제도화되어야 한다. 그것이 바로 공정사회이고 정상사회다. 그러나 불행하게도 우리 사회는 그렇지 못하다. 이는 매우 구조적이고 깨뜨릴 수 없는 기득권층이 그들만의 사회를 만들고 지배층으로 군림하고 있기 때문이다. 문재인 대통령이 교체하고 싶다는 주류 세력이나 이들에게 도전했던 비주류 세력도 따지고 보면 전부가 기득권층으로, 그들 사이에서만 권력을 뺏고 뺏기는 상황을 연출하고 있다. 중산층이나 빈민층에서 생업에 종사하는 다수의 서민들이 중산층을 거쳐 최상층으로 올라갈 수 있는 사다리가 없다는 게 대한민국의 문제이다.

강원랜드 채용비리사건을 시작으로 우리은행과 KT의 채용비리

등 계속해서 터져 나오는 공정하지 못한 입사 경쟁이야말로 하위계층의 사람들이 상층부로 올라갈 수 있는 사다리를 걷어차는 범죄행위이다. 기회의 나라 미국은 신분이 어떻든 학벌이 어떻든 피부 색깔이 어떠하든 누구에게나 균등하게 도전할 수 있는 기회를 공정하게 주고 있기에 역동성 있는 사회가 되어 세계 최강국을 유지하고 있다. 이것이야말로 사다리가 존재하는 나라가 강국이 된다는 확실한 증거이다.

3
장

좌측으로
너무 기울면

진보도 적폐가 될 수 있다

이씨조선의 박원종과 그 세력들이 연산군의 폭정에 봉기한 것까지는 좋았으나, 중종반정 이후 공신들이 짊어져야 할 세 부담을 백성들에 전가하여 급격하게 민심이 이반되었다. 1등 공신에게 막대한 토지를 수여하고 세금을 면제하여 기존 연산군의 적폐를 청산했다고 했지만 스스로 적폐가 되어 백성들은 다시 도탄에 빠진 것이다.

연산군이 왕위에서 끌려 내려오자 그 뒤 왕들은 자기를 보호할 울타리 인맥이 필요하다고 여겼다. 하지만 그 울타리 인맥은 왕을 보호하는 것이 아니라 외부와 왕을 격리시키고 척신들이 권력을 휘두르는 폐단으로 나타났다.

이 정부는 촛불혁명으로 박근혜를 끌어내리고 정권을 잡자마자 캠코더(캠프, 이념코드, 더불어민주당)에게 공직 자리를 나누어주는 잔치를 벌이고 국민에게는 세금 폭탄을 안겨주었다. 이 정부가 집권하고 2년 동안 산하 공공기관에 임명한 공직자는 헤아릴 수도 없이 많다. 우리 전북에서도 민주당 간판을 단 낙선 국회의원들이 다 한 자리씩 꿰어 찼다. 김성주 전 의원은 국민연금 이사장, 이상직 전

의원은 중소기업진흥공단 이사장, 최규성 전 의원은 한국농어촌공사 사장, 이강래 전 의원은 한국도로공사 사장이 되는 등 전문성과 관계없이 낙하산을 타고 사뿐히 내려앉았다.

이조 시대 공신들의 감투잔치가 끝난 다음 백성들을 향한 쥐어짜기가 시작된 것처럼 이 정부는 만만한 다주택자를 잡기 시작했다. 지난 3월 서울 기준 14% 이상 올려 과속 인상 논란을 빚었던 전국 공동주택(아파트, 연립주택, 빌라) 공시가격은 전국적인 반발을 일으켜 부동산 소유자들의 불만이 쏟아졌다. 이의신청 28,735건으로 나타난 불만은 문재인 대통령의 출범 직전인 2017년의 336건에서 86배나 불어난 것으로, 이러한 불만 급증을 무시한 채 일부만 반영하고 그대로 확정하고 국민의 세 부담을 가중시켰다.

부동산 공시가격은 재산세, 종합 부동산세와 건강보험료, 각종 부담금 등을 산정하는 중요한 기초가격이다. 공시가가 오르면 보유세도 오르는데 강남, 용산, 마포 등은 30% 이상 늘어났고 일부는 증세비율이 50%에 육박한다고 보도되었다. 평생을 일만하다 노후에 빌라 한 채 장만하여 월세로 먹고 사는 직장은퇴자의 경우, 이제는 받는 임대료가 2000만 원 미만이라도 부동산 임대업 신고를 해야 한다. 이러고도 좌파 언론은 문재인 정부에서 증세가 없다고 감싸고 있다.

역사는 반복되는 것인가? 중종반정 이후 임금이 척신들에 의해 백성들과 언로가 차단된 것처럼 문재인 대통령도 소득주도성장의 폐해를 알지 못하고 소득주도성장의 성과가 나타난다고 하면서 "물 들어올 때 노 저어라." 하고 있다. 경기가 쇠락하여 중소기업과 자영업자들의 어려움이 가중되고 있는데, 민심이 제대로 보고가 되고 있다면 대통령 입에서 나올 수 없는 소리이다. 그래서 충간 하는 신하가 있어야 나라가 망하지 않는다고 했는데, 이 정부에서는 충간 하는 참모가 없는 듯하다. 그러지 않고서야 최저임금 인상과 근로시간 단축으로 중소기업과 자영업자들이 급격히 무너지는데 그대로 마이웨이 하겠다고 하지 않는가?

홍남기 경제부총리는 지난 19년 6월 8일 정부 서울청사에서 '문재인 정부 2주년 경제 부분 성과와 과제'를 발표하면서 "어려운 대내외 여건 속에서도 거시경제의 안정적운용, 혁신 확산 분위기 조성 등 경제패러다임 전환의 성과가 나타나기 시작했다."고 발표했다. 민주당 한 최고위원은 소득주도성장의 효과로 다섯 달 연속 소비자 심리지수가 상승하면서 소비 살아나고 있다고 했다. 수출은 5개월 연속 마이너스이고 수출 효자 품목이던 반도체 역시 전 분기와 비교하면 수출내역이 반 토막 이하로 추락했으며 지난 1분기 경상수지 흑자도 최저로 내려앉았는데 말이다. 민간 소비도 올해 1분기 0.1%에 증가에 그쳐 IMF보다 어렵다고 아우성인데 이 정부는 정반대로 낙관하고 있다.

그러던 청와대는 6월에 들어서 윤종원 경제수석 입을빌어 대외여건이 나빠 경제가 하방 위험성이 있다고 시인하기 시작했다. 일본과 미국은 대외여건이 좋아서 경제가 호황인가? 배 밑으로 대한민국 탈출 구멍이 뚫려 물이 들어오면서 침몰하는 판인데 파도 때문에 흔들리니 배 멀미가 나더라도 조금 참고 가자는 이야기가 아닌가?

사회주의와 독재정권

영화 「닥터 지바고」에서 유리 지바고의 대 저택을 볼셰비키 혁명 군사위원회 관리가 몰수하면서 "인민의 이름으로 징발한다."고 주인공 면전에서 소리친다. 해방 후 김일성이 북한 정권을 수립하고 지주들의 농지를 몰수하면서 내세웠던 논리도 다 똑같이 다수의 인민을 위해서다. 독재 국가에서는 이를 인민의 이름으로 하지 않고 정의를 위해서라고 외쳐댄다. 사람을 불러다 조사하고 가두고 하는 것도 정의를 위해서 한다고 한다. 하기야 『정의란 무엇인가』의 저자 마이클 샌더슨의 정의를 함축하면, 정의란 결국 다수의 공동선이라는 것이고 이는 여러 사람의 이익을 위한다는 이야기이니 공산주의의 인민의 이름으로 하는 것과 무엇이 다른가? 오십 보 백 보다. 인간의 보편적 자유까지 억압하고 힘들게 형성한 개인재산을 몰수하는 것이 공산국가나 극좌 사회주의국가에서 할 수 있는 무소불위의 힘이다.

촛불혁명으로 탄생한 문재인 정권도 서서히 사회주의 성향을 닮아가고 있다. 이 정권이 4월 25일 국회에서 격돌한 공수처법안을 비롯한 패스트트랙 관련법안을 상정한 목표는 내년 국회의원선거에서 진보세력의 2/3 의석 확보에 있다. 이는 공수처의 설립과 검사, 경찰 고위 간부, 법원 판사들에 대한 기소권을 줌으로써 정부의 검·경·법원의 사법권을 장악하기 위한 이 정권의 전략으로, 연동형 비례대표를 관철하여 소수당의 위치를 벗어나려는 야 3당의 전략적 이해가 맞아떨어져 추진하는 것이다. 이는 이해찬 대표가 호언한 민주당의 50년 장기집권플랜에 일환이다. 드루킹 댓글 조작 사건으로 대통령 측근 김경수 경남지사를 법정 구속하였다가 상위기관인 법원행정처에 관련 사항을 내부적으로 보고한 것 때문에 공무상비밀누설 혐의로 몰려 재판권을 박탈당하고 한직으로 밀려난 후 피의자로 불구속 기소된 성창호 부장판사 사건이 앞으로 보여줄 사법부의 위상이다.

이러한 판사 압박은 미국 의 경우 대통령까지도 감옥에 갈 수 있는 사법방해에 해당하는데 이 정권은 이 정권을 지지하는 좌편향 판사들로 대법원은 물론 헌법재판소까지 장악하고 수틀리면 검사든 판사든 다 감옥까지 보내려 하는 것 아닌가? 그러니 누가 현 정권의 불법행위를 단죄하려 할 것인가? 소신대로 했다가는 단죄는커녕 먼저 칼을 맞고 법복을 벗게 될 것이다. 대통령 휘하의 공수처가 유신의 중앙정보부처럼 무소불위 권력을 휘두를 가능성도 있다. 사법기관의 경찰 고위간부와 검사, 판사까지 감옥에 보낼 수 있는 기소권을 갖는다는 것은 이 정권 마음대로 권력을 휘두를 수 있는 길을 터주는 것이다.

이러한 징조는 이미 사실화되고 있다. 환경 블랙 리스트로 촉발된 전 정권에서 임명된 환경부 산하 기관장의 강제퇴출이 김은경 환경부 장관과 청와대 신미숙 비서관 선에서 불구속기소로 꼬리 자르기로 비난받는 것은 적폐 청산의 총사령탑 임종석 비서실장과 조국 민정수석은 조사 한 번 안 하고 면죄부를 준 것 등이 있어 그런 것이다. 우윤근 전 러시아 대사의 금품수수나 청와대 특감반원의 민간인 사찰을 폭로한 김태우 전 특감반원은 불구속 기소하고 비위 첩보를 당사자에게 누설하여 누가 봐도 죄가 의심되는 박형철 반부패 비서관을 무혐의 처리한 것은 검찰이 얼마나 살아있는 권력에 숨죽이는 것인지 잘 보여주는 대목이다.

그런데 판·검사를 조사하여 기소할 수 있는 공수처 법안을 선거법 개정에 목말라 있는 야 3당과 신속처리 법안이라는 명분 아래 강행하려는 것은 바로 "정권이 바뀌면 우리도 감옥간다. 그러니 어떻게 해서라도 보수를 괴멸시키고 50년을 집권하자!"라는 것으로밖에 보이지 않는다. 이는 바로 내가 한 일은 내가 잘 알고 있기에 정권을 내주지 않으려는 정권 탐욕에서 벌어지는 일이 아닌가? 국민은 이를 직시하고 공수처의 사법권력 기소권이 얼마나 큰 권력의 쏠림이 발생하고, 그 힘이 대통령에게 집중되면 곧 독재의 길로 가게 된다는 걸 똑바로 알아야 한다.

독재의 길로 진입하게 되면 그 피해자는 국민이 되고 수혜자는 그 독재 권력에 추종하는 정치세력이 되지만 최악의 피해자는 독재자라는 오명을 뒤집어쓴 채 역사에 이름을 남기게 되는 권력자, 즉 대통령 한사람뿐이라 것을 세계 역사가 이를 증명한다. 대통령 주변에 자리를 내놓고 직언하는 측근이 있어 올바로 보필해야 하는 이유가 바로 여기에 있는 것이다. 우리 문재인 대통령에게 그러한 직언할 수 있는 측근이 없다면 대통령은 불행한 것이다.

대한민국은 자본 사회주의로 가는가?

문재인 정부의 좌 편향 정책의 요체는 평등주의에서 출발한다. 세상은 평등해야 한다는 이념 때문에 재벌을 옥죄고 노동자에게는 관용과 지원을 아끼지 않는다. 부자는 세금을 가중시키나 세력화되지 못한 영세 서민층은 경제의 침체로 빈곤의 나락으로 떨어지고 있다. 생태계의 유기물과 무기물의 비율도 그렇고 공기, 지각, 인체의 비율도 절반의 비율이 아닌데 균형이란 이름으로 세상을 바꾸고 있다. 총칼 없는 혁명이 진행되고 있는 것이다. 매사에 主(주)가 있고 副(부)가 있듯이 경제의 중심이 기업이 되어야 하는데 근로자를 내세워 노동이 산업의 중심을 차지하려고 한다. 기업의욕을 살려 투자를 하게하고 일자리를 만들어 내는 것이 아니라 기업을 옥죄어 돈을 걷어내고 그 돈 으로 국가가 채용을 만들려 하고 있다.

소득 주도 성장이라는 한물간 경제 이론을 가지고 근로시간 단축, 최저임금 인상을 밀어붙이고 법인세를 인상하여 기업을 해외로 내쫓고 있다. 사회주의와 자본주의의 특징은 경제활동의 주체인 기업을 누가 갖느냐에 있다. 자본을 조달하고 일자리를 만들어 내는 경제인이 세금을 납부하여 국가의 기틀을 만드는 기업경제와 기업을 국가가 소유하여 기업의 주인이 국민이 되게 하는 국가 경제 중 어느 것이 경쟁력 있고 효율적인지는 소련의 몰락과 사회주의 실험 실패의 역사가 말해주고 있다. 그런데도 이정부에서는 국가가 자본을 관리하는 자본사회주의실험이 진행 중이다.

이미 대한민국 대표 기업인 삼성을 무력화시키기 위한 실험이 진행되고 있다. 지분도 없는 사외이사 수를 늘리고 상법을 개정하여 집중투표제나 감사위원 분리선출 등으로 재벌 해체작업을 진행하고 있다. 삼성생명이 보유한 삼성전자의 지분을 떨어뜨리고 융 복합 시대라고 하면서 금산 분리원칙을 내세워 금융기관 주식이 갖고 있는 의결권을 5%로 제한하는 공정거래법 개정안도 마련하였다. 금융감독원도 삼성 바이오 로직스가 회계기준을 위반했다고 제재를 통보해 과거 자신들이 한 결정도 손바닥 뒤집듯 뒤집는다.

　한마디로 대표 재벌 삼성을 겨냥하여 가진 자에 대한 적개심으로 배 아파하는 노조와 국민을 달래고 국가자본으로 만들어 앞으로 국가가 경영하자는 길로 가자는 것이 아닌가? 기업이 외국 투기 자본의 경영권 간섭 및 배당 빼먹기와 주주가치 제고라는 명분으로 자사주를 소각하여 이익을 불려주어도 정부는 안중에도 없다. 이미 국내 주식 투자의 1/4을 삼성에 투자하고 있는 국민연금은 투자자의 위치에서 벗어나 실제적인 경영권을 행사하고 지분이 부족하면 우리사주 등 우호세력과 함께 기업주를 압박할 것이기 때문이다. 기업주가 흥이 나도록 기업환경을 개선하거나 규제를 혁파하는 것이 아니라 잡아 가두고 사소한 잘못도 전방위로 압박한다. 중국이 2020년이면 반도체를 생산하여 우리를 위협하는데 고용노동부는 그들에게 호재가 될 제조 비밀이 들어있는 삼성의 작업환경 측정 보고서를 공개하려고 했다. 요즘 권력을 쥐고 있는 시민단체를 위해 어떠한 이적행위도 두려워하지 않는 정부다.

　그래서 기업주는 해외로 탈출하는 엑소더스가 진행되고 있다. 삼성의 구미공단은 쇠락하여 찬바람이 부는데 베트남 삼성의 채용 행사에는 그 나라 젊은이들이 면접을 보기 위해 끝도 보이지 않을 정도로 줄을 서고 있다. 결과는 수치로 나타나고 있다. 통계청발표에 의하면 2018년 3월 제조업 가동률이 70.3%에 그쳐 글로벌 금융위기 이후 가장 낮았으며, 10대 재벌의 성장률을 빼면 국내 전 산업은 오히려 마이너스 성장을 기록했다고 한다. 조선업은 쇠락하고 자동차 산업도 빨간불이 켜졌다. 반도체만큼은 수출 호황이라지만,

2년 뒤 중국산 반도체가 쓰나미처럼 우리를 위협할 것이다. 이미 반도체 수출도 급감하고 있다.

대기업이 신바람이 나서 국내 투자를 키우고 사업보국을 할 수 있도록 판을 만들어줘야 한다. 규제를 혁파하고 세계적 추세에 맞추어 법인세를 낮추고 고용 유연성을 주어 기업의 주인이 기업가가 되게 해야 한다. 그러한 기업환경이 되어야 투자를 하고 일자리를 만들어 낸다. 사소한 잘못은 그것대로 벌주면 되는 것이지 경찰, 관세청, 고용노동부, 공정거래위원회 등 관련 기관 모두가 나서 여론에 영합하는 것은 좋지 않다. 대한항공 갑질 이야기이다. 재벌과 대기업은 국가의 중추적인 경제주체들이다. 평창올림픽 때 1조 원 이상의 후원을 받아 성공적인 올림픽을 치러냈으면 그들에게 신바람나는 판을 깔아줘야지 재벌총수라 하여 잡아 가두고, 기업을 옥죄고, 규제는 강화하면서 기업의 주인행세 하려는 노조는 방임하는 정부의 갈 길은 자본사회주의뿐이다. 자본을 주인으로 내세워 창업하고 피땀 흘려 기업을 일으켜 세운 주인을 몰아내고 국가가 주인이 되겠다는 것으로 의심하지 않을 수 없다.

피땀 흘려 기업을 일구어 낸 생존력 강한 기업주의 기업 실적과 낙하산으로 내려와 단물만 빨고 갈 수장의 공기업 실적이 이미 확연한 수치로 나타나는데 이 정부는 정녕 자본사회주의로 갈 것인가? 기획재정부가 4월 공개한 2017 공공기관 경영정보에 의하면 338개 공공기관 당기 순이익은 2016년보다 인원은 늘어났음에도 7조 3000억 원으로 전년도의 15조 4000억 원의 절반수준에 그쳤다고 한다. 대부분 공기업의 감사 결과 채용비리가 드러나듯, 기업주가 주인이 아닌 모두가 기업의 주인이 되는 사회주의 기업으로는 경제 성장을 기대하기 어렵다.

기획재정부가 지난해 발표한 2019년 예산계획서를 보면 푼돈으로 없어지는 복지비는 전년도 대비 12% 이상 올려주고 미래를 위한 투자인 사회간접자본인 SOC 건설 예산은 11% 이상 감액하였다고 한다. 현 정부는 여름철의 베짱이처럼 노래를 부르고 닥쳐올 겨울은 생각하지 않는다. 국민 또한 아직은 발등에 불이 떨어지지 아니한 모양이다. 국세 수입이 증가한다는 것은 그만큼 세수를 더 걷는 것이고 벌금, 과태료, 과징금까지 해마다 큰 폭으로 증가하고 있다고 한다. 그것도 법원, 경찰의 과태료보다 공정위의 기업에 대한 징벌적 과징금이 대부분이라 한다. 걸핏하면 기업을 압수수색하고, 죄가 없어도 묵시적 청탁이라는 죄목으로 총수들까지 감옥에 보내고, 공정위의 과징금 폭탄으로 세수를 넉넉히 해주어 그들의 사회주의식 퍼주기 복지예산을 감행하여 당분간 국민적 인기를 얻고 있는 것이다.

그러나 우리나라 경제가 서서히 기둥이 썩어들어가듯, 아차 하면 나락으로 떨어지는 최악의 경제 침체기가 닦아오고 있다고 봐야 한다. 이미 조선, 철강, 자동차 등 주력사업은 추락하고 있으며 유일한 대체제인 반도체는 곧 중국에게 발목을 잡힐 것이다. 과거 반도체 종주국이었던 일본이 한국에 자리를 내어 주었듯이 한국도 이제 중국에게 자리를 내어줄 때가 되었다고 전문가는 진단하고 있는데 아직 국민은 아직 실감을 못 하고 있다.

이제 현실로 나타나기 시작했다. 수출로 먹고사는 나라에서 수출에 빨간불이 들어온 것이다. 산업통상자원부는 우리나라 수출이

6월에 작년 동기 대비 13.5% 감소했고 작년 12월부터 7개월 연속 마이너스행진을 하고 있다고 발표했다. 단단히 대비하지 않으면 안 된다.

山風蠱(산풍고)

이 정부가 추진한 핵심 전략은 소득주도성장이며, 이를 뒷받침하는 것이 최저임금 인상과 근로시간 단축이다. 따지고 보면 국민의 소득을 높여 성장을 이루겠다는 취지는 나무랄 데 없지만, 정책을 추진하는 청와대와 집권여당의 정책 브레인들이 경제가 어떻게 유기적으로 돌아가고 서민의 삶과 고통이 어떻게 해서 오고 있는지를 알지 못해 공리공론에 함몰되어 있다.

이명박 정부 때는 녹색 성장, 박근혜 정부 때는 창조성장이 추진되었고 이 밖에도 공정성장, 동반성장, 포용성장 등 그동안 다양한 성장 어젠다가 국민에게 제시되었지만, 국민을 헷갈리게 할 뿐이었다. 그냥 성장과 분배에서 성장을 중심에 두고 복지를 새의 양 날개처럼 퍼겠다고 하면 될 것을, 역대 정부는 복지를 성장과 양립되는 개념으로 호도하여 국민을 혼란스럽게 하고 있다.

현재 중소기업과 자영업자 들을 패닉 상태에 빠지게 만든 최저임금 인상과 근로시간 단축은 사용자가 경제의 중심이 되어야 하는 지극히 간단한 상식을 외면하고 대등한 관계를 맺기 위해 힘을 키워온 노동계의 요구를 금과옥조처럼 받아들였기 때문이다. 최저임금을 2년 동안 약 30% 인상했을 때 어떤 부작용이 나오는지 그들은 알지 못했기에 그랬던 것이다. 수입이 일정한데 인건비가 오르면 고용을 줄이는 것은 물이 아래로 흘러가듯 자연스러운 것이다. 실업자 수가 사상 최대를 기록하고, 특히 청년 체감 실업률은 역대 최악을 기록했으며 소상공인 100만여 명이 줄 폐업하는 현 상황은 周易(주역)에서 말하는 '山風蠱(산풍고)의 卦(괘)'라 할 수 있다.

공기가 정체되어 물건이 썩고 있다는 뜻의 '산풍고의 괘' 상은 강강한 것은 위에서 그대로 높이 있고 유순한 것은 아래에서 낮은 데로만 있어 서로 상하 상교함이 없어 어려운 일, 혼란스러운 일이 일어난다는 뜻을 가지고 있다. 강강한 것이 위에 있어 유약한 아래를 생각하지 않는 것은 권력을 갖고 있는 청와대와 집권 여당이 힘없는 중소기업인과 자영업자들의 어려움을 진심으로 살피지 않기 때문이다. 강강한 것이 힘으로만 밀어붙임으로써 백성의 마음은 흩어지고 생업에 종사하기 힘든 상하 불통의 '산풍고의 괘' 상이 현재의 대한민국의 실상이다.

이처럼 중소기업과 자영업의 몰락하는 근원적 원인을 보지 않고 실업 률이 높아지자 세금으로 퍼주는 용돈 벌이 일자리 창출하겠다는 정부는 정권 창출의 일등공신인 노조 권력만 쳐다보았지 힘없는 중소기업과 자영업자는 보지 않았다. 그들은 중소기업과 자영업자들이 왜 가족 같은 종업원을 내보내고 식구끼리 기업하고 장사를 해야 하는지를 모르고 있다.

현재와 같은 극단의 좌우 이념 대결의 혼돈속에서 내가 기업인으로서 겪은 체험과 나의 철학을 바탕으로 이야기한 '나무에서 뿌리와 기둥이 중심이 되어야 하고 다음에 가지와 잎사귀가 사방으로 펼쳐져야 한다'는 것처럼, 우리 사회에서 사용자와 근로자의 관계도 1/2의 대등한 관계가 아니라 사용자를 나무의 기둥뿌리로, 근로자를 가지 혹은 잎으로 설정하여 서로 교류 상생하는 기둥뿌리이론을 독자에게 고하고자 한다. 이는 대한민국의 정치와 사회가 보수와 진보로 나뉘어 사생결단하는 이 시대를 살고 있는 우리와 우리의 후손들에게 좌우 집단으로 패로 나누어 싸우는 바람에 정치는 부패하고 경제가 추락하는 우리나라의 모습이 안타까워 미천하지만 현장에서 잔뼈가 굵은 한 은퇴한 기업인의 경험과 철학을 전하려는 것이며, 그것을 내가 이 세상에 태어난 소임으로 생각하기 때문이다.

天生我才必有用(천생아재필유용)은 '사람은 누구나 세상에 태어나서 쓰임의 역할을 해야 한다'는 뜻으로, 내가 이 글을 쓰는 것 역시 하늘의 뜻이라 여긴다. 좌우가 격변하는 이 시대에 하늘이 내로라하는 걸출한 인물에게 그 역할을 맡기지 않고 나 같은 성공하지 못한 미력한 중소기업인에게 내린 것은, 촛불혁명으로 정권을 잡은 문재인 정부의 근로시간 단축과 최저임금 인상으로 대표되는 소득주도성장이 옛날로 말하면 농민이고 천민이었던 이 시대의 자영업자, 소상공인들의 찢어지는 심정을 내가 잘 알고 있기 때문이다. 그래서 그 소임을 나에게 부여한 것이리라. 그것은 내가 지금까지 25년간 중소기업을 경영하면서 실제 나 자신이 느꼈고 체험한 관점에서 정부의 인위적인 최저임금 인상과 근로시간 단축이 기업 경영을 위축시키고 중소기업과 자영업자를 벼랑 끝에 내몰리게 만든 실체적 진실을 말하라는 뜻이기도 하다.

나의 이야기는 다양성의 사회에 비추어 볼 때 상당히 제한적이고 보편성이 낮다고 할 수 있으나, 하나를 보고 열을 알 수 있다는 경제의 원리가 그대로 숨어있기에 충분하다고 여기며, 때문에 이 정부의 소득주도성장이 실패할 수밖에 없음을 예단할 수 있다. 내가 이 글을 쓴 이유는 이 정부의 정책전환을 촉구하기 위해서다. 또한 왜 보수가 이 사회의 중심이 되어야 하는지, 그리고 왜 회사의 운용을 사용자가 주도해야만 회사도 살고 근로자가 사는지를 내가 겪은 경험을 통해 기술하고자 한다. 제시한 통계나 수치는 언론에 보도된 것을 인용한 것으로 정확도 면에서 실제와 차이가 좀 있을 수 있지만, 전달하고자 하는 모티브의 진정성에는 아무런 제약이 되지 않을 것이다.

주역에서 말하는 蠱는 일이라는 뜻이다. 어려운 일, 혼란스러운 일이 겹쳐서 일어나는 난세란 뜻도 있다. 모순과 혼란이 심각하면 심각할수록 근본적이고 획기적인 개혁만이 길이라는 것이다. 이 정부의 정책브레인들은 소득주도성장의 방향성을 옳다고 하면서 바꿀 뜻은 없고 속도조절로 상황을 넘기려고 한다. 그래서는 안 된다. 근본적이고 획기적인 개혁으로 소득주도성장을 버려야만 山風蠱에서 벗어날 수 있다.

사회주의의 비극

굳이 머나먼 남미의 예를 들어 사회주의의 비극을 말하고자 하는 것은, 우리가 지금 가고 있는 방향이 옳은 것인지 자성하기 위함이다. 살인적인 인플레이션으로 화폐가치를 상실하고 경제가 파탄 난 베네수엘라의 경우 매장에 식품이 없어 빈민 층은 도심 쓰레기 통을 뒤지는 상황으로 내몰렸고, 이제는 전력 공급이 끊겨 수도 카라카스도 암흑으로 변하는 최악의 상황으로 빠져들었다고 한다. 대규모 정전사태로 병원에서 사망자가 속출했고, 전기가 끊겨 수술을 받을 수 없기에 때문에 이웃 콜롬비아에 있는 병원으로 대거 몰려갔다.

모두가 익히 아는 바와 같이 베네수엘라는 원유 매장량 1위의 산유국이다. 인접 국가 콜롬비아가 과거 내전으로 인해 국민이 고통에 몰렸을 때 남미의 제1 부국이자 이웃 국가인 베네수엘라로 몰려갔는데, 이제는 거꾸로 베네수엘라 국민이 집단으로 콜롬비아로 넘어가고 있는 것이다.

콜롬비아는 좌파 정권이 들어선 다른 남미국가들과 달리 우파 정권이 계속 집권하여 시장경제를 추구하고 복지 포퓰리즘을 거부한 자유주의 정책으로 지속적인 경제성장을 이룩했으나, 베네수엘라는 무상 포퓰리즘 정책을 남발하고 수출품인 석유 하나만 믿고 미국과 대적하다가 차베스 집권 초기인 2004년 18.3%에 달하던 성장률이 2018년 마이너스 18%로 곤두박질쳤다. 남미의 맹주로 자처했다가 암으로 사망한 차베스 뒤를 이어 대통령이 된 마두로도 전임자와 똑같은 길을 가다가 석유 값이 하락하고 제조업 기반이 무너지기 시작하자 국민을 벼랑으로 내몰기 시작한 것이다.

지난번 발생한 베네수엘라 대규모 정전사태는 국가 전체 전력의 2/3를 담당하는 '엘구리' 수력발전소가 고장 났기 때문이며, 이는 국가의 기간 산업이 평소 전문가들에 의한 계획적인 유지관리가 안 되어 있다는 반증이다. 따지고 보면 그 근본 원인은 정권을 쟁취한 권력자가 경영, 기술적인 면에서 문외한인 측근들에 자리를 나누어 주고 지지 세력인 군부까지 챙겨주려 하다 보니 비전문가들이 국가 공기업에 낙하산으로 안착했기 때문이라 볼 수 있다.

이미 80만%에 달한 초인플레이션 때문에 휴지 조각이 된 베네수엘라 화폐는 물건을 담는 바구니 재료나 공예품으로 둔갑을 했고, 죽지 않고 살기 위해 직장 여성이고 가정주부고 할 것 없이 머리카락을 잘라 팔거나 그도 아니면 몸을 파는 경우까지 늘어난다고 하니 그 나라가 바로 지옥이라 할 것이다.

얼마 전 온두라스의 난민들이 기회의 땅 미국을 향해 열대우림과 멕시코의 사막을 건너는, 목숨을 건 집단 엑소더스 행위도 따지고 보면 모두가 잘살게 해주겠다고 한 사회주의 국가가 결국은 모두가 가난해지는 역설적인 진실을 보여주고 있는 증거이다.

그럼에도 불구하고 정치인들은 정권을 잡으려고 포퓰리즘 공약을 하고, 집권을 하면 사회주의 국가 건설 유혹에 빠져들어 결국 나라를 망치고 국민을 도탄에 빠지게 한다는 진실을 외면하려 든다. 무차별 살포되는 현금 복지는 국민에게 도움을 주기보다 의존성만 키워 경제와 국민의 삶에 해악이 된다는 게 이미 밝혀졌는데도 우리 문재인 정부도 복지성 예산을 대폭 늘리고 국가예산으로 일자리를 늘리려는 사회주의 정책의 길을 가고 있다. 걱정이 앞선다. 문재인 대통령이 후일 욕됨이 없고 나라 경제가 파탄나지 않으려면 누군가가 대통령에게 충언을 하고 이 정부에 브레이크를 걸어야 한다.

누구를 위한 탈핵인가?

현 정부의 주도 세력은 학생운동을 했던 전대협 출신과 환경운동을 하는 시민단체 등이다. 이들이 추구하는 큰 목표 중 하나는 탈핵이다. 북한의 핵 개발에 대해서는 말 한마디 하지 못하면서 국내 원전 건설에는 입에 거품 물고 반대한다. 현 정부가 출범하자마자 신 고리 5호기, 6호기 공사 중지를 명령하여 막대한 국고 손실을 끼치면서까지 폐쇄하려 했으나, 국민의 반대여론이 높아지자 공론화위원회를 통해 억지 춘향 격으로 공사재개를 했다. 허나 이후 정부는 대표성도 없는 시민 의사를 들어 명확하게 탈원전을 확정하였다. 이후 원전 수명에 도달한 월성 1호기도 7,000억 원을 들여 부품을 교체하고 새 원전으로 탈바꿈시켰는데도 정부의 지침을 받은 한국수력원자력 이사회는 월성1호기의 조기 정지를 결정하여 폐쇄의 길로 들어서게 만들었다. 가동율 96%인 원전을 이 핑계 저 핑계로 세워두더니만 경제성이 없다고 폐쇄하는 것은 수술하면 20년 동안 정상 생활이 가능한 사람을 관에 넣어 화장터로 보내는 것과 무엇이 다르랴?

정부는 국내 원전은 위험하다고 폐쇄 수순 을 밟아가면서 UAE, 사우디 등에는 안전한 원전을 수출하겠다는 모순적인 태도를 취하고 있다. 원전을 극구 반대하는 환경단체 멤버들이 이제 원자력 위원회 및 산하기관에 점령군처럼 포진하기 시작했다고 보도되었다. 원자력안전위원회 위원장과 위원에 환경단체 출신인 강정민 씨와 김호철 변호사가 들어갔고, 환경운동연합 사무총장 출신도 들어갔다. 또한 전문위원회에도 환경운동연합 공동대표인 박창근 교수가 들어갔다고 한다.

한국원자력 안전기술원, 원자력안전재단, 원자력통제기술원에도 반원전 운동의 선봉에 섰던 환경단체 인사들이 낙하산으로 안착하기 시작했으며, 원자력 발전소를 건설하고 운영하는 한국수력원자력 이사회에도 원전 반대론자인 김해창 교수 등이 사외 이사로 안착해 원자력의 숨통을 서서히 끊어간다고 보수언론은 경고하고 있다.

이러한 환경단체들의 신념에 가까운 탈원전의 의도는 무엇일까? 우리나라는 태양열과 풍력발전을 통해 안정적인 전기 공급하는 것이 어려운 지리적 요건을 가지고 있으나, 정부는 이를 무시하고 원전을 대체할 신재생 에너지로 과대 포장하여 원전정책을 바꾸겠다고 했다. 환경단체는 이런 정부를 부추기고 압박하고 있는데, 이것은 태양광 사업에 한몫 챙기겠다는 의도가 아니면 도대체 이유가 무엇인가?

정부가 탈원전을 내세워 2030년까지 태양광, 풍력발전에 100조 원을 투자하고, 이러한 보조 전력으로 하여금 국가 전력의 1/3까지 담당하겠다는 망상에 가까운 정책을 세우자 환경단체들이 태양광 협동조합을 결성하여 노다지를 캐낼 태양광 사업에 뛰어들었다고 한다. 서울시의 가정용 미니 발전소 사업에 참여하여 시 보조금으로 수십억을 타가더니만, 전국 2,500개 학교 옥상에 설치하는 태양광 발전 건립사업에도 공기업인 한전을 배제해달라고 정부에 압력을 가했다. 결국 한전 태양광 사업자인 한전 SPC는 시민단체 태양광 사업협동조합에게 사업의 우선권을 주겠다고 결정했다고 한다. 입에 거품 물고 원전을 반대한 숨은 이면에는 태양광으로 한몫 잡으려는 시커먼 욕심이 있어서인 것이다.

그들이야 떼돈 벌어서 좋겠다만, 국민들은 원전 발전을 통해 낮은 단가로 유통하던 전기가 발전량의 감소로 인한 요금 상승 때문에 스트레스가 늘어날 것이다. 정부는 태양열, 풍력발전으로는 안정적인 전기 수급이 안 되니 대책으로 LNG 발전소를 더 지어야 할 것이고, 러시아의 천연가스 들여오기 위해 북한을 경유하는 가스관을 건설할 것이다. 결국 전력생산의 숨통을 북한에 맡기고 호구 노릇을 하겠다는 정부와 시민단체의 행동이 전력 주권을 북한에 맡기는 결과를 초래하게 될 것이다.

이것이 바로 환경단체가 탈핵으로 가려는 진짜 목적이며, 이는 환경을 빙자하여 돈벌이하고 시민 권력도 행사하고 싶은 환경단체 패거리의 욕심에서 나온 것으로 믿고 싶다. 왜냐 하면 이것이 북한 당국의 남한적화전략의 일환이고, 매수된 추종자들이 간교한 북측 전략에 놀아나서 탈핵이 진행되는 것이라면 너무나 분하고 원통하기 때문이다.

4
장

소득주도성장

최저임금 부작용

정부는 작년에 장관부터 말단 직원까지 최저임금지원 제도 홍보물을 들고서 정부 정책을 알리려고 애를 쓴 적이 있다. 중소상공인과 자영업자들은 따지고 보면 중소벤처기업부 소관인데, 장관 지명 시 내로남불 홍역을 치른 홍종학 장관은 빠지고 김영록 농림부 장관과 홍장표 청와대 경제수석이 최저임금 인상을 독려하기 위해 시장에 들렀다가 가는 족족 머퉁이만 듣고 머쓱했다 한다. 2018년부터 1인 이상 근로자를 사용하는 모든 사업장에 2017년 대비 16.4%가 오른 최저임금 시간당 7,530원을 주지 않으면 3년 이하의 징역 또는 벌금을 부과하고, 위반 사업장의 명단까지 공개하겠다는 정부 발표에 중소기업과 영세자영업자의 불만이 터져 나오자 1인당 13만 원을 지원한다는 홍보물을 만들어 국민 설득에 나선 것이다. 그깟 13만 원을 지원받겠다고 업주는 사대보험 들어야 하고, 근로자는 소득이 드러나는 것과 동시에 보험 부담이 늘어나 주인과 종업원 양측에서 모두 배척하는데 정부는 강행하겠단다. 그나마 수혜를 받는 일자리 안정자금은 몇 푼 안 되고, 국고 보조금은 소득으로 간주되어 다음 해 5월 소득세 신고 때 최고 42%까지 토해내야 한다는데 그걸 누가 신청하겠나?

임금이란 지역 별, 직종별, 숙련도에 따라 달라야 하거늘 서울 도심 커피숍 아르바이트와 지방 커피숍 아르바이트를 동일 임금으로 주라하면 이 또한 불공정 아닌가? 나도 이번 풋내기 고졸 학생을 채용하는데 노동생산성과 관계없이 최저임금 이상으로 급여를 책정하다보니 기존의 3년차 대리 임금과 별 차이 없는 문제가 생겼다. 따라서 대리임금도 연쇄적으로 올려주어야 할 판이다.

이미 최저임금의 부작용이 풍선효과처럼 나타나기 시작 했는데, 있는 사람 최대한 줄이고 사람 채용은 가급적 최소화하고 가능한 가족끼리 현상유지하면서 현재의 소나기를 피하고 가겠다는 기류가 시장에 퍼져 있다. 정부가 소득주도성장을 제창하고 강제적으로 임금을 올리는 것이 실패할 수밖에 없는 것은 정부의 최저임금, 근로시간 단축, 통상임금 확대, 법인세 인상 등 좌파적인 이념에 대해 목에 칼이 들어와도 "이것은 아니요!" 하고 직언하고 충간하는 신하가 없기 때문이다. 결국 정부의 브레이크 없는 질주 때문에 죽어나는 것은 매일 벌어먹어야 하는 자영업자와 영세중소기업들뿐이다.

힘들면 대출받으라는 말만 내뱉는 관료의 머릿속에는 노사관계가 자율로 이루어지지 않고 정부가 개입하여 타율적으로 기업들을 옥죄일 때 나타나는 부작용은 알아낼 재간이 없다. 그들이 일의 능률에 부가가치가 발생한다는 사실을 모르는 이유는, 능률이 없어도 정해진 액수의 급여가 매달 따박따박 지급되고 있고 매달 임금 마련을 위해 겪는 피 말리는 애로사항을 알 리가 없기 때문이다. 장사하는 사람들의 매출이 늘어나지 않는데 임금을 올리게 되면 다른 부분에서 줄이지 않을 경우 손해가 나고 결국 망할 수밖에 없는데 정책을 강행하는 정부가 야속하기만 하다.

최저임금 주지 않는다고 잡아 족치든 기발한 편법으로 이를 모면하든 사람을 채용하는 것으로 기피하는 분위기가 사회전반에 퍼져 나간다면 그것만큼 무서운 것이 없다. 이미 최저임금 인상의 여파가 바닥 민심을 흔들어 놓고 있다. 예전 같으면 15만 원이면 되었을 도시 원룸의 도배, 필름업자의 인건비도 일당 20만 원이 되었고, 과수농가에서도 여자는 6만 5천 원에서 7만 5천 원으로, 남자는 8만 5천 원에서 10만 원으로 올라 그만큼의 일당을 지급해야 사람을 모을 수 있다. 사기가 높아야 운동 경기에서 승리할 수 있는 것처럼, 세금을 낮추고 규제를 혁파하고 기업투자를 유도하면 신바람에 경기가 살아나고 소득도 높아질 텐데 우리 정부는 선진국과 반대로 가니 청개구리 심보를 가졌나 보다.

미국에서 트럼프의 감세정책에 따라 법인세를 내리자 애플은 해외에 보유해왔던 현금 2,450억 달러(약 262조 원)을 미국으로 들여오더니 세금 380억 달러를 납부하고 5년간 3,500억 달러를 투자하여 2만 개의 고급일자리를 만들어내겠다고 한다. 그러한 미국 내 분위기 덕에 실업률은 최저로 떨어지고 고용은 증가했으며 기업이 앞다투어 투자해 비어있는 600만 개의 일자리의 임금도 저절로 올라갈 조짐이 보인다. 이는 소비도 증가하고 돈이 도는 선순환 경제로 살판나는 세상이 된다는 뜻이다. 정부는 무슨 억하심정이 있기에 없는 사람 더 죽이는 좌파 정책을 계속하여 밀어붙이고 있는가?

도미노 임금인상

최저 임금을 2018년에 16.4% 올리더니만 2019년에 또 10.9% 인상하여 노동의 질과 노동 강도에 관계없이 시간당 8,350원을 주도록 하는 정부 정책이 최종 확정되었다. 전국의 소상공인들이 불복종 운동을 벌이고 재심사를 요청하여도 최저임금위원회가 결정한 수치가 그대로 반영된 것이다. 사실 위원회라는 것이 트럼프 대통령이 자서전에 언급했듯 정부 정책을 정당화시켜주는 허수아비인데, 우리나라 전체 근로자 2,000만 명 중 9%밖에 차지하지 않는 한국노총과 민주노총이 추천한 최저임금위원회 위원 9명이 전체 근로자를 대변한 것은 대표성도 없고 근로 현장의 목소리를 대변한 것도 아니다. 평균 연봉 5,000만 원 이상 되는 귀족 노조가 단결력으로 정부를 압박하여 힘없는 중소영세상공인들을 바닥으로 내몰고 있는 것이다.

우리 회사도 발등에 불이 떨어졌다. 우리 회사는 제조업이지만 기술집약적인 기업이기에 적어도 현장에는 해당 분야 전문대 이상의 학력을 가진 이가 적합하고 또 그렇게 채용해왔다. 그러나 정부가 청년일자리 채용을 권고를 해서 졸업을 앞둔 고등학생을 미리 채용하였다. 경력도 없고 군대도 아직 안간 터라 현장에서 1년 정도는 아무것도 하지 못했다. 겨우 보조 수준의 능력인데도 급여를 최저임금 이상 주라고 하니 3년이 넘은 내근 여직원의 급여 수준이 되었다. 문제는 이로 인하여 다른 직원들의 급여를 인상해줄 수밖에 없어 연쇄적으로 임금이 올라가는 도미노 현상이 일어나 회사의 인건비 부담이 가중된 것이다.

수익이 올라가면 급여를 올려줘야 하고, 급여를 올리려면 그에 맞는 생산성이 올라가야 하는데 두 가지 모두 충족이 안 됐는데도 강제적으로 인상하라고 하니 사용자는 정말 배겨낼 도리가 없게 된다. 정부의 최저임금 인상을 백번 양보해서 이해한다 하더라도, 이 정책이 실패할 수밖에 없는 명확한 사실은 업종이나 계절 같은 조건에 차등을 두지 않고 시행하기 때문이다. 일본처럼 성수기에는 더 일하고 비수기에는 덜 일 한다든가, 초과근무 상한을 주 12시간이 아닌 월 45시간으로 정해 근로시간에 탄력성을 줄 수 없다는 것이다.

신기술이나 신제품 개발 등 연구직에 초과근무 적용 예외가 없어 지속적으로 관찰하거나 시험 결과를 지켜볼 수 없게 되었다. 그냥 땡 하면 강제적으로 퇴근하게 하는 근로기준법 개정안은 좌파 이념 서클에 사로잡힌 우파 자본주의에 대한 투쟁이고 혁명의 일환인 것이다. 최근 노동환경은 옛날 평화시장의 서지도 못하는 다락방에서 하루종일 미싱을 돌려야 했던, 그래서 "우리는 기계가 아니다!"라고 분신자살했던 전태일 열사의 눈물 어린 곳이 아니다. 대기업의 많은 제조 현장은 에어컨이 팡팡 나오는 쾌적한 환경이고, 제조업도 분진과 소음이 없는 생산 현장으로 변해가고 있다. 중소기업도 정부의 클린 사업장 지원으로 옛날처럼 지저분한 작업장이 아니며 한 사람만 채용해도 의무적으로 4대 보험에 들도록 되어 있다.

이제 소상공인을 대표하는 영세중소기업과 560만 자영업자는 최저임금 인상으로 수익성이 바닥으로 떨어져 폐업의 길로 내몰리고 있다.

이 정부는 임금도 근로시간처럼 일의 내용과 관계없이 무조건 일정 수치 이상 주라고 강제하기 시작 했다. 기성세대는 기술을 배운답시고 임금도 못 받고 일해본 시대를 경험했지만, 시대가 변해 먹여주고 기술 가르쳐준다고 임금을 주지 않는 것이 악랄한 범죄임을 모르는 사람이 없다. 그러나 정부가 일하는 사람의 나이, 학력, 일의 숙련도나 잉여 생산의 결과 및 기여도에 관계없이 무조건 일정 금액 이상 주라고 하는 것에는 심정적으로 동의할 수 없는 것이다.

다양한직업과 수많은 일의 특성을 무시하고 무조건적인 평등을 강요하는 정책은 바로 사회주의 철학에서 나온다. 중소기업의 근로자들은 분업화되고 단순화된 공정만 수행하는 게 아니다. 생산도 하다가 관리도 했다가 영업도 나가야 하는, 급한 일을 닥치는 대로 해야 하는 중소기업의 특성을 정부가 이해하고 있었다면 무 자르듯 근로시간을 만들지 않았을 텐데.

근로시간 단축

사계절이 있는 한국은 원래 농경사회였다. 농사를 짓는 것은 서양의 수렵사회처럼 시간을 다투지 아니한다. 그래서 농사를 지어도 놀면서 일하듯 하였는데, 이는 권농가를 부르면서 농사를 지었던 우리의 조상이 그랬고, 그러한 일과 휴식이 공존하는 DNA가 살아 있는 우리들은 산업 사회에 들어선 뒤 생산효율이 서양 근로자보다 낮은 것으로 나타난다. 이에 반해 서양은 노동과 휴식이 엄격히 구분되어 근로시간의 노동 강도가 높아 생산효율이 높다. 독일, 덴마크 등 유럽 국가의 DNA에는 순발력이 절대적으로 필요한 수렵민족의 피가 흘러 연간 노동시간은 짧으나 생산성이 높고, 반대로 날씨가 더운 멕시코나 중남미 등은 뜨거운 낮 시간을 피해 일해야 했기에 연간 근로시간은 길어도 생산성은 낮은 편이다.

우리 민족은 노동 강도가 약한 대신 근로시간이 긴 것을 선택했다. 그것이 편리했다. 여름에는 새벽 별을 보고 논에 나가 일했고, 뜨거운 한낮에는 정자에 늘어지게 잠을 잤으며, 해진 어스름이 되어서야 집에 돌아왔다. 시간에 얽매이지 않고 순리에 맞추어 일을 하였다. 이러한 유전자가 흐르는 국민에게 문재인 정부에서 근로시간을 단축하고 휴일에 근로를 시키면 벌칙을 강화하겠다고 한다. 결국 영세한 자영업자들만 직격탄을 맞게 될 것이 분명하다. 왜냐하면 대기업의 경우 분업화되고 라인 화 되어 분초 관리가 가능하지만, 일반 영세상공인은 사정이 다르기 때문이다.

식당의 예를 들어보자. 점심과 저녁 손님을 상대하는 식당의 경우 9시에 출근하여 청소하고 요리하고 영업 준비를 한 후 점심 장사를 하고 난 뒤 손님이 없는 3시 전후로 한숨자고 저녁장사 때까지 휴식을 취한다. 노동과 휴식이 구분되지 않고 그때그때 맞추어 일을 하기에 노동시간이 긴 편이다.

그러나 이제는 그게 아니다. 음식 배달이 없을 때는 다른 잡일이나 쉴 수 있는 종업원에게 근로시간을 단축하라 하니 업주는 꾀를 생각해낸다. 아예 종업원을 내보내고 배달은 용역을 주거나 시간 타임으로 일을 시키는 것이다. 그래서 시간에 맞춰서 일을 찾아 다니는 메뚜기 족이 많아졌다고 한다. 수익은 안 나는데 최저임금 이상 주라하니 시간제 근로자만 찾게 되고, 결국 업주는 사람 채용을 기피하게 된다. 이 때문에 시간에 맞춰 일을 찾아다니는 메뚜기 족이 생겨나게 된 것이다.

4대 보험 지출 안해도 되고 필요할 때만 불러 일을 시키니 업주로서는 일거양득이나, 취업하고자 하는 청년들은 그만큼 일자리가 줄어드는 부작용이 생긴다. 사람을 쓰지 않는 현 상황은 순전히 최저임금 인상과 근로시간 단축을 밀어붙이는 현 정권의 책임이며, 이는 OECD 국가 중 최상위 임금을 받고 있는 대기업 노조들의 끝없는 욕심에 좌파 정부가 말려들었기 때문이다.

이제 유예기간이 종료 됨으로써 7월 1일부터 주 52시간을 지켜야 하는 은행부터 근로환경이 바뀌기 시작했다. 회의시간도 규제하고 근로 종료시간이 되면 자동으로 컴퓨터와 전등이 꺼진다고 한다. 서서 회의를 하고 여유가 없는 압박 근무가 시작된 것이다. 결국 소득주도성장은 일을 잘하든 못하든 매달 봉급을 받던 생활을 마치고, 아직도 자식들의 버팀목이 되어야 하기에 인생 후반에 몇 년을 버틸지 모르는 자영업에 마지못해 뛰어든 이 시대 가장들을 더 힘들게 하는 근로정책이다.

이 정부는 정해진 책상이나 제조 현장에서 일을 해야만 일하는 것으로 착각하는 것이다. 지금은 노트북만 가지고 있어도 KTX 안에서도, 커피숍 구석에서도 사무실에 있는 것처럼 일을 할 수가 있고 아예 집에서 일하는 자택근무자도 있다. 고객을 방문하고 저녁에 술잔을 기울이는 것이 일이 되는 사회이다. 출퇴근 시간을 정해놓고 그 안에서 잉여생산을 하든 못하든 근로로 인정하는 시대는 이미 지나 갔다. 천태만상 수많은 직업이 있고 다양한 일의 형태가

있는데 꼭 회사에 출근하여 자리에 앉아 있어야 근로인가? 물론 그
동안 주당 최장 68시간까지 일할 수 있게 하였기에 퇴근시간이 늦
어진 탓에 저녁이 없는 삶을 살았던 대한민국의 근로자를 위해 시
간을 단축하는 것은 의미가 있다고 할 수 있다. 하지만 이를 내용
불문 하고 모든 일에 강제하는 것은 획일적 사회주의 이론이고 큰
문제점을 가지고 있다. 임금은 올리고 근로시간은 단축하는 소득주
도성장론이 그렇지 않아도 현재의 저성장 불경기에 찬물을 끼얹고
있는 것이다.

정부는 노동계의 요구를 받아들여 근로시간도 현행 주당 68시간
(주간 40시간, 연장 12시간, 휴일 16시간)까지 할 수 있는 근로시간을 52
시간(주간 40시간, 연장 12시간)까지 단계적으로 시행한다고 하니 국
내 최대기업인 삼성전자가 솔선수범해 18년 1월부터 52시간으로 단
축 시행하는 것으로 확인이 되었다. 그리고 근로 시간의 업무 효율
성을 위해 엄격하게 일하는 것을 체크하고 감시하겠다고 하는데,
삼성이 아닌 가족 같은 일반 중소기업이 근태 관리를 엄격히 할 수
있을까?

현실적으로 불가능하고 부작용만 생긴다. 점심시간을 이용하여
외출했다가 좀 늦게 들어오거나 조금 일찍 조퇴한 직원에게 야박
하게 시급 정산하여 임금 공제를 하는 것은 어려운 일이며, 철저하
게 근태관리 하는 것보다 느슨하게 일하되 1시간 더 일하게 한 것
이 포괄 업무를 하는 기업에게는 서로가 더 유용하기 때문이다. 근
로시간을 단축하고 대신 휴일 근로를 없앤다면 근로자 사이에서도
근로시간이 약 20% 줄어들게 되어 통상 임금의 1.5~2배 많은 시급
을 받는 연장, 휴일 근로가 없어지게 되고 급여가 오히려 줄어들

수 있다.

박기성 성신여대 교수의 5월 취업자 분석에 의하면 근로시간 단축이 시행되니 주36시간을 일하는 양질의 일자리는 2년 전보다 20만 7,000개 줄어들었다고 한다. 그만큼 기업이나 자영업자 모두 36시간 이상 일하는 근로자를 단시간 근로자로 대체하기 때문이다. 실상이 이러한데도 취업자 수는 줄지 않고 늘어나는 것은 정부의 취업자 마법 계산 때문이다. 1시간을 일하든 40시간을 일하든 똑같은 1명의 취업자로 보기 때문이다. 이러한 부실 통계를 보고받으면 대통령은 현재 근로시간 단축이 아무 문제없이 잘되어가고 있다고 생각할 것 아닌가?

포괄역산제 필요하다

여우와 두루미가 상대방의 초대에 응했으나 맛있는 고기와 스프를 먹지 못한 것은 접시와 병 때문이 아니라 서로의 입 형태가 달랐기 때문이다. 산업, 업종, 직종에 따라 근로의 형태가 천차만별 다른데도 정부는 일괄적으로 근로시간을 주 52시간으로 정했다.

우리 회사는 마을 상수도 소독기를 설치하는 업체이다. 설치를 요청하면 전국 어디든지 달려가는데, 실제 설치하고 일하는 시간은 한두 시간이지만 이동시간만 8시간이 걸릴 때도 있다. 운전자는 당연히 근로한 것이다. 하지만 조수석이나 뒷좌석에 앉아 잠을 자고 가는 직원은 조금 다른 이야기가 아닐까. 물론 그 직원도 근로한 것으로 해주었는데, 이제부터는 주 52근로 시간을 넘기지 않기 위한 다른 방법까지 찾아야 한다.

일에는 예상치 못한 요소가 등장한다. 지하수 관정 사옥에 도착하면 열쇠를 갖고 있는 마을 이장이 약속을 깜빡 잊고 면에 나가 없는 경우가 있다. 이런 경우 이장이 돌아올 때까지 두세 시간을 마냥 기다려야 할 때도 있다. 또한 학교 물탱크의 경우, 평일에는 학생들이 물을 써야 하니 대부분 일요일에 와서 설치하라고 한다. 물탱크가 만수라면 물이 비워질 때까지 하염없이 기다리기도 한다. 하자 발생 A/S가 생기면 낮이고 밤이고 가리지 않고 달려가 처리해주고, 필요하면 숙박을 하고 올 때도 있다. 마을에 물이 안 나오면 비상사태가 되기 때문이다. 그러니 공무원처럼 오전 9시 출근하여 오후 6시 퇴근할 수가 없다.

우리처럼 현장을 쫓아 다니면서 일하는 회사는 거기에 맞는 임금 형태가 필요하며, 그 때문에 포괄역산제를 시행하고 있다. 결론적으로 우리 회사 같은 업종은 주 52시간만 일할 수가 없는 것이다. 대한민국에는 우리와 같은, 어쩌면 더 복잡한 근무형태를 지닌 일이 있을 것이다. 이러한 포괄역산제를 채택하는 회사는 현장에서 근태관리를 하지 못한다는 특성 때문에 현장에서 이루어내는 잉여생산을 기본 봉급 이외의 성과급이란 명목으로 추가로 지급함으로써 해결하고 있는 것이고, 이는 회사와 직원이 자유로운 의사결정을 통해 타협점을 찾아낸 자율적인 방법이다.

그런데 정부는 일의 특성은 간과한 채 하루 8시간을 넘기지 말고 휴일근무도 시키지 않는 방향으로 일을 시키라 한다. 이런 근무형태는 대기업처럼 분업화되고 생산시설이 라인화 되어 있는 경우에만 가능하기 때문에, 대부분의 중소기업들과 자영업자들은 혼란에 빠지고 말았다.

점심에는 밥만 팔아야 하지만 저녁에는 술손님이 찾기 때문에 밤 9시가 넘어야 퇴근할 수 있는 식당 아줌마들도 주 52시간에 저촉되어 휴일 근무를 못하게 되었고, 손님 없는 오후 한나절은 휴식도 못하고 퇴근해야만 하게 되었다. 저녁이 되어 다시 출근하는, 시간제로 일을 해야만 하는 이상한 토막 근로가 과연 좋은 것인가? 근로시간이 길어도 손님이 없을 때 편하게 쉬던 기존 방식이 오히려 고용을 유지해주는 효과가 있었는데 말이다. 그렇지 않으면 2교대로 채용을 해야 하는데 영세식당에서 가능한 일인가?

근로에는 쉴 없이 프레스나 컨베이어벨트에 자재를 넣고 빼거나 조립하는 중 노동도 있지만, 작업은 하는 대신 사람을 만나는 것이 일인 영업직 근로도 있다. 중노동의 경우 일일 8기간을 준수하고 초과 근무 시 150%의 초과수당을 주어야 하지만, 영업직은 기본급은 보장하되 실적에 따라 성과수당을 준다. 그래서 자동차 6,000대를 팔아 신문에 소개된 현대자동차 안중 대리점의 판매왕 이양균 씨는 기존에 오전 8시 30분에 일과를 시작해 밤 11시까지 근무하고 귀가하는 근로시간을 가지고 있었다. 하지만 이제 이런 근무 행태는 불법이 된다.

상해나 건강을 해쳐 수술대에 누운 환자의 생명을 구하는 의사의 경우에 따라 하루 18시간 수술실 근무도 하게 되는데, 정부는 이것을 예외라고 인정하겠다고 했다. 하지만 원칙적으로 따지면 이것도 불법이며, 건설현장의 경비는 주야간으로 나뉘어 일주일씩 교대로 하는데 계산해보면 84시간을 근무하므로 개정법령의 주 52시간을 초과해 역시 불법이 된다.

기업이 기존의 근무 형태를 만들게 된 것은 회사와 근로자 모두에게 유익하기에 때문인데 이제부터는 처벌대상이 된다고 한다. 결국 이 정부는 직종에 따른 특성은 따지지 않고 무조건 주 52시간을 강제하여 불법을 저지르는 기업인과 근로자를 양산하기 시작할 것이다.

우리 주변에는 정부가 근로 행태가 만들어진 실체를 파악하지 못한 수많은 직종이 있으며, 이러한 일 터에서는 포괄역산제로 관리하는 것이 사용자와 근로자 모두에게 유용하기 때문에 그렇게 해왔던 것이다. 그런데 정부는 조직화된 노동계의 주장을 받아들여 휴식과 근로가 명확히 구분되는 서구식 근로문화를 강요하기 시작했고, 결국 버스 운전사나 대기업 차량 운전사들의 대기시간이 근로시간에 포함되느냐에 대한 법정논쟁을 벌이고 있다.

이 정부는 연장 근로를 인정했던 근로시간 특례업종을 21개에서 운송업 등 5개로 대폭 축소하고 300인 미만 50인 이상 사업장은 2019년 7월 1일부터 시행하고, 50인 미만 5인이상 사업장은 2021년 7월 1일부터 시행할 것이라 공표하였다. 결국 우리 회사도 앞으로 2년이 지나면 어떻게 전국을 다니면서 현장설치를 해야 할 것인지 생각해야 한다. 주 52시간이 우리 같은 회사를 퇴로가 없는 막다른 길로 내몰고 있다.

모든 일이 똑같지 않다

일에는 수많은 일이 존재한다. 그중에서도 대가를 받고 일을 하는 것을 노동이라고 한다. 넓은 의미로 자본을 소유하지 않아 자신의 노동력을 제공하고 사용자(자본가)로부터 임금을 받기에 마르크스와 레닌이 말하는 프롤레타리아에 해당하나, 근대 산업사회는 산업이 분업화되고 자본시장이 누구에게나 펼쳐짐에 따라 노동자와 자본가를 구분하는 것 자체가 의미가 없다.

노동에도 컨베이어 벨트 앞에 서서 조립을 하거나, 탄광에서 일정한 생산량을 달성해야 하는 중노동이 있는 반면, 앉아서 감시나 안내만 해주는 편한 경노동도 있다. 유리의 열기가 지속될 때 병을 만들어야 되는 일이 있고, 밤늦게까지 시험관 속에서 일어나는 발효 과정을 지켜봐야 하는 일도 있으며, 의자에 편히 앉아 감시만 하는 일도 있다. 이처럼 종류에 따라 천태만상의 노동이 존재 하는데, 정부는 업종 불문 하루 8시간을 넘겨서는 안 된다고 못을 막는다. 일을 할 때는 집중과 휴식이 필요하고 일정한 시간 동안 일을 하는 것이 생산효율에도 유용하다. 그러나 모든 일을 싸잡아 8시간만 강제한다면 그것이 과연 잘한 일일까?

노동시간을 자율에 맞기지 않고 강제하는 것은 프롤레타리아 사회주의 정책에서 나온 것이다. 1950년 한국전쟁에서 남한의 90%를 점령한 북한이 3개월이라는 통치기간 동안 시행한 것 중 하나가 바로 하루 8시간 노동제 실시를 규정한 노동법령을 공포한 것이다. 이러한 정책 발상의 이면에는 노동을 자본과 대비되는 수단요소로 보고, 자본으로부터 착취당하는 피지배 의식이 있기 때문이다. 인류의 역사가 수렵에서 농경사회로, 1차·2차·3차 산업혁명을 거쳐 4차 산업혁명 시대로 발전한 지금, 이러한 이념 대립 구도는 낡은 옷에 불과하지만 문재인 정부는 근로시간 단축을 금과옥조로 믿고 밀어 붙이고 있다.

예전에는 식당의 종업원이 아침부터 저녁 늦게까지 근무하였다. 하지만 근무시간이 아무리 길어도 손님이 없는 휴식시간도 있다 보니 주문이 들어오면 배달도 갔는데 이제는 옛말이 되었다. 이제는 주 52시간을 강제하다보니 식당은 배달을 맡은 사람을 두기보다 배달만 전문으로 하는 퀵서비스에 의뢰한다. 배달 노동자는 모바일주문 콜을 선택해서 신속배달 하는데, 하루 배송 120건에 12시간 노동을 하고 있다. 그런데 근로계약서를 작성하지 않아 산재보험에 해당되지도 않고, 만약 교통사고라도 나게 되면 눈앞이 캄캄한 상태에 놓이게 된다. 이런 사회안전망의 사각지대를 정부가 스스로 만들어내고 있다.

지난 설날에 월, 화, 수 사흘 간의 연휴가 있었다. 대부분의 근로자는 당연히 일을 하지 않고 연휴를 즐길 수 있었다. 근로자가 일을 하지 않고 쉬는데도 급여는 지급되어야 한다. 일을 하지 않았는데도, 생산량이 없는데도 급여가 깎이지 않고 지급하는 것은 자본과 노동을 둘로 나누지 않고 전체로 보는 통합 패러다임이 있기 때문이다. 대기업에서 임금계산은 어떻게 하는지는 내 알바도 아니지만, 적어도 가족 같은 중소기업에서는 대부분 명절연휴, 하계휴가, 근로자의 날 등 쉬는 날이 있다고 급여에서 공제하지 않는다. 오히려 떡값이고 휴가비를 더 얹어주는 것은 그게 서로간의 도리이기 때문이다.

모든 일에는 출장처럼 시간이 많이 소요되는 일처럼 일의 종류에 따라 탄력적으로 운용할 필요도 있다. 메뚜기도 한철인데 납품기일을 맞추려면 밤새워 일을 해야 하고, 일 년 내내 놀다가 여름철 한때인 빙과류 회사에서는 주 52시간을 넘어 밤새 공장을 돌려야 할 때도 있다.

얼마 전 고용노동부는 7월 23일 근로시간 상한인 주 52시간을 초과하여 근무할 수 있는 '특별연장근로인가'를 자연재해 등 사안의 긴급성이 있는 경우에만 제한해 허용한다고 밝혔다. 산업계에서는 특정 시기에 52시간 넘게 일해야 하는 상황이 불가피하게 발생한다고 항변했으나 정부는 이를 받아들이지 않았고, 정유와 화학업계 등에서 제조공정 과정의 정기보수를 위해 연장 근로가 필요하다고 요청했지만 이마저도 거절당했다. 이제 종업원 50인 이상의 사업주는 주 52시간 근무를 어기면 2년 이하의 징역 또는 2000만 원 이하의 벌금형을 받게 되었고, 2021년부터는 5인 이상 사업장도 적용 대상이 된다.

서민들의 사업장에까지 52시간을 강제 하다보니 일 할 권리가 침해된다고 소상공인들이 위헌임을 밝혀달라고 헌법소원까지 냈다고 한다. 주야간 중환자를 돌보는 간병인들도 하루 12시간씩 주 5일만 일해도 52시간이 넘기 때문에 초과되는 시간을 환자의 가족이 간병을 하거나 사람을 더 써야 해서 경제적 부담이 늘어나게 된다. 환자 입장에서는 간병을 하던 사람이 계속 맡아서 해주는 것이 좋다. 환자 상태를 잘 알기도 하지만 그만큼 친숙해졌기 때문이다. 그래서 실제 척추 수술 병원 같은 경우 2주 동안 24시간 간병을 하기도 한다. 환자가 잠잘 때 보조 침대에서 살짝 눈을 붙이고 계속하여 환자 곁 머물며 주야간 간병할 수 있기에 가능하고, 그것이 환자와 간병인 모두에게 유용하기 때문이다.

그런데 주 52시간으로 근무시간이 고정되면서 24시간 간병은 불법이 되었고, 간병인을 더 늘려야 하니 환자 측은 간병비가 늘어나고 간병인은 급여가 줄어 서로 불만이 생겨날 수밖에 없다. 도대체 누구를 위한 주 52시간 근무인가?

주 52시간 긁어 부스럼

문재인 정부의 대표적 노동정책인 근로시간 단축이 300인 이상 사업장에서 2019년 7월 1일 시행을 앞두고 있는데 이 정책이 현장에 맞지 않아 큰 혼란이 예상 되고 있다. 전국버스노조가 파업을 결의하면서 전국자동차노조연맹의 90% 이상이 파업에 찬성했기 때문에 5월 15일 파업이 예상되었으나 요금인상으로 일단 봉합되었다. 버스회사는 지자체가 보조금으로 해결하는 곳이니 결국 시민의 호주머니 돈으로 문제를 해결하려든 것이다. 현실적이지도 않는 주 52시간 근무를 버스업종에 강제하다보니 이 사단이 나는 것이다. 운전기사는 근로시간 단축에 따른 임금 삭감을 받아들일 수 없고, 사용자는 부족한 운전기사를 새로 채용할 여력이 없다. 해결 방법은 딱 한 가지. 또 요금을 인상하여 국민에게 전가하거나 세금으로 회사에 보조해주는 것밖에 달리 도리가 없는데 결국 그렇게 되어가는 것이다. 정부는 버스노조파업이 주 52시간과 관계가 없다고 딴소리를 하고 있는데 과연 방법이 없는가?

나도 50여 년 전인 70년대 초, 시내버스 운전기사로 일해 보았다. 서울 삼양동에서 관악산 아래 서울대학교까지 운행하는 24번 상원여객이었다. 그때 버스는 닛산, 이스즈 등 일본제 중고버스가 많았는데 지금처럼 파워 핸들도, 자동개폐문도 아니었고, 소음이 큰 디젤엔진이 운전석 아래에 있어 운전자의 피로도가 꽤 높았다. 자가용도 대중화되지 않았고 지하철 노선도 적어 버스가 대중교통의 태반을 담당했기에 출퇴근 시간은 말 그대로 교통지옥이었다. 버스에 타려는 문 쪽의 승객들을 버스 내부로 짐짝처럼 밀어 넣기 위해 S자 곡예 운전까지 하면서 새벽부터 자정까지 운전했다.

격일제로 근무를 하지만 동료 기사가 펑크를 내면 대타로 나가 이틀 연속 근무하는 것도 흔한 일이었다. 시내 교통 사정으로 차가 밀려 차고지에 제시간에 못 들어올 경우는 1시간의 식사 시간은 고사하고 허겁지겁 국에 밥 말아 들이마시듯 먹고 다시 핸들을 잡는 일도 비일비재하였다. 그래서 그 시절 대부분의 운전기사들은 위장병을 공통적으로 가지고 있었다. 이제 세월이 변하여 버스도 엔진이 뒤로 갔고 파워핸들, 유압변속기, 자동문 등 현대화된 버스로 변했으며 버스전용 차로제를 실시하여 일반 차량과 경쟁하면서 운전하던 시절과는 판이하게 운전 환경도 좋아졌다.

그렇다 하더라도 새벽부터 밤늦게까지 운전 하는 것은 중노동이다. 이를 해결하는 방법은 간단하다. 운전사에게 선택사항으로 주면 된다. 본인이 돈을 더 벌고 싶고 건강하다고 생각하면 오래 근무하도록 해주고, 그게 아니라면 2교대 운전을 선택하게 하면 되는 것이다. 이러면 될 것을 모든 기사에게 주 52시간 이상 운전하면 안된다고 하니 결국 사단이 나는 것이다. 학생들이 공부를 잘하려면 방과 후에도 공부를 해야 하는 것처럼, 돈을 더 벌고 싶은 운전사는 주 52시간을 초과하여 근무하도록 선택사항으로 하면 되는 것이다. 탄력적인 운전 근무제도로 운용하면 될 것을 사회주의 발상으로 모든 것을 평준화하려 하니 문제가 생기는 것이다.

좋은 대학교를 가려면 자유의사에 의해 도서관을 가든지 과외를 받든지 공부를 더 하게 해야지, 학교에서 하는 8시간 공부 이외에는 공부를 더하지 말라고 하면 되겠는가? 모든 것은 순리대로 하면 된다.

일이라 하는 것은 앉아서, 또는 정해진 공간에서 하는 일도 있지만 멀리 찾아가서 하는 현장 일도 있고 연구처럼 밤을 지새워야 원하는 실험 결과가 나타날 수 있는 일도 있다. 영업을 위해 거래처 직원과 저녁 식사를 하고 2차로 술집에 가서 늦은 시간까지 접대했을 때 이를 근로시간에 포함할 것인지, 해외출장으로 인해 밤낮을 가리지 않는 이동 시간을 근로시간으로 인정할 것인지가 뜨거운 쟁점이 되고 있다.

정부에서 주당 52 시간으로 정해 놓은 탓에, 그냥 포괄역산으로 하면 간편할 근로시간과 관리를 퇴근 후 접대나 이동시간을 가지고 공연히 골치 아프게 만들어버렸다. 즉 긁어 부스럼을 만든 것이다. 근로시간 특례업종에서 빠진 지방의 버스 운전기사들이 근로시간 단축으로 임금이 줄어들자 대거 서울로 몰려들어 지방 도시의 운전기사 구인난이 발생하고, 그렇지 않아도 적은 벽지 운행 버스가 더욱 줄어들어 시골 노약자들만 불편하게 만들고 말았다.

정부가 11일 발표한 근로시간 단축 가이드 라인에 의하면 '근로시간 중 커피 타임이나 흡연하는 시간도 근로시간으로 인정한다.'는 자상한 노동 편향을 보여주었다. 특히 흡연하는 것을 근로시간에 포함시킨다는 것은 사업주 입장에서 경악할 일이다. 사내 흡연을 원칙적으로 금하되 필요에 따라 용인하는 자율성에 머물지 않고 기준을 정해 허용한다면 이 또한 불필요한 기준이기 때문이다. 보통 사무실 밖이나 공장 뒤편에서 하는 흡연은 잡담이나 회사험담을 하는 것이 그간의 상례이고, 근로시간에 흡연시간이 포함된 부작용이 훤히 보이는데 정부의 눈에는 보이지 않는다.

우리 회사는 전국에 산재한 마을 상수도의 염소투입기를 설치하는데, 실제 일하는 시간은 한두 시간이지만, 이동시간은 반나절씩 걸리기에 지금까지는 근로시간 이후 현장에 도착해서 숙박하고 일하는 것이 다반사였으나 앞으로 어떻게 할지 막막할 따름이다. 그동안 숙박하거나 늦은 시간만큼 추가 수당을 지급하거나 임금을 따로 높여주되 이를 포괄역산 임금으로 해결하여 왔는데, 이제는 근로 주 52시간 이상 하지 말라고 하니, 결국 현장을 찾아 전국을 다니면서 설치하는 일은 할 수 없는 상황이다. 그렇다고 설치 일을 안 하면 회사의 존폐에 직접 영향이 가니 진퇴양난이 된 것이다.

이 정부는 결국 한자리에서 반복 작업하는 위험한 철판 절단기 작업자나 견습공이나 보조 일을 하는 근로자의 급여나 장사 잘되는 서울 커피숍 직원의 일당이나 한적한 시골 커피숍 직원의 일당도 똑같이 주라는 것이다. 덧붙이면 제조라인에 서서 쉼 없이 조립하는 중노동의 숙련공 임금이나 의자에 편히 앉아 감시만 하는 경노동의 임금도 똑같이 하라는 것이다.

무슨 일을 하든 어디에서 무엇을 하든 그것이 고용된 근로자로서의 일이라고 하면 그 노동자가 숙련 공이든 견습공이든 생산량에 관계없이 일정 금액 이상을 주라는 것이다. 이는 일을 통해 얻는 결과물을 일과 연계하지 않고 일 자체만 가지고 따지는 사회주의식 근로개념이다.

최저임금과 근로시간 단축이 가져올 부작용을 이 정부가 어떻게 감당할것인지 걱정이 앞선다. 저지난해 최저임금을 6,750원으로 강제하자 많은 자영업자들이 알바를 해고하고 직원을 줄여 오히려 실업률이 높아지는 부작용을 초래했다. 이제 근로시간까지 획일적으로 단축하려 드는데, 이것이 어떤 식으로 고용시장 악화에 영향을 미칠지 소득주도성장 이념에 사로잡힌 이 정부는 아직은 모르고 있는 것 같다. 뜨거운 맛을 보고 나서 "앗 뜨거!" 해도 그때는 이미 늦는다.

풍선효과와 나비효과

풍선효과라 함은 풍선의 한쪽을 누르면 약한 쪽으로 부풀어 오르는 것을 뜻하고, 나비효과라 함은 북경의 나비 한 마리가 워싱턴의 폭풍우를 몰고 온다는 이론으로 세상은 모두 유기적으로 연결되어 있어 어떠한 정책이나 법률을 제정할 때 생각하지 유기적인 관계를 생각 못하면 예측 못한 부작용이 나온다는 뜻이다.

문재인 정부가 소득주도성장을 명분으로 최저임금 인상과 근로시간 단축, 비정규직 정규직화 등을 밀어붙이자 힘없는 자영업자와 저소득층이 타격을 받고 있다. 시간당 임금이 오르니 그렇지 않아도 장사해서 종업원의 인건비를 감당 못하던 치킨이나 피자, 중국식당까지 직원을 줄이고 가족끼리 일하는 추세로 돌아섰고, 지금까지 그냥 해주던 음식배달도 이제는 배달료 2000원을 별도로 받기 시작했다. 결국 고객은 치킨이나 짜장면을 주문할 때 음식값과 배달료를 같이 결제해야만 주문할 수 있게 된 것이다. 이처럼 종업원을 위한다는 최저임금 인상은 풍선효과가 되어 배달료가 고객의 부담으로 돌아오게 되었고, 고객도 올라간 비용만큼 어디엔가 전가하여야 할 것이다.

결과적으로 전체적인 물가가 오르게 되어 종업원은 시간당 임금이 올랐음에도 살기는 더욱 어려워 소득을 높여 소비를 촉진한다는 것은 허무한 탁상이론에 머물게 된다. 이미 농촌인력의 일당도 8만 원에서 10만 원으로 올랐으며, 공사현장의 공사비도 인건비 탓에 평균 20%씩 폭등하였다. 예전에 공사현장에서 공사비가 재료비와 인건비 비율이 1:1 정도였지만 지금은 1:4 까지도 올랐다.

7월 1일부터 300인 이상 사업장을 대상으로 주 52시간 근무제가 시행되고, 이를 어길경우 2년 이하의 징역 혹은 1,000만 원 이하의 벌금에 처하게 되었다. 현실과 동떨어진 근로시간 단축에 기업계가 우는 소리를 내자 정부는 마지못해 시행을 6개월간 유예하기로 하였지만, 유예기간이 끝나도 해결될 수 있는 문제가 아니다. 근로시간 단축에 예외 직종을 두고 서로 말도 많은 것을 보면, 앞으로 탈도 많을 것 같기 때문이다. 이 모든 것은 다 쥐뿔도 모르면서 소득주도성장이라는 이념 서클에 사로잡힌 탁상 정책에서 나온 것이기 때문이다.

한국의 제조업이나 건설업의 경우 연장 근로와 휴일 근로가 불가피한 업종도 이외로 많다. 그러나 정부는 주 52시간제를 시행하면서 예외 업종을 5개로 대폭 줄여 사용자들의 호소가 뒤따르고 있다. 특례 업종에서 빠진 지방의 버스 운전기사나 회사 임원과 동선을 같이하는 운전기사들과 연구자, IT, 프로젝트 수행으로 집중 근무가 필요한 것만 어려움이 있는 것이 아니다. 김포 지구 수경시설 염소 투입기를 설치하는 우리 회사 직원들도 주 52시간 넘게 근무할 수밖에 없었다. 회사는 김제에 있지만 설치 장소는 김포라 일요일 전날 올라가야만 했다. 월요일에 8시 30분에 회사 출근해서 김포로 올라갈 수 없기 때문에 두 팀이 전날 일찍 올라갔다. 이는 엄연한 휴일 근무를 하는 것이고, 작업을 위한 이동 시간이기 때문에 당연히 근로시간이 된다. 현장이 관내 30군데 걸쳐 있어 설치하고 감독관의 일정에 맞추어 같이 동행하여 시운전을 해야 하기 때문에 하루 10시간씩 꼬박 일주일 동안 일하여 간신히 끝냈다. 그런데 강원도 현장에 응급상황이 발생하여 한 팀은 회사에 들어오지도 못하고 동해안 울진으로 가서 조치하고 토요일 오후 10시쯤 작업을 종료하고 심야 운전을 우려하여 고속도로 휴게소에서 자고 일요일 10시에 도착하였다.

우리 생활에 밀접한 수도나 전기 등은 토요일, 일요일을 가리지 않기에 고장 나면 휴일이라도 바로 조치해야 한다. 특히 관급자재를 납품한 중소업체들은 A/S가 발생하면 경우에 따라 본사에서 전국 어디든지 달려가야 할 때가 있다. 비록 300인 미만 업체지만 앞으로 당연히 주 52시간 근로시간 초과업체로 형사 처벌대상이 될 수밖에 없는 것이다.

게임업체처럼 특성상 밤샘작업이 필요한 경우나, 화학 공정처럼 한시도 눈을 떼어서도 안 되는 과정이 있거나, 납품기일이나 늘어난 물량 때문에 잔업이나 특근을 해야 하는 중소제조업체 모두 정부가 강제로 정한 주 52시간에 망연자실한 입장이다.

한편 현행 근로자는 연장 근로와 휴일에도 나와 근로하면서 할증된 수당으로 수입이 좋았는데, 국회가 5년 논의 끝에 의결한 근로기준법 개정안에 의하면 1주일을 7일로 명문화하여 토요일, 일요일까지 법정근로시간 계산에 넣어 평일 연장 근로와 주말 휴일 근로의 구분이 사라져버렸다. 그동안은 1주일을 월~금요일까지 5일로 하여 이것을 바탕으로 근로시간을 계산해왔다. 만약 평일 잔업과 휴일 특근하게 되면 평일 잔업은 150%, 휴일 근무 역시 150%, 휴일 근무에 잔업까지 하면 별도 150% 할증을 받았는데 이것들이 없어져 근로자의 수입이 오히려 줄어드는 불평이 나오게 된 것이다.

근로란 노동력을 투입해서 부가가치를 생산하는 것인데, 투입 원가 대비 생산량으로 대비 하지 않고 종사한 시간으로 노동 가치를 결정하는 것은 문제가 있다.

2018년 최저 시급 16.5% 인상에 이어 2019년에는 시급이 8,350원

(10.9% 상승)으로 결정되자 사업자가 의무적으로 줘야 하는 주휴 수당 1,680원을 합치면 사실상 1만 30원이 되었다.

세계적으로 드문 주휴 수당이란 제도가 왜 생겨났는지 살펴보자. 주휴 수당은 1953년 근로기준법이 처음 만들어졌을 때 일본노동법을 인용하여 제정되었다. 과거에 노동자의 임금이 낮아 임금을 조금이라도 높여주고자 생긴 제도로 한국에서는 근로기준법 55조에 근로자에게 1주에 평균 1회 이상의 유급 휴일을 보장해야 한다고 규정하고 있다. 즉 하루 8시간씩 주 5일을 일하고 주말 2일을 쉬어도 이중 하루는 근무한 것으로 간주해 매주 일당을 추가로 지급해야 하는 것이다. 그러던 것이 임금수준이 높아지고 근로시간이 점점 줄어들면서 일본의 경우에는 1990년에 주휴수당을 없앴고, 현재 OECD 경제협력개발기구 회원국 중 주휴 수당을 법으로 보장하는 나라는 한국과 터키뿐이다. 이는 1인 이상 사업장에 모두 적용하여 일하지 않는 날에도 주휴 수당을 주게 하는 사회주의적 정책이다.

19년 만에 최악의 실업 사태를 겪은 2018년, 고용참사의 영향이 가장 컸던 층은 한창 일할 나이인 30~40대층인 것으로 나타났다. 문재인 정부가 출범한 2017년 5월 이후 줄어든 30~40대 일자리는 총 39만 개에 이른다고 한다. 2019년 1월 실업급여를 신규 신청한 사람은 17만 1,000명으로 2013년 통계작성 이후 가장 많았고, 지급액도 1월 한 달 간 전국에서 46만 6,000명이 6,256억을 받아갔다고 한다. 이는 산업의 중추인 제조업 실직자가 늘었기 때문이며, 이는 제조업 취업자 수가 작년보다 17만 명 줄었기 때문이다. 일자리를 늘리겠다고 세금으로 만든 노인들의 공원 청소나 대학 교실 전등 끄기 등 단기적 일자리로 취업자 수를 유지하려는 정부의 처지가 안쓰럽기만 하다.

1만 원짜리 타임설정기 하나 설치하면 될 일을 사람을 시켜 일일이 교실의 등을 끄도록 하겠다는 발상이 나온 것과 일자리 예산 54조 원을 쏟아 붓고도 취업자 수가 줄어든 것은 일자리를 누가 만드는지 모르기 때문이다. 아마추어 수준이다. 이러한 정부의 무능 때문에 없는 사람은 계속 죽어가는 소득의 양극화 현상이 최악으로 치닫고 있다. 통계청이 발표한 2018년 4/4분기 가계소득동향에 의하면 1분위 소득하위 20%(800만 가구)의 월 평균 소득이 123만 6,000원으로 전년대비 17.7% 감소한 반면, 소득 최상위 계층은 월 소득 932만 4,300원에서 전년대비 10.4%가 증가했다고 한다.

성경 말씀에 나오는 '없는 자는 더 뺏기고 가진 자는 더 풍족하게 되리라.'는 말이 과연 이런 것인가?

탄력 근로제

주 52시간을 강제 하다 보니 현실과 맞지 않는 부작용이 도처에서 발생하고 있어 기업들이 아우성이다. 애로사항을 청취하고 연구한 끝에 주 52시간 근로시간의 기본을 살리되 현장에 맞게 운용하고자 내놓은 것이 탄력 근로제이다. 탄력근로제는 인간을 시간에 맞추는 것이 아니라 시간을 인간 리듬에 맞추는 것이다. 여름은 陽(양)이 昇(승)하는 계절이기에 일을 많이 하고, 겨울은 陰(음)이 昇(승)

하는 계절이기에 일을 적게 하는 것이 인체의 신진대사에도 맞다.

조선 경국대전 기록에 의하면 관청 관리들의 출퇴근 시간이 여름과 겨울에 다르게 운용 되었던 것으로 기록되어 있다. 여름철에는 卯시(오전 5시~7시)에 출근하여 酉시(오후 6시~7시)에 퇴근하고, 겨울철에는 辰시(오전 7시~9시)에서 출근하여 申시(오후 3시~5시)에 퇴근했다고 한다. 여름에는 10시간~14시간, 겨울에는 6시간~10시간 근무하는 것으로 기록된 것이다.

우리 회사도 동절기는 6시에 퇴근 하지만 하절기에는 7시에 퇴근하는 탄력근로제를 운영하고 있다. 탄력근로제의 기간을 6개월로 할 것인지 1년으로 할 것인지 대립하는데 민노총과 참여연대, 민변 등이 탄력근로제를 반대하고 나섰다. 우리 회사 직원들이 관리하는 약품투입기가 설치된 마을상수도는 대개 지방상수도가 들어가지 않는 시골이나 산골짜기에 많이 있다. 약품투입기를 설치하려면 물탱크가 있는 산속에 들어가야 하는데, 강원도의 깊은 산 같은 경우에는 겨울이 되면 오후 5시도 안 됐는데 컴컴해져 일을 할 수가 없다. 반대로 한 여름에는 오후 8시가 되어도 작업할 수 있을 정도로 훤하다. 겨울에는 작업시간이 모자라더라도 여름에 그만큼의 시간을 충분히 벌충할 수가 있는 것이다.

농사나 공사현장 일의 경우 한낮 뙤약볕에서 일하는 것은 능률도 안 나오고 근로자의 건강에도 위험하다. 40℃ 폭염 속에서는 두어 시간이라도 푹 쉬게 하는 것이 좋은데, 그렇다고 이를 근로시간에서 공제하는 것은 불합리하다. 일의 종류나 여름, 겨울 따지지 않고 8시간 강제하는 것이 쥐뿔도 모르는 노동계의 요구 때문에 이사단이 나는 것이다. 그래서 탄력근로제는 작업환경이 천자 만별인 업체의 자율에 맞기는 것이 좋다. 그리고 우리 회사 같은 곳은 여름에 늦게까지 일하고 겨울에는 일찍 끝내는 것이 좋기 때문에 탄력근로제를 1년으로 하는 것이 맞다.

직원의 복지와 근로 환경이 최고라던 유한양행에서 주 52시간 근로제를 지키지 않는다는 한 직원의 고발로 노동청의 근로감독을 받고 권고 수정 처분을 받았다고 한다. 고발 내용은 제품설명회에 두세 시간 참석했는데 1시간 일한 것으로 간주하고 숙박이 필요한 심포지엄과 학회는 무조건 4시간 근로시간만 인정해주는 것이 잘못되었다는 것이다.

그러면 대한민국 대다수 많은 기업의 입장 을 한번 살펴보자. 직원들은 8시 30분 부터 근로시간으로 되어있지만, 그 시간에 맞추어 출근을 하지 일을 하기 위한 준비시간을 감안해 30분 전에 출근하거나 하지도 않는다. 회사에 와서 모닝 커피타임을 갖고 화장실도 다녀오는 것도 사실상 8시간 근로시간 내에서 이루어진다. 회의에 참석하거나 교육을 받는 것도 근로에 포함된다. 이처럼 근로를 위한 준비과정도 근로에 포함되는 것은 근로와 휴식을 따로 보지 않고 같은 연장선상에 보기 때문이다. 흡사 동양화에서 아무것도 없는 여백도 그림의 일부로 취급하는 것처럼. 그것이 한국인의 정서와 오랜 습관에 맞기 때문이다. 일부 빡빡한 회사는 근로시간에 화장실에 가서 큰일 보는 것까지 금지한다지만 대부분 그런 것 따지지 않는다.

따라서 칼로 무 자르듯 근로시간을 재어 임금을 계산 하다고 하면 근로시간에 사적인 전화나 인터넷 쇼핑도 없어져야 한다. 컴퓨터에 앉아서 딴짓을 못하게 CCTV로 감시하고 열린 공간이란 이름 아래 격벽을 없앤 오픈 구조의 사무실로 만들어야 한다. 이런 식으로 하면 일하는 것이 아니라 서로를 못 믿고 감시하는 것이니 이것이야말로 숨이 탁탁 막히는 것 아닌가?

서구 유목 사회의 유전자는 사냥을 위해 분초를 다루는 시간에 익숙 하나, 동양의 농경 사회에서 이어져 내려온 심고 기다리는 유전자가 우리의 몸속에 배어있다. 사냥과 농업의 사회 패턴을 1차 산업혁명 이후 4차 산업혁명까지 이룩한 현재에 비유하기엔 적절하지 않겠으나, 분초를 다루는 사회보다 쉼과 일이 융합된 통합된 패러다임이 우리에게는 더 유용하다.

또다시 우리 회사의 예를 들어보자. 현장 직원들이 시골 벽지의 마을 상수도 염소투입기를 설치하러 갔는데 이장님이 약속을 깜빡 잊고 읍내에 나가 이장님이 올 때까지 4명이나 되는 직원들이 2시간을 하염없이 기다린 적도 있다. 기업 논리로 보면 이유야 어찌되었든 생산량을 달성 못했으니 근로시간을 공제할 수 있으나 그럴 수는 없는 것이다. 회사의 일이란 사무실에서 또는 현장에서 다양한 시간으로 잴 수 없는 일이 생겨나게 된다. 이러한 각종 상황을 가정하여 포괄적 근로로 운영하는 것이 현장을 찾아다니는 우리 회사와 노동 강도가 느슨한 경우 현실적으로 맞다.

어제 과장급 직원이 오후부터 회사 일과 관계없는 대학원 MT간다고 빠지고 오늘은 애기 유치원 입학일이라고 하여 또 빠졌으나 급여를 공제할 수 없는 것은, 빠진 것을 연차로 상계할 수 있기 때문이다. 직원이 5일을 근무하면 하루의 유급휴일을 주어야 하는 것 말고도 1년을 근무하면 15일의 연차를 사용할 수 있도록 근로기준법에 명시되어 있다. 직원들은 거의 한 달에 한번 꼴로 연차를 사용하여 쉬지, 연차수당을 타기 위해 일하지 않는다. 그런데 보통 현장 팀은 혼자 일하는 것이 아니라 2명 또는 4명씩 팀을 이루어 설치나 A/S를 하기에 출장 팀에서 한 사람만 빠져도 일에 차질이 생긴다. 그래서 현장 일을 하도급을 주는 경우가 많아지고 있는데, 정부에서는 많은 분야에서 하도급을 금지하고 있다. 결국 정부의 현실과 동떨어진 주 52시간 강제는 정규직을 비정규직으로 채용하고 직영에서 하도급으로 일하라는 지시와 다를 바 없다.

근로자가 10년을 근무하면 1년에 25일까지 연차 휴가를 사용할 수 있는 것은, 근로와 휴식이 서로 다르지 않다는 우리네 민족의 일에 대한 철학이 있기에 시행하고 있는 것 아닌가?

이뿐만이 아니다. 근로자는 근로를하지 않고도 법정 휴일과 국경일, 그리고 향군 훈련, 선거 투표일에도 근로하지 않고 임금을 받을 수 있으며 육아 휴직 때도 급여의 불이익을 받지 아니한다. 대부분의 중소기업은 그렇다.

회사는 회사대로 정부의 강제 교육에 징발되기도 한다. 몇 주 전 대표가 노동부의 위험성 평가 교육을 받느라 오후 반나절을 허비했는데, 이번에는 관리자 교육이라는 명목하에 직원을 2일 16시간 동안 근로가 아닌 교육장에 보내야 한다. 법률에 근거한 이러한 강제 교육은 종류도 상당히 많다. 근로자가 교육 받는 동안에는 회사에서 근무할 때와 달리 잉여 생산을 할 수 없음에도 그 직원에게 임금을 그대로 주어야 한다. 통합의 철학이 없으면 이해할 수 없는 일이다.

그렇 다고 회사의 근태 관리가 이루어지지 않는 출장 등에 회사가 관리상 소정의 시간만을 근로시간으로 인정하겠다고 노동부에 진정을 내는 것은 세상살이를 더 각박하고 어렵게 만드는 것이다. 그렇다면 앞으로 어떤 것을 일이라 규정해야 하는지, 어떻게 직원들의 근태를 감시해야 하는지, 왜 회사에 부가 이익이 없는 일에도 급여를 줘야 하는 것인지 따져봐야 할 일이다. 회사에 나와 의자에 앉아 있다고 일을 하고 있다고 볼 수 없기 때문이다. 직원이 일을 한다고 했는데도 불량이 나와 못쓰게 되었다든가, 제안서나 보고서를 만들었는데 내용이 잘못되어 휴지조각이 될 경우도 생긴다. 일을 하다보면 잘할 수도 있고 못할 수도 있다. 기계적으로 근로시간 대비 생산량을 체크하는 것보다 포괄근로제를 통해 총괄 성과를 평가하고 기여도에 따라 임금을 지급하는 것이 대다수 회사에 맞을 것이다. 그것이 일의 정의이다.

우리 회사에서 생긴 일을 또 소개한다. 연초에 들어서면 지자체의 세출예산내역을 검색하여 각 시군마다 어떠한 사업이 있는지 정리한 보고서를 토대로 우리 회사 제품과 연관이 있으면 영업 출장을 다닌다. 입사 6개월이 넘은 신입사원이 검색하여 제출한 영업시장 보고서에 강원도 고성군 주평 외 5개소 소규모 급수시설 개보수 사업 1억3천만 원, 정수 장비 세트 15개소 설치(비소 제거용) 2억7천만 원이 기재되어 있어 영업을 위해 사장이 몸소 강원도까지 출장을 잡아 금강산이 보이는 최북단 고성군 상수도사업소까지 찾아갔다.
그러나 고성군 담당자 왈 "우리는 이런 사업이 없는데 뭐 잘못 알고 오신 것 같다."고 하여 확인해보니 신입사원이 경남 고성군에 있는 사업을 강원도 고성군으로 분류하여 잘못 기재한 것이었다. 사장의 출장이 말짱 헛것이 되고 엄청난 시간과 경비가 날아갔지만, 담당자를 질책하는 것은 가능해도 급여에 대한 불이익을 줄 수 없는 것이다. 사용자도 근로자에게 한솥밥 먹는 가족이기에 회사의 손실을 웬만하면 감수하듯 근로자도 회사의 근무시간 가지고 너무 타이트하게 따지면 안 되는 이유이다.

한편 민간 기업이나 공기업의 연구직들은 정부의 지원과제를 따기 위해 많은 시간을 허비한다. 자료를 수집하고 신청서를 만들고 심사를 받는다. 며칠 또는 몇 주까지 걸리는 그 과정이 근로에 해당함은 물론이다. 이번에 우리 회사도 전북 테크노 파크에서 시행하는 2019 산학연 핵심기술 개발 사업 및 사업화 지원 사업을 신청하였다. 심사과정 중 매출액 항목에서 쥐구멍에라도 들어가고 싶을 정도로 심사위원들의 질타를 받았다. 10년 경력의 연구 책임자가 요약문의 지역경제기여 항목에 매출액 4억을 4백만 원으로 잘못 기재하였고, 기술개발 후 국내외 수요처 현황에 예상 매출액을 127억 5천만 원으로 잘못 기재했으며, 사업화계획 항목에서 판매계획을 20억으로 기재한 것이다.

단순 착오가 아니라 셈본 도 못한 신청서가 되어버렸으니 탈락은 불을 보듯 뻔했다. 그동안 근로한 것이 다 말짱 도루묵이 된 것인데, 10일간 이상 근무한 것의 잉여생산 실적(연구)이 없는 것이나 마찬가지였다. 그렇다고 급여를 안 줄 수는 없는 것 아닌가?

이처럼 연구직이나 사무 직도 회사에 있는 시간만 재어 근로 여부를 판단하는 것은 문제가 될 수 있는 것이다. 따라서 주 52시간을 그렇게 거두절미 모든 직종과 분야에 일괄해서 적용해서는 아니 된다는 것이다.

주 52시간 풍속도

우리 같은 영세중소기업이야 아직은 주 52시간 정책의 대상이 아니고, 또 받는다 해도 지키기 어려운 것은 일의 집중도를 계량화할 수 없는 것도 있지만 일을 찾아서 이것저것 닥치는데로 해야만 하기 때문이다. 대기업들이야 분업화되고 체계화 되어 어느 정도 가능하겠지만, 주 52시간 정책이 시행되고 생긴 부작용이 한둘이 아닌 것으로 나타났다. 법으로 1일 8시간을 권장하고 있으니 오후 늦게 업무가 발생하는 부서는 오전 7시에서 10시 사이에 출근하여 8시간 일하고 퇴근하게 하는 것이다. 7시에 출근했으면 오후 4시에 상사 눈치 볼 것 없이 퇴근하나, 10시에 출근하면 오후 7시에 퇴근하게 되고, 업무처리를 할 때 다른 직원들과 같은 업무시간을 공유하지 못하게 되어 비효율과 엇박자가 날 수밖에 없다. 커피 한 잔 마시러 자리를 떠도, 화장실에 가서 자리를 비워도 이를 근태 관리자에게 소명해야 하는 삭막한 분위가가 도래하였다. 책상에 앉아 있어야만 근무가 되고 휴게실에서 티타임하면서 업무 협의를 하는 것은 근무가 안 되는 세상이 되는 것이다.

이러한 각박한 근태관리 발상은 서양 사상에서 나온다. 그들은 일과 휴식이 철저히 구분되어 있어 생산성이 높지만 비 인간적이라는 비난을 받는다. 이에 반해 우리는 권농가를 부르면서 모를 심었고 상여를 매고 가면서도 장송곡을 읊어댔다. 일과 휴식이 융합된 우리의 근로형태는 생산성 측면에서는 그들보다 낮지만, 대신 새벽에 들판에 나가 땅거미가 질 때까지 일하고 들어오는 DNA가 몸에 배어 있어 시간을 재가면서 일하지는 않았다. 분업과 집중도를 높여 일하는 것도 한 방법이지만, 느슨하게 놀아가면서 긴 시간 일하는 것이 우리가 처한 환경에 맞는 방법이었다.

이제 정부가 정한 주 52시간 초과 근로를 시킬 시 처벌 대상이 되니, 회사는 직원들의 업무시간 동안 근태 관리를 철저하게 하겠다는 것이다. 순간 클릭으로 회사 업무에서 사적인 업무를 보는 것이나 게임 하는 것을 막고자 CCTV로 감시하고 칸막이도 없애는 것이다. 하던 일도 멍석 깔아주면 못하는 것인데, 이제는 직원끼리 아이디어 회의를 한답시고 회의실에서만 해야 한다면 오히려 잘 안 될 수도 있다.

자유롭게, 마음 편하게 휴게실에서 커피 한 모금 마시면서 담소할 때 번뜩 이는 아이디어가 나오지 않을까? 일과 휴식을 철저히 분리하여 책상 앞에 있어야만 근로를 한 것이고 팀원끼리 저녁을 먹으면서 아이디어를 내면 안 되는 세상이 온 것이다.

이번 달 직원 급여명세서를 보니 기술개발부 과장의 휴일 근로수당이 눈에 띈다. 경리 담당에게 물어보니 기술혁신 사업신청을 하느라고 주말에 나와서 일을 하여 규정대로 1.5배 계산해서 올린 것이라 한다. 그런데 그 직원은 그동안 칼퇴근과 주말 근무를 거의 하지 않았던 직원이었다. 포괄 임금제의 업무 역량을 높이고자 주말 근무에 수당을 지급하자 평소 안 하던 주말 근무를 하게 되었다는 것이다. 문제는 수당을 지급했으나 그 기술혁신 개발사업에서 탈락해 회사에 아무런 이득도 주지 못한 것을 넘어 금전적인 손실만 끼쳤다는 것이다.

보통 사무직이나 연구 개발직은 업무가 계량 화되지 않기에 포괄임금제를 시행한다. 포괄임금제란 급여에 일정 수당을 추가 지급하는 대신, 업무가 남아서 야근을 해도 초과 근무에 대한 별도의 수당 없어 근로에 자율 재량권을 주는 것이다. 이러한 제도는 업무량이 생산량으로 바로 나타나는 생산직과 달리 프로젝트 수행 같은 연구 개발직의 경우 계량화되지 않는 업무량 때문에 시행하는 것인데, 이는 근로시간보다 업무 실적을 따지는 것이 적합한 근로평가 기준이 되기 때문이다.

예를 들어 직원이 인터넷으로 어떤 내용을 검색하여 찾아내는 일을 하는데 누구는 단 몇 분 만에 검색하여 적합한 문서를 만들어 내는가 하면, 누구는 몇 시간 동안 헤매면서 문서를 만들어 낸다. 이렇게 노력했음에도 만들어낸 문서가 결국 쓸모없는 경우도 있다. 이럴 경우, 책상에서 앉아 같이 일했다고 해서 똑같은 임금을 준다면 이는 노동 투여 효율에 있어 불공평한 것이다. 심지어는 근무시간에 게임을 하거나 사적인 일을 하고 있어도 일일이 확인할 수 없기에, 포괄역산 임금제는 자유로운 근로 환경을 만들어주고 효율성을 유도하는 더 적합한 임금 체계라 할 수 있다. 그래서 이러한 R&D 직원들은 프로젝트가 성공할 시 높은 인센티브를 주고, 성공 못 했을 때는 정해진 기본급여만 주는 방법을 택한 것이다. 프로젝트의 성공을 위해 직원이 자율적으로 창의력과 시간을 투자하기 때문에 성공률이 월등히 높고 따라서 직원도 회사도 더불어 발전하는 것이다.

그런데 나라가 이상한 방향으로 돌아가고 있다. 연구직,개발직인 주류인 테크노밸리에 민노총이 상륙했다는 보도가 나왔다. 정부가 시행한 주 52시간의 법제화와 그동안 장시간 근무가 다반사인 근로 환경이 맞물려 저항기류를 형성하더니 지난 4월 1위 인테넷 기업인 네이버가 노조를 설립한데 이어 게임사인 넥슨도 노조를 설립하고 민노총의 전국 화학식품 노조(화섬 노조)의 산하조직으로 들어갔다고 한다. 직원들의 급여가 국내 최고 수준이고 직원들의 자유로운 근무와 프로젝트 환경에 익숙한 R&D 및 IT기업에도 노조 설립 바람이 분 것은 민노총의 200만 조합원 목표를 세운 치밀한 세력 확장 전략으로 보인다.

민노총의 불법폭력 집회에 공권력이 항복하고 좌파 정권은 처벌보다 면죄부를 주더니 이제 민노총이 연구, 개발직까지 넘보기 시작했다. 제조업이 몰락하고 자원이 없는 이 나라에서 IT, 연구개발 기업에까지 노사 쟁투가 벌어지면 저녁 있는 삶을 얻는 대신 우리 모두 저녁 끼니를 걱정해야 하는 삶이 올지 모른다. 걱정이 앞선다.

한 달 근로 17일

하나님은 세상을 창조할 때 6일간 일하고 하루를 쉬었다. 그러나 조직화된 노조와 날짜만 가면 급여가 나오는 공무원들이 합심하여 주 5일 근무제를 만들고, 5일을 일하면 하루 유급 휴가를 더 주도록 만들었다. 우리나라는 근로자라면 누구나 1년에 15일의 연차 휴가를 가질 수 있다. 또 유례가 없는 주휴 수당과 퇴직금을 주어야 하니 사람 채용하는 일이 쉬운 일이 아니다.

2018년 9월은 추석 연휴와 공휴일을 합치면 쉬는 날이 13일이나 되어 직원들의 실제 근로 일수는 17일밖에 안 된다. 원래 구정과 추석 연휴가 2일이던 것을 노태우 대통령 시절 귀성길과 귀경길에 한 꺼번에 차가 몰리는 바람에 고속도로 정체 등으로 국민의 고통이 심해지는 것을 해소하기 위해 3일로 늘린 것이다. 그러나 3일로 늘어났다고 하여 교통난이 해소된 것은 아니었고, 당일치기나 1박 2일이 대세가 되어 나머지 하루는 쉬거나 가족 나들이를 나가는 쪽으로 국민 정서가 정착되어 갔다. 평소에 부모님 챙기는 일과 담쌓고 사는 사람들도 추석이나 구정에는 시골에 계신 부모님 찾아뵙는 것이 그나마 효도하는 것이라 생각하기에 너도나도 집을 나서게 된다. 허나 현실에서는 고향에 계신 부모님께 얼굴만 내밀고 잘해야 일박하고 챙겨주는 것 받아오는 것이 대다수이다. 교통망이 발달한 우리나라에서 3일은 충분한 연휴가 되고도 남는다.

그런 상황에서 국민의 세금으로 날짜만 가면 얼마나 일을 잘했는지 따지지 않고 돈 받아먹는 것에 재미를 붙인 관료들이 해괴한 논리를 통해 국공휴일이 휴일과 겹치면 겹친만큼 더 쉬게 하는 대체공휴일을 만들었고, 2014년 추석부터 적용하여 당시 연휴가 5일에서 11일에 달할 정도로 길다 보니 인천공항을 통해 해외로 나가려는 사람들이 90만 명이나 되었다. 2017년에는 10월 2일을 임시공휴일로 지정하여 9월 30일부터 10월 9일까지 10일간의 황금연휴로 110만이 해외여행을 만끽하였다. 인천공항이 해외로 나가려는 사람들로 붐비는 광경은 귀성 전쟁과 시골에 계신 부모님을 찾아보는 것과는 전혀 관련 없다. 근로자들은 정부가 늘려준 연휴를 마음껏 누리고 있는 것이다. 아무리 삶의 질을 찾고 휴식은 근로의 연장이라 변명해도 당초 연휴를 늘려준 목적은 따로 있는데 해택을 누리는 사람들은 엉뚱하게도 해외 여행객에 있다.

보도 에 의하면 이처럼 추석에 고향에 다녀오기보다 가족여행을 간다는 가구가 10년 전에 비해 3배나 늘었고, 고향에 가는 사람도 당일치기나 1박 2일로 다녀오는 비중이 늘어나고 있다. 반면 3박 4일에 걸쳐 다녀온다는 가구의 비중은 크게 줄어들었다고 한다. 고향 찾는 것이 아니라 노는 것으로 추석 연휴가 변질되고 있음을 보여 주고 있는 것이다.

연휴가 길어지다 보니 부작용도 만만치 않다. 우리 사회는 1일 8시간, 5일만 일하도록 강제하고 있다. 선진국과 달리 토요일은 유급 휴일로 임금을 주어야 하고, 1년을 근무하는 조건으로 15일의 연차 휴가가 보장되어 있으니 들어온 지 몇 달 안 되어도 미리 당겨 쓸 수도 있다. 쓴다고 하면 줘야 한다. 9월에 연차를 쓰면 한 달의 절반만 일하고도 봉급은 깎이지 않고 그대로 지급된다. 직원들이야 얼씨구나 좋다 하지만 봉급을 주어야 하는 사용자 입장에서는 여간 손해가 아니다. 실상은 이것만 있는 것이 아니다. 직원의 예비군 훈련이나 선거 공휴일이 있는 경우, 빠지는 날 있다고 야박하게 급여에서 공제할 수 없는 것이 직원이 빠지고 싶어서 빠지는 것이 아니기 때문이다. 그렇다고 빠진 만큼 정부가 보전해주는 것도 아니다.

회사나 자영업자 모두 이윤을 추구한다. 자본과 노동이 결합하여 이윤을 만들어내야 하는데, 한 달의 절반을 일하지 못하게 하면 자본만 손해 보고 노동은 이익을 보는 것으로 이 또한 불공평하다.

연휴가 길어지면서 나타난 부작용은 해외여행 비중이 증가하여 관광수지가 적자를 기록한 것만이 아니다. 관공서를 바라보고 장사하는 식당들도 한 달에 절반은 영업을 할 수 없어서 먹고 살기 힘들다. 그렇다고 집 주인이 임대료를 절반으로 깎아줄 리는 없고, 데리고 있는 직원의 경우 일당이 아닌 이상 한 달 급여를 지급해야 한다. 최저임금 인상과 근로시간 단축으로 막다른 길에 다다른 중소상공인들의 절규는 돌아 오는 추석 연휴에 더욱 절박하게 될 것이다.

지난 추석연휴에 인천 공항을 통해 해외로 나가는 여행객이 100만이 넘어 북새통을 이루는데, 우리 전북 진안에 있는 마이산 관광단지에 가보니 상가는 썰렁하고 "더불어 잘살자드니 근로자만 먼저냐! 소상공인 생계보장 책임져라!"라는 플래카드가 나부끼고 있었다.

5 장

내가 해보니

열심히 해도 성공 못 해

1995년 47살의 늦은 나이에 창업하여 약품투입기와 스테인리스 물탱크를 제조하는 중소기업을 이끌면서 열정과 투혼을 바쳤음에도 나는 성공하지 못한 기업인 되었다. 기업가로서 한눈팔지 않고 끊임없이 노력해왔건만, 능력 부족인지 시류에 편승하지 못한 탓인지 몰라도 보다 많은 일자리를 만들어 내지도 못했고 있는 직원들에게 자긍심의 회사로 만들어 주지도 못했으니 그러한 평가를 들어도 싸다.

주말을 거의 반납하고 일해 왔던 것은 사장으로서 그렇게 하지 않으면 좁은 시장에서 경쟁 업체에게 밀려나 도태되기 때문이다. 그래서 쉼 없이 노력했다. 제조업이지만 자체 브랜드 상품을 계속해서 만들었고, 등록한 특허만 해도 50여 건이 넘는다. 국산 신기술로 네 번이나 인증 받았으며 그렇게 어렵다는 조달 우수제품인증을 받은 것도 아홉 번이나 된다. 한때는 20명이 되는 직원들이 있었지만, 지금은 가족들을 빼면 몇 명 안 되는 직원으로 쪼그라졌다. 결국 내 한계를 깨닫고 대표에서 사임하고 회사에서 손을 떼는 중이다.

지난 25년의 주마등 같은 세월을 되돌아보니 내가 그렇게 노력했건만 중견 기업의 문턱에도 가지 못하고 회사가 영세한 중소기업으로 계속 머물게 된 것은, 따지고 보면 직원들을 인간적으로 사랑하고 내 사람으로 만들지 못했기 때문이다. "기업은 사람이다."라고 말씀하신 고 LG 구본무 회장의 뜻을 이제야 뼈저리게 느끼게 되었다. 아무리 평생직장이 없는 세상이라지만, 회사의 핵심 멤버는 유능한 직원들로 구성해야 하는데 그렇지 못했다. 그리고 회사를 성장시키지 못한 또 하나의 이유는 직원들과의 근로 시간 산정과 임금을 둘러싼 갈등이었다고 솔직히 말할 수밖에 없다. 이처럼 근로 시간과 임금 계산법 때문에 실패한 경영인이기에 오히려 정부의 주 52시간 근로제와 최저임금 인상의 문제점을 지적할 수 있다고 보고 책을 펴내고 있는 것이다. 내가 겪은 회사의 근태관리와 임금 산정이 사용자와 근로자 사이의 불신보다 정부의 타율적인 규제와 간섭, 그리고 근로자 편향정책에도 그 원인이 있음을 말하고자 한다.

나는 우리 직원들과 겪은 갈등과 실제 경험을 말 함으로써 독자들에게 현재 문재인 정부의 일률적인 주 52시간 근로시간 단축과 최저임금 인상의 시행이 앞으로도 기업을 더 어렵게 만들고, 그로 인한 피해가 근로자에게 돌아간다는 사실을 알리고자 한다. 근로자만 위한 정책, 기업을 더욱 옥죄는 정책이 부메랑이 되어 돌아와 근로자의 일자리가 감소하고 있는 작금의 대한민국 상황을 알리고자 함이다.

대한민국에는 수많은 직업분류가 있고 천태만상의 일의 형태가 있어 내가 기술하는 나만의 경험에는 한계가 있고 제시하는 통계수치와 날짜도 대개 언론에 보도된 것을 인용한 것으로 팩트전달에는 다소의 무리는 있을 것이다. 하지만 날이면 날마다 노사가 대립하는 대한민국에서 내가 전하고자 하는 사용자가 중심이 되고 보수가 중심이 되는 보수 중심론의 모티브를 전달하는 것에는 큰 무리가 없으리라고 생각한다. 그리고 내가 직원들과 때로는 화합하고 때로는 충돌하고 지낸 지난 과정을 솔직하게 기술하는 것으로 이 정부가 최저임금 인상과 근로시간 단축이라는 인위적인 정책을 우리 같은 중소기업을 생각하여 중지하여 주었으면 한다.

우리 회사는 공단이 아니라 하천 변을 끼고 있는 개별 입지라 풀과의 전쟁이 매년 벌어진다. 잡초의 생명력이란 내가 죽을 때까지 한 번도 완승해본 적이 없는 것이고, 언제나 도전해오니 매년 싸울 수밖에 없는 영원한 적수이다. 9월 1일 토요일. 날짜를 잡아 제초하기로 공지를 하니 약삭빠른 직원 하나가 가정사 이유를 들어 연차를 쓰겠다고 한다. 속이 뻔히 들여다 보이는 것이, 그 직원은 예전에도 잡초 제거하는 날 연차를 내고 결근을 했기 때문이다. 그렇다고 연차를 못쓰게 할 수 없는 것이, 몇 안 되는 직원들과 같이 일하면서 이 핑계 저 핑계 대고 빠진다고 뭐라하면 괜히 분위기만 나빠지기 때문이다. 결국 그냥 참을 수밖에 없다. 집은 비좁아도 같이 살 수 있지만 사람 속이 좁으면 같이 못산다는 말처럼 회사 직원 중에 이런 일 저런 일은 근로 범위가 아니라고 사사건건 따지고 드는 친구가 있으면 참으로 골머리가 아픈 것이다. 내가 풀 베러 왔느냐고 근로계약서를 들이밀며 따지면 회사는 할 말이 없기 때문이다.

매출이 급감하여 일감이 없거나 고용할 여력이 없을 때 불가피하게 해고를 할 수 있다는 조항이 근로기준법에 명시되어 있다. 한 달 전에 예고를 해야 한다거나 예고 해고를 하더라도 한 달 급여를 주는 것은 사소한 일에 속한다. 마음에 들지 않는다고 "너 내일부터 해고야!" 하고 말하는 기업은 이제 거의 없다. 회사 경영 때문에 부득이하게 해고를 할 수는 있지만, 해고라는 행위 자체가 남아 있는 직원들의 분위기까지 망치게 되고 결국 회사에게 손해로 돌아오니 해고 결정은 심사숙고해야 한다.

그런데 유달리 회사 분위기를 해치는, 회사와 근로자를 착취자와 피해자로 이념화하여 대결 구도로 몰고가는 직원들이 있다. 특히 노조 운동을 한 직원들이 직장에 들어오면 회사 내 분위기가 이상하게 돌아간다. 그래서 사람 뽑을 때 잘 뽑으라는 이야기가 있고, 삼성의 고 이병철 회장이 사람을 뽑을 때 관상가를 곁에 두었다는 전언은 사실과 관계없이 나름대로 깊은 뜻이 있다. 전에는 직원이 다른 직원과의 팀워크를 해치거나 하면 해고를 할 수 있었지만, 이제는 갈수록 해고가 어려워지고 있다. 현행법상 보장된 해고를 하려 했다가도 회사가 덤터기를 쓰는 일이 많기 때문이다. 해고한 순간 근로자가 노동청에 신고하면서 이얼렁비얼렁 갖다 붙이는 고발장으로 인해 회사는 갑이 아니라 처참한 을의 신세가 되는 세상이기 때문이다.

대 다수의 중소기업인은 언론에서 갑질로 보도되는 사장들처럼 직원을 함부로 대하거나 "내일부터 고만둬!" 하고 자르지 않는다. 오히려 직원이 나갈까봐 마음 졸이는 것이 태반이다. 그만큼 중소기업에는 사람이 오질 않기 때문이다.

현재 많은 중소기업은 그동안 회사의 기둥 역할을 했던 중장년층이 퇴사하고 외국인 노동자들이 돌아가면 회사를 어떻게 꾸려갈지가 걱정인 경우가 많다. 그만큼 우리의 젊은 청년들이 공무원, 공기업, 대기업을 선호하지 중소기업을 외면한지가 오래다. 이를 해결할 솔로몬의 지혜는 없는가?

직원도 가족인데

그동안 숱한 직원을 채용하다 보니 사용자와 직원 간의 불공평이 존재한다는 사실을 깨달았는데, 직원은 예고 없이 회사에 나오지 않고 그만두어도 아무런 불이익을 받지 않지만, 사용자는 근로자를 바로 그만두게 할 경우 부당 해고 또는 해고의 절차를 이행하지 않았다는 이유로 제재를 받는다는 것이 그것이다. 근로자는 일하다가 조금 기분 나쁘면 그만두겠다면서 바로 회사에서 나가버릴 수 있고, 그런 식으로 그만두는 직원을 수도 없이 겪었다. 다음 주 월요일 출장계획이 잡혀서 출장 팀을 구성했는데 금요일 오전에 "사장님! 다음 주부터 안 나옵니다!"라고 말한 직원은 그래도 나은 편이다. 아예 급여받고 다음날부터 안 나오는 경우까지 있어 대부분의 중소기업은 말일이 아니라 다음 달 특정한 날에 급여를 지급한다.

사용자는 직원을 해고 할 때 정해진 근로기준법에 따라 그만두게 하더라도 한 달 전에 미리 통보해야 하며, 통보하더라도 회사의 급박한 경영상 정당한 사유가 있어야 한다. 설령 정당한 사유가 있다 하더라도 근로자가 노동청에 이의를 제기하면 근로감독관에 불려가 조사를 받아야 하며, 만약 거기서도 해고를 취소하지 않으면 노동위원회까지 올라가 심판을 받아야 한다. 그리고 노동위원회에서 근로자의 손을 들어주면 그동안 일을 하지 않았다 하더라도 분쟁 기간 동안의 임금을 다 지급해야 하고 복직 결정이 내려지면 다시 일하도록 해주어야 한다. 이때 돈보다 더 문제가 되는 것은 싸우면서 앙금이 생겨 서로 적대적이 되었는데 다시 한솥밥을 같이 먹으라 하는 것이다. 정말 곤혹스럽고 사용자에 대한 고문이나 다름없게 된다.

근로기준법에 예고 해고 제도가 있다고는 하나, 해고 예고를 하고 한 달 동안 근무를 같이 해보면 그것이 얼마나 비인간적이고, 서먹하고 불편하며 일의 능률도 떨어 지는지 정부가 알 리가 없다.

나도 회사 직원을 해고 하였다가 혼쭐이 난 사례와 산재 사고를 꼭 짚고 넘어가고 싶다.

우리 회사는 기본적으로 제조업에 속 하지만 납품까지 하기 때문에 공장에서 제작하고 현장에 가서 설치까지 해야 하는 업종이다. 따라서 산속에 있는 마을상수도에 제품을 갖고 올라가 물탱크 속에 들어가 염소투입기를 설치해야 한다. 집중적인 생산 효율을 따지는 노동이 아니기에 중노동은 아니지만 시간을 많이 소요되는 노동으로, 실제 일하는 시간보다 준비하고 출장을 가는 시간이 태반을 차지한다. 현장도 전북에만 있는 것이 아니다. 남한 일대의 마을상수도가 다 현장이기에 강원도 산골짜기까지 출장을 가서 설치하고 때로는 숙박해야 하는 경우도 생긴다. 현장 일이 없을 때는 공장 내에서 조립도 하지만, 주로 책상에 앉아 업무처리도 한다. 이처럼 중소기업은 분업화가 되어 있긴 하지만 일손이 필요하면 가리지 않고 다 해야 한다. 한 근로자가 다양한 업무를 수행하기에 대기업에서는 한 분야에만 종사하는 것과 달리 중소기업에서 근무하면 멀티능력자가 될 수 있다는 이점도 있다.

우리 회사는 직원을 채용 할 때 차별을 두지 않기에 대기업 퇴직자로 해안가 고향에서 양식 사업에 실패한 뒤 직장생활 다시 하겠다고 찾아온 50대 후반의 경력자를 채용한 적이 있었다. 술을 좋아하고 성질이 급한 것을 안 것은 입사 이후였으며, 1년 반 정도를 근무했는데 어느 날부터 아무런 통보도 없이 연락이 두절된 상태로 무단결근을 했다. 그러다가 어느날 전해온 소식은 위암 수술을 하고 입원했다는 것이었다. 생명이 걸린 일보다 중한 일은 없기에 병문안도 가고 쾌유만 빌었지 회사일과 근속 관계여부를 말할 처지가 아니었다. 그것은 인간적이어야 할 회사의 도리이기 때문이다.

취업 규칙대로 따지면 장기간 무단결근으로 해고 사유가 되겠지만 퇴사처리는 하지 않고 있었다. 그것이 정이기 때문이다. 몸조리 기간은 약 1년이 안 되었는데, 그가 출근하여 일할 수 없겠느냐고 연락을 해왔다. 그 친구를 위한다면 산속에 드나드는 현장일보다 사무실에서 앉아서 하는 내근업무를 주어야 하겠지만 회사는 그럴 여건이 못 되었다. 결국 위암은 재발도 잘되고 완전히 나은 것도 아닐 텐데 현장일을 하기는 어렵지 않겠느냐고 간신히 말했고, 그 친구는 실업수당이라도 받을 수 있게 권고사직으로 해주면 고맙겠다고 했다.

그래서 그의 요구대로 권고사직으로 처리해주었는데 어느 날 노동청 근로감독관으로부터 부당 해고 신고가 들어왔으니 나와서 조사반으로라는 통보를 받았다. 근속일까지 퇴직금을 정산하여 입금처리를 했는데 부당해고 당했다고 하면서 부당해고 수당, 그동안 출장 가서 한 시간 외 근로 수당, 숙박 수당, 휴일 수당 등 약 2,400만 원을 청구하고 악질기업주를 처벌해달라고 신고되었다고 한다. 게다가 본인의 일에만 국한하지 않고 다른 직원들과 점심밥 해주는 동네 이모님의 시간 외 근무 수당도 고발했고 사소한 위법사항이라고 할 만 한 것은 모두 끌어 모아 신고한 것이다.

근로자는 근로자 권익을 보호해주는 근로감독관이 있지만 중소기업인은 근로자에게 일방적으로 고발당해도 사용자의 권익이 침해되지 않게 도와주고 판단해주는 기관이 없었다. 중소기업 특별위원회, 중소벤처기업부, 중소기업진흥공단 등 어디를 봐도 근로자의 불법행위나 무리한 억지에 하소연할 수 있는 기관이 없다. 지방노동청 근로감독관실에 찾아갔더니 범죄자 취급을 하면서 검찰에 넘기겠다고 큰소리로 나에게 위압을 준다.

도대체 무엇을 내가 잘못했는지 이해가 가지 않았다. 우리처럼 현장의 근태관리가 어려운 경우 법에서 정한 포괄 역산제를 시행하고 또 직원이 입사 시 작성하는 근로계약서에도 명시되어 있는, 엄연히 쌍방의 자유로운 계약인데 이것은 시비거리도 못 되었다. 근로자가 자유로운 쌍방 근로계약을 맺었다 하더라도 그것을 사후에 부당한 근로계약이라 주장하면 사용자는 죄인 취급을 받아야만 했다.

다행히 권고사직으로 처리해 실업수당 받게 해주어 고맙다고 보낸 그 친구의 문자메시지 때문에 부당해고로 처벌하기가 어려워졌고, 결국에는 불쌍한 사람 자선한 셈치고 도와주라는 근로감독관의 중재 하에 330만 원을 주고 서로 합의 종결하였다. 그러나 나도 때로는 불가피하게 직원을 해고를 하는 일도 생긴다. 출장을 가서 현장설치를 해야 매출이 오르는 회사인데 이 핑계 저 핑계대면서 출장을 기피하는 경우 해고를 안 할 수가 없다. 해고된 직원이 문제가 아니라 에어컨 나오는 쾌적한 사무실에서 편안한 일만 하길 원하는 젊은이들을 만들어 내는 우리 사회의 문제이지 현장 안 나가려는 직원이 무슨 죄가 있겠나?

산재 사고는 회사 측에서 보면 참으로 어이가 없는 것이 많다. 마을상수도 염소투입기는 물탱크 내부에 설치되어 있어 점검 등을 하려면 물탱크 위로 올라가야 한다. 지금은 스테인리스 물탱크가 대부분이고 계단 사다리까지 설치되어 있지만, 오래전에는 FRP물탱크가 대부분이었으며 사다리도 매우 부실한 것이 많았다. 그래서 현장을 갈 때는 사다리를 별도 가지고 가도록 작업규정에 넣어두었고, 또 출장 시에는 그렇게 작업지시를 한다.

그런데도 대부분의 물탱크가 산속에 있어 차에서 내린 곳과 물탱크가 있는 곳까지의 거리가 먼 경우가 많다. 그 때문에 한 직원이 사다리를 들고 가기 귀찮다는 이유로 물탱크에 부착된 부실한 사다리를 이용했다가 그만 떨어져 발목이 부러지는 사고가 발생했다. 회사는 그 직원에게 입원하여 있는 동안 일하지도 않은 6개월간의 급여 70%를 지급해야 했고 산재 사업장으로 낙인찍혀 많은 불이익을 받아야 했다. 직원이 지시를 안 듣고 독자적으로 행동하다 사건이 터졌음에도 직원에게는 책임이 없고 회사가 모든 책임을 진다.

이것은 그 나마 약과에 속한다. 어떤 직원에게 신문 정리하라고 지시했더니 신문을 끈으로 묶다가 "어이쿠, 허리 삐끗했다!"며 그길로 입원해서 일주일간 드러누웠다. 일하지도 않았지만 당연히 급여는 지급되었다. 회사가 지시한 일을 하다가 다쳤기 때문이다. 끈을 묶다가 허리에 부상을 입을 수 있는지 이해가 되지 않았지만, 회사도 본 업무가 아닌 잡무를 시킨 죄가 있으니 참고 넘어갈 수밖에 없다.

사용자와 근로자는 서로를 구분하기 위하여 지시하는 사람과 지시받는 사람의 명칭으로 정하였을 뿐, 결국 사람과 사람간의 문제이다. 사람과 사람 사이에는 많은 일이 벌어진다. 신뢰가 없으면 나쁜 일이 생기지만, 신뢰가 쌓이면 좋은 일이 생기게 된다. 그러나 기업에 전국적인 노조가 세포 조직을 만들기 위해 근로자를 포섭하거나 회사에 들여보내면 서로 지향하는 목표가 다르니 서로간의 신뢰가 쌓일 리가 없다.

현장작업의 근태관리

나는 맑은 물을 공급한다는 자부심을 갖고 스테인리스 원통형 물탱크 사업을 2002년에 야심차게 시작했으나 끝내 성공하지 못하고 겨우 명맥만 유지하다가 회사를 물려주고 떠난 것이 내가 이 책에서 말하고자 하는 주 52시간 근로시간 단축 정책과 불가분의 관계에 있기에 서술하는 것이다.

스테인리스 원통형 물탱크는 스테인리스 원자재를 공장에서 유닛으로 가공하여 현장에서 조립하고 용접해 외양을 완성한 다음 수요 기관 감독관의 준공 검사를 마쳐야만 납품이 된다. 마을상수도 현장은 광역 및 지방상수도가 공급되지 아니한 시골이나 산골짜기에 있는데, 전국에는 약 2만 개의 마을 상수도가 있고 지하수를 사용하는 시설도 전국적으로 약 100만 개에 이르러 전국 어디든지 달려가야 한다. 문제는 직원들이 근로 시간을 회사에 출근하여 퇴근할 때까지라고 생각하고 있는 반면, 회사는 자재를 갖고 현장에 가서 설치하는 특징이 있기에 현장 근로가 실제 실적 성과의 근로로 생각하는 차이가 있다는 것이다.

회사가 있는 전북뿐만 아니라 경상도, 강원도 등 전국의 현장을 가야 하기 때문에 이동 시간이 길어 현장 설치를 어떻게 하느냐에 따라서 생산성에 큰 영향을 끼친다. 현장 설치는 보통 4인이 한 팀을 이루어 자재를 싣고 가 작업을 하는데, 20톤 규모의 스테인리스 물탱크를 현장에서 제작해보니 평균적으로 3일 정도 소요되었다. 다른 경쟁회사는 같은 20톤 용량의 물탱크를 하루에 한 대씩 설치한다는데 우리는 왜 그런지…. 마침 공주시에 현장 설치가 있었기에 현장까지 찾아가 전 과정을 분석하여 보았다.

회사 직원들은 오전 8시 30분 김제에 있는 회사에 출근하여 화장실을 다녀오고 커피 한 잔씩 먹고 하며 9시가 넘은 후 충남 공주시 산속에 있는 현장으로 이동했다. 현장에 도착해서 자재를 내려 놓은 후 조금 조립을 하다가 점심시간이 되자 식당을 찾기 위해 한참 떨어진 면소재지까지 내려가서 점심식사를 하고 올라오니 점심시간인 1시간을 훌쩍 넘어섰다. 담배피고 휴대폰 통화도 한 후 다시 작업을 시작했으나 오후 3시가 넘자 작업을 중지하고 공구 챙기고 회사로 귀환하려는 것이었다. 왜 해가 중천에 떠 있는데 일을 종료하느냐고 물어보니 회사에 도착해 샤워하고 옷갈아 입고 퇴근시간인 6시에는 퇴근하기 위해서는 충청도 현장에서 오후 3시에는 일을 마무리해야 한다는 것이었다. 결국 현장까지 이동하는 시간도 근로 시간에 포함되기 때문에 회사로서는 늦게까지 일해 달라고 강요하거나 대응할 방법이 없었다.

반면에 경쟁업체는 현장 설치를 아예 하도급에게 의뢰했고, 만약 회사 직원들이 직접 설치할 경우에는 전날 저녁에 미리 이동하여 현장 부근에서 자고 아침부터 작업을 시작했다. 또 빠듯한 작업시간 때문에 식당이 있는 면소재지까지 나오는 시간까지 아끼려고 점심을 싸온 도시락으로 현장에서 해결하는 광경을 목격하였다. 결국 물탱크 설치의 생산력 차이가 난 이유는, 우리 회사의 경우 머나먼 현장을 가더라도 준비와 이동시간이 근로시간에 포함되어 있기에 그런 것이었다. 경쟁사는 정부가 말하는 하루 8시간 근무를 따지지 않고 야외 현장으로의 이동거리를 감안해 현장에서 작업한 시간을 근로시간으로 운용했기에 우리보다 월등한 생산력을 가질 수 있었던 것이다.

조달청에서 정한 제품 가격은 똑같고 품질도 거의 동일 한데 우리는 3일에 물탱크 1대 설치하고 경쟁사는 1일에 1대 설치하니 우리는 인건비와 비용 코스트가 높아 이익이 아예 없게 되고, 반대로 경쟁사는 높은 생산효율 때문에 이익이 높아지니 직원들의 이동시간 및 현장 숙박 같은 근로에 포함되지 아니한 시간에도 금전적으로 더 보상을 해주게 되고 대리점의 영업 수수료도 더 높여줄 수 있어 우리 회사는 그들과의 경쟁에서 밀릴 수밖에 없게 되었다.

이처럼 정부의 주52시간 근무는 전국의 현장을 찾아서 제작하거나 납품하는 많은 회사들의 현실과 동떨어진 정책으로, 이를 강제하면 이를 무시하는 많은 업체들이 범법자가 되나 경쟁우위를 갖게 되고 정부 정책을 그대로 수용하면 직원들의 수익은 줄어들고 위법하는 회사에게 경쟁력에서 밀려 파산하게 만든다. 이는 내가 직접, 생생하게 겪은 일이다.

정부의 말에 따라 법을 지키면 회사와 직원의 수익이 줄어들고, 법을 어기면 반대로 직원들의 급여가 올라가고 회사 경쟁력도 좋아지니, 이러한 현실과 동떨어진 주 52시간 근로는 개정되어야 한다.

일할 사람도 올 사람도 없다

조달청의 조달 납품 규격에도 현장 설치가 명기되어있다. 문제는 근로시간에 직원이 일을 하고 있는지 안하고 있는지를 직접 감독할 수 없다는 거다. 근태관리가 현장에서 이루어지지 않다보니, 많은 회사들은 포괄역산 임금체계를 갖고 있다. 그 때문에 직원들의 주장은 갈수록 늘고 일의 효율은 낮아지고 있다. 정부는 근로자의 주 52시간 근로시간을 강제하면서 사용자에게는 일하지도 않았는데 주휴수당을 주라고 한다. 게다가 1년 근무 시에 15일의 연차 휴일까지 주라고 하는데, 이것은 근로자가 근로를 할 때에만 임금이 지급되어야 한다는 원칙을 정부가 스스로 어기고 있다는 반증이다.

말이 말이지 나도 직원들에게 잡초제거 시키는 건 퍽 이나 부담스럽다. 잘 따지는 직원이 잡초제거 같은 일을 하려고 회사에 들어오지 않았다고 항변하면 할 말이 없기 때문이다. 그렇다고 용역에게 맡기거나 사람을 사서 하기도 애매한 게, 가족이 사는 집의 청소는 가족이 해야 하는 것처럼, 회사 직원이라면 회사 내 잡초제거를 하는 것이 당연한 것이다. 그런데 세상이 바뀌어 제초 같은 잡일은 시키지 말아야 하는 세상이 왔다. 직원한데 톱을 줬더니 톱질 방법도 모르고, 낫을 주니 낫질 방법도 몰라서 시간만 허비하고 있다.

목마른 놈이 샘 판다고 나이 70이 넘은 내가 우거진 잡초 속을 헤쳐가면서 일을 마무리하였다. 망토를 둘렀지만 팔과 얼굴에 긁힌 자국이 많이 생겨 사장 얼굴이 아닌 완전 신참 농부 얼굴이 되었다. 손에 박힌 가시가 안 보여서 빼지 못했으니 나중 곪아서 터져 나오길 기다릴 뿐이다.

이제는 그러한 직원이라도 들어왔으면 좋겠다. 공고를 내도 들어오고자 하는 사람이 없다. 회사가 중소기업이기 때문이다. 중소기업이나 자영업자는 스스로 돈을 벌어야 하는 사람들이다. 공무원이나 근로자처럼 한 달만 있으면 자동적으로 월급이 나오는 사람들이 아니라는 것이다. 그래서 사용자와 근로자를 똑같은 반열에 두고 비교하면 안 된다. 경기 탓이든 사장의 경영 탓든 회사가 잘못되어 문을 닫게 될 경우 직장을 잃은 근로자는 다시 취업할 때까지 정부에서 주는 실업수당을 받을 수 있지만, 사용자는 살고 있는 집까지 날리고 길바닥에 내몰리는 신세가 된다. 실제로도 많은 사람들이 사업주라는 것 때문에 근로자와 다르게 쪽박을 차고 있다.

은행융자나 투자를 받을 때, 또는 하자보증서나 선급금을 청구할 때도 사용자는 꼭 대표가 아닌 개인으로 연대보증을 서야 회사 대출이 발생하고 처리가 된다. 근로일수가 적어 잉여생산 목표를 달성하지 못했더라도 근로자에게는 정해진 임금을 줘 야하나, 사용자는 적자가 쌓일 때에는 집에 월급을 가져가기는커녕 적금이고 보험이고 해약하여 회사에 넣어주어야 한다. 그 돈이 그 돈이기에 없는 돈에 빚까지 내서 자기 월급을 챙기는 사용자는 없기 때문이다. 배가 고프다 하여 도마뱀이 제 꼬리 잘라먹을 수 없는 것과 같다.

물론 수 많은 기업들이 있으니 부도덕하고 일탈한 기업인도 없지는 않겠지만, 대다수의 자영업자와 중소기업인은 사활을 걸고 사업을 하고 있다. 최저임금과 근로시간 단축 이야기는 아니지만, 우리 중소기업인들이 살기위해서 얼마나 열심히 일하고 있으며 근로자와 달리 어떤 복잡하고 힘든 일을 마주하고 있는지를 세상도 알아야 하기에 사업하기가 얼마나 힘든지에 대한 에피소드를 하나 더 기술한다. 물론 이보다 더 황당하고 억울한 일을 당했을 기업인과 자영업자들에게 내세울 일도 아니겠지만.

이제 무얼 먹고 사나?

추운겨울 새벽 4시에도 서울의 주요 인력시장엔 50~60대 남성들이 막노동이라도 해보려고 수없이 몰려들고 있다고 한다. 이들은 대개 날품 가장으로 하루 벌어 하루 먹는 사람들이 많고, 일거리가 없어 그날 하루 허탕치고 돌아가는 일도 많다. 여자들도 예외는 아니다. 불경기에 식당 일자리가 줄어드니 길에서 전단지 나눠주는 일에 사람이 몰리고 있다. 이처럼 먹고살기 힘든 세상에선 돈 되는 일이라면 뭐든지 하는 게 사람이다. 그런데 난데없이 광주지

검 특수부에서 전화가 오더니만 전주지검에서도 조사받으라고 전화가 왔다.

광주에서 온 전화는 충남 청양에 있는 동종업체가 생산한 제품이 내가 생산하지 않는 제품이라 전북에서 팔아주려고 대리점 계약서를 작성한 것인데 실제 판매가 이루어져 수수료를 받았는지 확인 차 전화 한 것이고, 전주지검에서 조사를 받으라 전화가 온것은 우리 회사 제품을 영업하는 이모 대리점 사장이 다른 회사 LED 제품을 충남 K시에 소개한 것과 도움 받은 공무원에게 사례비를 준것 때문이었다. 이모 대리점 사장은 공무원과 함께 변호사법 위반으로 구속이 되었는데 압수된 휴대폰 통화녹음 내역에서 나와 대리점의 관계가 밝혀져 나도 위법 사항이 있는지 조사를 받아야 한다는 것이었다.

중소제조업체들은 자체 제품만을 가지고 수익을 내기가 어려워 때로는 관련 업체끼리 영업제휴를 하여 내가 생산하지 않는 제품을 팔아주기도 하고, 원거리 지역의 영업망을 구축하기 위해 그 지역에 영업할 수 있는 사람들에게 대리점을 주어 영업활동을 하게 한다. 자연스러운 시장원리에 입각한 자유경제활동이다. 지방자치제가 실시된 후 지자체의 선출직 장들이 공사와 납품의 전권을 틀어쥐고 있는 형편이라 제품의 성능만 가지고 판매하기에는 현실적으로 한계가 있다. 이는 해보지 않는 사람들은 모르는, 백번 이야기해도 이해 못하는 엄연한 영업 현장의 현실이다.

그래서 그 지역 사람들을 대리점 으로 두고 판촉 활동을 하는데, 거래가 성사되면 대리점에게 수수료를 떼어준다. 보통 10%~20%이나 경우에 따라서는 그 이상을 지급하는 품목도 있다고 한다. 그 지역의 대리점 사람들도 고래 심줄 같은 인맥이 단체장과 연결되어 있지 않다면 맨땅에 헤딩할 수는 없으니 발품을 팔아야 한다. 대부분의 대리점주는 전화 한 통으로 계약을 성사시킬 수 있을 정도로 힘 있는 사람들이 아니다. 상당수는 제품 카탈로그를 들고 발이 닳도록 관공서를 쫓아다니면서 얼굴을 익히고 친분을 쌓는다.

처음에는 명함 주고 굽실거리며 설명하고 나온 후 건넸던 카탈로그가 바로 쓰레기통에 들어가는 일도 허다하고 면박을 당하는 수모도 겪는다. 몇 번을 음료수 사들고 쫓아다닌 노력 끝에 커피 한 잔 대접받으면 절반의 성공이다. 그러나 관공서의 물품 납품이나 공사 발주는 절차와 규정이 있어 담당자 한 사람의 펜대로 결정되는 것이 아니다. 계장, 과장이라고 자기 마음대로 할 수 있는 것도 아니다.

경리관인 부군수나 부시장의 범위를 넘어 큰 건은 단체장의 승인이 필요하며 얽히고 얽힌 역학관계가 계약과정에 존재할 수가 있는 것이다. 그래서 대리점들은 선을 대려고 경쟁을 한다. 그것은 단체장의 비선 측근이 될 수도 있고 의회 쪽이 될 수도 있으며 때론 언론 쪽에 선을 대기도 한다. 단 하나의 계약을 따내기 위해 영향을 미칠 수 있는 곳에는 할 수 있는 노력을 다하는 것이다. 그것을 보고 옛말에 "장사는 오리를 보고 십리를 간다."고 하였다.

그런 대리점 사장들이 재작년 겨울 철퇴를 맞았다. 대리점 사장들은 검찰로부터 브로커라 불리게 되었고, 대리점 수수료는 납품

청탁 대가 금품 수수가 되어 변호사법 위반 혐의로 수십 명이 구속되는 사건이 터진 것이다.

검찰은 관급 발주계약과 관련하여 관행적,고질적 비리를 적발하여 엄단함으로써 향후 관공서 발주과정의 투명화에 기여하고 구조적 비리의 고리를 차단하여 공정한 경쟁 질서를 확립한다는 취지를 내세웠다. 물론 지방자치가 시행되자 음지와 양지를 오가며 지방선거에서 경제적으로 도움을 주었던 선거캠프 관계자들이 브로커 활동을 하면서 시장이나 군수, 비서실장 또는 측근을 통해 지자체의 발주공사나 납품을 독식해온 폐단이 없는 것은 아니다.

소위 관납을 싹쓸이하여 지역 업체까지도 불만을 갖는 단체장 측근 실세들의 농단에 검찰에서도 눈에 불을 킨 채 보고 있지만, 기상천외한 방법으로 쥐도 새도 모르게 해 먹는 그들의 해악이 근절되지 아니한 것은 창과 방패의 대결처럼 그들이 해 먹는 방법 역시 갈수록 지능화되기 때문이다. 정부나 지자체의 발주과정에서 부정부패가 없어지려면 발주과정의 설계부터 제품선정까지 투명하고 공정한 경쟁이 이루어지도록 매뉴얼을 확립하여 시행하면 되는 것이다.

현재 수의계약은 보통 2,000만 원의 상한선을 두고 그 이상은 입찰을 하거나 기술 개발제품의 우선 구매 제도나 기술심의회를 열어 결정하는 등 제도상으로는 공정성이 이미 확립되어 있다.

그런데도 단체장과 공무원 비리가 계속 발생하는 것은 단체장과 공무원이 속해 있는 관료사회의 의식의 문제이고 당사자들의 청렴

성의 문제이지, 브로커의 청탁 문제가 아니다. 그러나 이런 평범한 보통사람들까지 알선수뢰혐의가 되어 변호사법 위반으로 처벌하는 것은 자유 경제주의 사회 보편성에 반하는 일이다. 엄연히 사업자 등록을 한 그 지역의 평범한 사람들이 먹고살기 위해 대리점 영업을 한 것이고, 본사가 납품한 후 수수료를 받은 것이기 때문이다. 그런 이들을 변호사법으로 때려잡는 것은 법조인을 위한 법치 만능주의의 월권인바, 무시무시한 그 법 조항을 보면 다음과 같다.

변호사법 111조(벌칙) 공무원이 취급하는 사건 또는 사무에 관하여 청탁 또는 알선한다는 명목으로 금품,향응 그 밖의 이익을 받거나 약속한 자 또는 제3자에게 이를 공여하거나 공여하게 할 것을 약속한 자는 5년 이하의 징역 또는 1천만 이하의 벌금에 처한다. 이 경우 벌금과 징역은 병과할 수 있다.

이 얼마나 무서운 법의 횡포란 말인가? 이는 법률 사건이나 법률 사무가 아닌 일반 공무원의 사무, 즉 공사발주나 납품 계약까지도 일반 기업과 시민들이 밀접한 관련을 가지고 움직이는 경제활동인 지자체의 고유 업무까지도 변호사가 아니라면 부탁도 하지 말고 수수료를 기대하지도 말아야 한다는 말이다. 이를 어기면 청탁에 의한 금품수수로 감옥에 가게 된다. 이러한 세상은 결국 법이란 국민을 위한 것이 아니라 법을 위한 법을 행사하는, 그리고 법을 다루는 변호사를 위한 것이라 말하지 않을 수가 없다.

소개 수수료는 자유로운 시장경제 체제하에 중요한 경제활동에 속한다. 소개해서 수익을 챙기는 일은 린다 킴처럼 천문학적인 금액의 무기를 도입하는 국가사업에도 있고, 최순실의 딸 정유라 의 말을 구매하기 위한 중개에도 있다. 우리네 일상생활에 늘상 있는 부동산 중개와 결혼 중개에도 있고, 인생의 막다른 길에 몰려 일하는 일용직 노동자의 건설현장 알선 수수료도 벼룩의 간을 빼먹는 것처럼 오야지가 챙겨가고 있으며, 밤잠 못 자고 일하는 심야의 대리기사도 수입의 일부를 콜 회사에게 알선 수수료라는 명목으로 떼어줘야 한다. 그런데 제품을 소개하고 받는 수수료라 하더라도 관공서 일은 중개가 아닌 알선수재가 되어 변호사법으로 처벌을 받고 있는 것이다.

변호사의 변론과 대리점의 제품소개는 무엇이 다른가? 용어만 다를 뿐 의뢰자에게 이익을 주고자 하는 것은 같은 것이다. 말 한마디 해주고 억대의 수임료를 챙기는 것과 제품을 설명해주고 수수료를 받는 것이 무엇이 달라 억대 수임료는 놔두고 몇 백의 수수료를 받았다고 처벌하는 것인지 나는 이해할 수 없었다.

지자체의 관급자재 구매는 제조회사에서만 소개할 수 있고 대리점을 두어 판매해서는 안 되는 변호사법은 국민을 위하기보다 변호사만을 위하는 법이다. 그러한 변호사 조차 이제는 가난한 집안의 학생들은 꿈을 꿀 수가 없다.

사법고시가 폐지되고 연간 수업료만 억대가 들어가는 로스쿨은 가진 자를 위한 전용 통로가 되었다. 개천에서 용 난다는 속담이 허공으로 사라진 것은 계층 간의 사다리 역할을 하던 사법고시가 없어졌기 때문이다. 이제 거미줄보다 더 촘촘한 그물망처럼 규제와 법망으로 펼쳐져 숨이 막힐 정도로 법치주의는 완성되어 있으니, 이 세상에서 살아가려면 자식 중 하나라도 변호사 하나 만들어야 하는데 재력이 뒷받침 되지 않고서는 감히 쳐다볼 수가 없다. 이제 중소기업자나 자영업자들은 그냥 납작 엎어져서 살 수밖에 없지 않는가?

6장

미국과 중국 그리고 북한

어디로 가는가?

만주에서 드넓은 대륙을 호령했던 한민족이 반도라는 더 뻗어날
수 없는 땅으로 내려와서 삼국으로 갈라져 싸우다가 통일을 이루
고 다시 분열하고, 또다시 통일을 이루고 나라가 바뀌더니 조선 후
기 들어서 세계사의 흐름을 읽지 못한 부패하고 무능한 정부가 열
강에게 꼭 먹힐 짓만 하다가 일제의 식민지가 되었다. 하나님이 보
우하사 구사일생으로 해방되었으나 민족은 다시 갈라져 남북한으
로 분단되었다.

혹자는 그렇게 말하기도 한다. 우리가 일본에 먹힌 것이 그나마
우리에게 천운이었다고. 만약에 중국이나 러시아에게 먹혔다면 우
리 민족은 어떻게 되었을까? 아마 세계지도에서 지워지지 않았을
까? 너무 지나친 비약이라고 생각하겠지만 결코 그렇지 않다. 나라
를 지키지 못해 한족에게 합병당한 중국의 수많은 소수 민족이 점
차 자신들의 정체성을 잃고 중화의 일원으로 살아가고 있는 역사의
실체를 안다면 그 말이 전혀 틀린 말이 아니라는 걸 알 수 있다.

이제 세계의 패권 국가가 되려는 미중간의 싸움이 시작되었다. 도

광양회를 거쳐 화형굴기 하려는 중국과 그동안 세계 패권 국가를 자임하는 미국이 격돌하는 와중에 대한민국은 어떻게 할 것인가? 더구나 중국을 등에 업은 북한의 핵 위협으로부터 어떻게 우리를 지켜낼 것인가. 이건 다른 어떤 것보다 절대적인 우리 민족의 숙명 과제이다.

대한민국이 GDP 1조 5000억 달러의 세계 경제 12위권 내(2017 기준) 국가라지만, 국토는 9만㎢에 불과한 작은 소국인데, 지금 미국과 중국이 자기편에 줄서기를 강요하고 있다. 우리 같은 소국은 대국에 맞설 수 없다. 맞서려면 전 국민이 똘똘 뭉쳐 히틀러도 감히 건들지 못한 스위스처럼 되어야 한다.

하지만 전 국토를 요새화하고 전 국민이 철저히 무장해 국가에 대한 신뢰와 철통같은 안보 의식을 가진 국민이 되어 있는가? 자문하면 안다. 소신 없이 양다리를 걸치다가는 두 대국에게 패대기를 당한다. 조선 말기에 무능한 정부가 그랬다. 양다리 걸치는 게 어려우면 줄을 잘 서야 하고, 그것마저 어려우면 우리도 핵을 가지는 수밖에 없다. 그래서 "핵과 미사일 개발은 미국으로부터 자신을 지키려는 억제수단이라는 북한의 주장이 일리가 있다."는 2004년 노무현 대통령의 발언이 나온 것이다.

그런데 분명한 것은 미국은 미국의 안보 전략에 따라 남한을 지키기 위해 훈련만 했지 직접 도발한 적이 없다는 사실이다. 북한이 주장하는 미 정보함 플레블레 호 사건은 그게 과연 도발인지 의문이다. 기실 도발 퍼레이드는 북한이 우리 남한에게 계속 행한 것으로, 6.25 남침으로 시작하여 1.21 사태, 울진·삼척 무장공비 침투 사건, 판문점 도끼 살인 사건, 버마아 웅산묘 폭파 테러 사건, 대한항

공 858편 테러 사건, 강릉·속초 무장공비 침투 사건, 1, 2차 연평해
전 도발, 천안함 피격 침몰 사건, 연평도 포격 실시, 핵 실험, 대포
동·북극성·화성12.15형 미사일 실험발사 등 숱하게 도발하였음에도
미국의 위협 때문에 핵을 만들었다고 그 책임을 미국과 한국에 뒤
집어씌우는 것이다.

　이제 문재인 대통령의 평화 프로세스로 가는 길목에 드리운 중
국과 미국의 패권 경쟁에서 누구 편에 서야 하고 북한하고는 어떻
게 갈 것인가? 미국과 중국, 그리고 북한 편을 읽고 판단해주시길
바란다.

이래도 중국인가?

　격동기의 국공내전에서 대장정을 택한 모택동이 대륙에서 대만으
로 장개석을 몰아내고 만주, 티베트 등을 포함한 현재의 중국 영토
로 통일한 것은 진시황의 천하통일에 비할 바가 아닌 위대한 승리
였다. 민족, 영토, 제도를 통일한 중국이 모든 것을 다 얻었으나 잃
어버린 것이 하나 있었으니, 그것은 바로 신의이다. 신의란 서로간
의 약속을 지켜야 하는 상도다. 상도의는 중국 상인들이 오래전
부터 지켜내려온 불문율인 약속의 이행이었다.

　일본 침략 때문에 국공합작을 하고 국민당군에 쫓기면서도 살아
남아 대장정 끝에 세력을 확장하여 장개석을 대만으로 쫓아낸 중
국 공산당의 생존전략은 약속을 지키는 신의와 원래부터 거리가
먼 것이었다. 사람들은 한 번 맺은 약속을 지키는 것에서부터 믿음

을 형성한다. 그 믿음으로 중국 상인들은 신뢰를 얻었으며, 이 신뢰가 세계 각국에서 중국 화교가 성공하는 밑거름이 되었다. 유대 상인, 아라비아 상인과 함께 중국 상인이 세계 3대 상인의 반열에 오른 것은 거저 얻은 것이 아니다. 그런데 세계 많은 나라에서 경제계를 주름잡는 화상들이 본국에 대한 투자를 꺼리며 예속되기를 꺼린다. 중국 공산당에 대한 신의가 무너졌기 때문이다. 주변국들을 얕잡아보고 힘으로 누르려 하며 약속도 헌신짝처럼 버리고 안하무인으로 군림하는 것이 중국이다. 그래서 홍콩시민들이 중국과의 통합을 반대하는 것이다.

굳이 옛날 일은 거론하지 않겠다. 기업 한 사람은 다 안다. 중국에서 특허소송에 휘말리면 중국기업에게 거의 패소한다. 짝퉁이 공공연히 범람하는 중국에서 말이다.

1990년 중국의 마늘 때문에 마늘 파동이 나자 우리나라는 수입을 줄이기 위해 관세를 물렸다. 그러자 중국은 한국의 휴대폰, 폴리에틸렌 등에 대한 수입을 중단시켜 한국이 백기를 들게 하였다. 롯데가 사드 배치와 무슨 관계가 있다고 중국 내에 진출한 롯데마트에 끕끕수를 주고 1조 원 이상의 손실을 보게 만들었고, 롯데가 성주 골프장을 자발적으로 제공한 것이 아니라는 것을 알면서도 결국 피 말리듯 옥죄어 쫓아 버렸다. 판매를 못하게 하는 행정명령을 내리면 롯데는 직원을 내보낼 수도 없고 폐업할 수도 없고 그렇다고 영업을 할 수 없는 상태가 된다. 결국 쌓여있는 식자재가 썩어가니 이런 것을 보고 피 말린다고 하는 것이다. 아마 적국인 미국에 쉐일 석유를 원료로 하는 케미컬 화학공장에 대단위 투자를 한 것이 밉보였기 때문일 것이다.

사드를 빌미로 한한령을 발동하고 한국에 단체 관광을 못하게 하는 등 압박을 가하는데, 눈치도 없이 제주도에 복합 리조트사업에 1조 7000억 원을 투자한 자국인 란딩 인터내셔널의 양즈후이 회장이 실종되었다.

화웨이, 샤오미 등 자국 기업을 키우기 위해 삼성전자 중국 사업장에도 압박을 가하더니, 이에 견디다 못한 삼성전자가 베트남으로 옮기고 인도 시장을 겨냥 휴대폰 공장을 세우자 인도에서 휴대폰 시장 1, 2위 자리를 두고 삼성과 경쟁하게 된 중국기업들 생각에 삼성을 그냥 둘 수가 없었던 모양이다. 한두 푼도 아니고 막대한 돈을 들여 2025년까지 존립해야 할 베이징 시내 광고판을 하룻밤 새 190곳 중 67곳을 군사작전 하듯 없애버렸고 얼마 전에 나머지도 남김없이 철거하였다고 한다.

광고판 설치도 엄연한 계약이고 약속인데, 일방적으로 파기하는 것은 상대가 만만하기 때문이다. 원래 중국 상인의 상도의에서 제일 중요한 게 약속이고 신뢰인데 공산 정권은 마음만 먹으면 언제든지 내키는대로 뒤집어 버린다. 이처럼 오만한 민족은 언제 가는 그 심판을 받는다.

티베트 고원에서 발원하여 동남아 5개국의 젖줄이 된 메콩강에 자국 이익만 생각하고 강하류에 걸쳐있는 국가에 미치는 영향을 생각하지 않는 안하무인 발상을 가진 중국이 자국 영토에 있는 메콩강 줄기에 1995년 란칭 댐을 건설했고 이후 20년 동안 7개의 댐을 더 건설하였다. 이로 인해 라오스, 캄보디아, 태국 등 메콩강 하류에 있는 국가들은 물 부족과 어획량 감소, 수질 악화를 겪었으며 베트남 삼각주는 토양 유입이 감소하여 토양이 침식되는 등 피해를 보기 시작하였다. 결국 메콩강을 이용하려는 경쟁이 촉발되었고 결국 라오스, 캄보디아까지 댐 건설에 나설 수밖에 없었다.

라오스는 전력수출국을 꿈꾸며 외국의 투자를 받아 무려 46개의 수력발전소를 건설에 나섰으나 이번 SK건설이 참여한 수력발전용 댐이 폭우로 붕괴하여 수백 명이 사망했고 실종되었다. 중국이 처음부터 댐 건설을 하지 않았으면 발생하지 않았을 국가 간의 재앙이다.

중국은 관시(인맥)를 중시한다. 정권에 밉보이면 파리 목숨이 되지만, 연줄이 닿으면 권력과 재화를 얻는다. 중국에는 경찰, 검찰, 법원의 사법체계와 달리 막강한 권력을 가진 사법기관이 둘이나 있다. 당원을 대상으로 하는 당중앙기율조사위와 비당원을 대상으로 하는 국가감찰조사위가 그것이다. 유치권한을 갖고 사법절차 없이 누구라도 6개월간 구금을 할 수 있는 특권이 있다. 여배우 판빙빙. 왕취안장 변호사, 샤오젠화 밍톈 그룹 회장, 멍훙웨이 전 인터폴 총재 등 수백 명이 시진핑 시대에 들어 행방이 묘연하다는 보도처럼, 민주국가에서는 상상할 수 없는 인권침해가 다반사로 이루어지고 있다. 가족과 변호사의 접견이 제한되고 필요하다면 2년까지 구금할 수 있는 쌍규가 있기에 홍콩 시민들이 범죄인 인도 송환법에 100만 이상 모여서 시위를 하고 있는 것이다. 중국은 사회주의 국가이며 강력한 통제 국가이다.

이러한 나라가 강대국이 되어 이웃이 되어 있으니 교토삼굴이라 우리가 중국의 속국이 되지 않으려면 뒷배경 국가를 두어야 한다. 그게 미국이다. 설사 마음에 안 드는 구석이 있어도 생존을 위해서 동맹이 유지되어야 하는 이유이다.

황제국가 중국

중국의 주변국에 대한 갑질은 역사가 증명하고 있고 지금도 그치지 아니한다. 필리핀과 베트남 사이의 앞바다를 남중국해라고 지칭하고 국제법을 무시하고 산호초를 매립해 비행장을 짓고는 이에 항의하는 필리핀에 대한 보복으로 바나나 수입을 중단하거나 센카쿠 열도 영유권 분쟁 당사국인 일본에 대해서는 희토류 수출을 제한했다.

주변국 한국은 예로부터 중국의 속국으로 취급하고 조공을 받고 세자 책봉도 승인을 받아야 하도록 했다. 구한 말 쇄국의 문이 열리면서 미국과 외교 관계를 맺으려는 조선에 대해 중국은 조선은 중국의 속국이므로 미국 공사로 부임 전 청국에 먼저 신고하고 외교관 회합 자리에서는 청국 아래 앉아 야 하며 중요한 일은 사전협의한다는 영약 삼단을 요구한 것도 중국인들이다.

파룬궁을 비롯 해 소수민족을 탄압하고 주변국가에 갑질을 일삼는 중국인의 의식은 언제부터 형성되었을까? 초한 패권 쟁탈에 항우와 전쟁을 벌이던 유방은 장량, 한신, 소하 같은 인재의 도움을 받기도 했지만 기실은 상대와 맺은 약속을 어기고 뒤통수를 치는 것을 밥먹듯이 한 덕분에 천하 패권을 차지하였다.

이러한 중국인의 유전자가 흐르고있기 때문일까. 강대국인 미국이 주한미군 장갑차가 효선, 미선 양을 교통과실로 사망케 하였을 때 주한 미군사령관이 극구 사죄하고 고개를 숙인 반면 중국은 남의 나라 영해에서 불법 어획하는 자국 어선을 방임하고 이를 단속하는 해경 대원을 흉기로 살해했는데도 책임 있는 당국자의 사과 한마디가 없는 나라다. 해마다 중국에서 불어오는 황사와 오염물질 때문에 미세먼지 고통을 겪는데도 군소리 없이 네이밍 사막에 푸른 숲을 만들고자 오래전부터 대단위로 나무를 심고 있는 대한민국을 향해 한국의 미세먼지는 자기 나라 탓이 아니라고 한다.

한국의 산림청과 기업들이 중국 서부지역 사막화 방지 조림사업부터 시작하여 쿠부치 사막 산림생태 복원사업에 이르기까지 약 10년에 걸쳐 수십만 그루의 나무를 심어 황사를 막고 푸르름을 가져다주었는데 이렇듯 은혜를 원수 대하듯 한다.

이렇듯 오만하기 그지없는 것은 한국을 항상 자신들에게 머리를 조아려야 하는 속국으로 생각하기 때문이다.

중국이 방어무기인 사드 배치에 대해 무지막지하게 한국을 핍박하는 것은 그 옛날 조공을 받던 황제국의 오만함만 때문만이 아니다. 한국이 북한 핵 위협에서 생존을 위해 도입한 사드가 자국을 위협한다고 온갖 협박과 중국에 진출한 한국기업을 쫓아내고 잡들이를 하더니만, 자기들은 러시아의 최첨단 방공 미사일 시스템인 'S-400 트라이엄프'를 실전 배치하고 시험 발사를 실시할 예정임이 타스 통신에 의해 밝혀졌다. 러시아의 사드로 불리는 고고도 미사일방어 체계는 산둥반도에 배치할 경우 한반도 전체를 손바닥처럼 들여다볼 수 있을 것으로 추정된다.

중국이 지난 1년 동안 한국에 모바 일 게임 시장에 진출한 건수는 총 111건으로 2016년에 비해 800억이 증가한 2,000억 원의 매출을 올렸다. 반면 한국 기업들의 게임에 대한 허가는 단 한 건도 해주지 않은 것으로 나타났다.

이처럼 하나를 보면 열을 안다. 그래도 중국 편에 설 것인가? 중국은 미국과 무역 전쟁을 통해 싸움의 불길이 화웨이로 번지자 한국에게 자신들의 편에 설 것을 강요하고 있다. 사드 때문에 혼쭐이 난 우리 기업들에게 무슨 묘안이 있겠는가? 정부만 쳐다보고 있는데 정부도 뾰족한 수가 없는가 보다.

결국 우리 기업들만 죽어나게 생겼구나!

미국도 이익을 쫓는다

트럼프대통령은 "우릴 별로 좋아하지 않는 나라를 지키느라 많은 돈을 쓰고 있다."며 미국을 안 좋아하는 나라가 한국임을 노골적으로 내비쳤다. 미국이 북한과 진행 중인 비핵화 샅바 싸움에서 우리나라가 동맹국의 입장에 서지 않고 적대국인 북한 입장에서 북한을 옹호하기 때문이다. 미국은 북한을 경제 제재로 압박하여 북한이 백기를 들고나오기를 바라는데, 우리 정부는 개성 공단과 금강산 관광으로 숨통을 터주려 한다. 도둑질도 손발이 맞아야 한다는데 피를 나눈 혈맹국끼리 사사건건 틀어지는 일이 다반사로 벌어지고 있다. 명색이 우방국인데 문재인 대통령의 방미 정상회담은 배석 없는 두 분만의 단독회담이었고 그나마도 5분짜리였다. 일본 아베 총리와의 골프, 부부 만찬 등 3일간의 최대 영접과 비교하면 우리는 미국에 말로만 우방이지 이미 정떨어진 이혼 부부나 다름없다. 그러니 트럼프 대통령을 정식으로 초대하지 못하고 일본에 오는 길에 들려주시라고 애걸하는 처지가 되었고 야당 국회의원이 이 내용을 발설하여 한바탕 홍역을 치른 적도 있다.

이는 '반미는 어때?' 하고 반미정서로 재미를 보았던 노무현 대통령의 법통을 이어받은 문재인 정부가 감당해야 할 숙명이기도 하다. 그러나 노무현 대통령은 국익을 위해서는 미국에도 할 소리를 한다는 대한민국의 자존심을 말한 것이지 미국의 반대편에 선 것이 아니다. 진보진영이 반대하는 한미 FTA나 제주 강정 해군기지, 이라크 파병과 같이 미국의 정책에 뜻을 같이한 미국의 우방국 대통령이었다.

미국과 한국은 2차대전 후 미국과 소련으로 나누어진 민주주의와 공산주의의 이데올로기 대결장에서 빚어진 피할 수 없는 운명으로 인해 동맹국이 되었다. 우리가 일본의 합병에 당할 때 묵인했던 것도 미국이었고, 그 일본이 패망할 때 소련과의 분할통치에 합의한 것도 미국이었다. 이후 북한이 침략하자 5만의 희생을 치루면서까지 우리를 구한 것도 미국이었고, 산업이라곤 아무것도 없는 폐허 위에 5억 달러의 무상 원조와 수많은 유무형 도움으로 나라의 기틀을 갖게 한 것도 미국이었다.

그 미국이 국민이 뽑은 민간정부를 무너뜨린 박정희의 5.16 쿠데타를 승인했고 이어진 유신독재도 방임도 했다. 이후 전두환의 군부정권의 집권과 5.18 광주항쟁까지 눈을 감고 묵인했다.

생명의 은인이었던 미국에 대한 배신감이 산업화를 거쳐 민주화로 인권에 눈을 뜨게 된 국민들 사이에 점차 퍼져갔고, 이는 북한의 주체사상을 신봉하는 주사파를 위시한 좌파세력들이 확산되는데 일조를 하였다. 미국에 대한 미움이 쌓여가자 강원도에서 훈련 중인 미군장갑차에 사망한 효순, 미선의 추모행사도 전국적인 반미시위로 바뀌어 버렸다. 우리나라 어장에 들어와 싹쓸이 불법 어획을 일삼는 중국 선원들을 단속하던 해경대원이 흉기로 무참히 살해당해도 우리는 그들의 야만적인 흉폭함에 항의 집회 한번 안 하면서 미군의 단순 교통사고에는 주한 미군사령관의 진솔한 사과가 있었음에도 불구하고 계속해서 미국을 규탄하고 미군철수까지 외쳐댔다.

좌파성향의 정치인 들은 자식을 미국에 유학 보내면서도 미국에 대해 유달리 성토했고, 그 덕에 인기 정치인이 되는 세상이 되었다. 북한의 미사일 위협에 국토를 방위해야 할 전술무기 사드 도입에도 우리는 입에 거품을 물고 반대를 외쳐댔고, 사드가 배치되면 전자파에 살이 튀겨지고 전쟁이 오고 사드가 없으면 평화가 온다는 선동성 논리가 무비판적으로 국민을 세뇌했다.

이제 미운 정 고운 정 다 든 그 미국이 북한의 핵 위협에 우리를 대신하여 비핵화에 올인 하고 있다. 북한의 핵은 원래 우리를 겁박하기 위하여 만든 것이지 미국을 공격하기 위해 만든 것이라 볼 수 없다. 북한이 아무리 미국 서부까지 도달하는 장거리 미사일을 만든다 하더라도, 미사일이 날아오는 동안 앉아서 당할 미국이 아니기 때문이다. 촘촘한 요격망으로 북한의 핵은 무용지물이 될 텐데 완전 검증 가능한 비핵화로 북한을 옥죄는 것은 우리를 위한다기보다 동북아의 핵 확산을 막기 위한 미국의 핵심 전략이기 때문이다.

김일성 이래 북한 의 최우선 목표는 남한을 적화통일 하는 것이다. 남한보다 뒤처진 경제력 때문에 재래식 전쟁으로는 승산이 없자 핵을 개발하여 남한을 굴복시키려는데, 남한을 뒷배인 미국이 보호하고 있으니 핵과 장거리 미사일을 개발해 미국까지 위협하기 시작한 것이다. 그러한 위협은 전부 쇼이다. 진짜 목적은 핵과 미사일을 완성하여 미국과 담판을 짓고 비핵화 속임수로 미군을 철수시켜 남한을 적화통일 하려던 숨은 계략에 미국이 속아 넘어가지 않아 지금 줄다리기 하는 것이다.

갈라서려고 이려는가?

미국의 진짜 상대는 중국이지 북한이 아니다. 유흥가의 조직 깡패 싸움에서 두목끼리 일대일로 맞붙는 일은 거의 없다. 졸개들이 먼저 싸운다. 결국판이 깨지면 북한이 남한을 먼저 공격할 뿐이다. 미국과 중국은 으르렁거릴 뿐 먼저 싸우지 않는다. 그런데 남한이 북한과 평화공존하면서 친중친북 노선을 가고 있다. 일본이 있다지만 결국 최전선은 남한의 몫이라 생각하고 있는 미군의 전략에 차질이 생긴다. 그래서 미국은 중국과의 대결에서 북한의 완전비핵화를 통해 전략상 유리한 고지를 계속 선점하고자 하며, 그를 위해서 미국은 우리가 자신들의 대타 역할을 하길 바란다. 그런데 친중친북에 치우쳐 동맹인 척 하고 있으니 한국의 속내를 의심하고 있는 것이다. 신뢰가 허물어지면 결국은 갈라서게 되어 있다.

미국과 갈라서면 길은 딱 두 가지밖에 없다. 중국과 한편이 되거나 북한의 물봉노릇 하면서 서서히 허물어지는 것. 시계바늘을 뒤로 돌려 1,000년 이상을 중국의 속국으로 살아야 했던 불행한 우리 민족의 역사로 돌아갈 수는 없는 것 아닌가? 어떻게 일궈낸 자주 국가인데.

트럼프와 김정은의 하노이 2차 정상회담이 결렬되자 미국은 비핵화를 위한 일괄 타결은 있어도 부분 해제는 없을 것이라고 여러경로로 나왔는데, 문재인 대통령은 금강산 관광과 개성공단 재가동을 계속하여 미국에 조르겠다고 한다. 이미 영변 이외의 핵시설을 은폐하고 껍데기인 영변 시설만 폐기하겠다는 북한의 속임수를 미국은 알아차리고 완전비핵화의 빅딜을 요구했지만, 북한은 핵 보유 의사를 포기할 수 없었기에 결렬된 것인데 미국이 주도한 유엔 제재에 북한의 돈줄이 될 금강산과 개성공단 개방을 열외로 해달라고 요구하겠다는 것이다.

정상적인 지도자라면 이렇게 가서는 안된다. 미국의 경제적 압박으로 북한이 협상 테이블로 나오게 하였기에 성사된 회담인데 한반도 비핵화의 결과를 얻지 못하고 경제적 압박을 풀어줄 사람이 어디 있겠는가?

우리의 대통령은 왜 그토록 북한을 못 도와줘서 정도를 벗어나려고 하는가? 문재인 대통령이 공산주의자가 아닐진 데 결국은 북의 핵이 무서워 사정사정하여 평화체제로 가겠다는 것이 아닌가? 역사책을 읽어보았다면, 미래가 과거의 연속이라는 것을 안다면 결코할 수 없는 순진한 생각이다. 이것은 5,100만 우리민족을 아주 위험한 상황으로 끌고 갈, 전략 축에도 못 끼는 하책 중의 하책이다. 북한의 핵이 무서우면 핵을 없애도록 미국과 한 몸이 되어 해결할 일이지, 미국을 등지고 중국으로 기울어 파트너를 북한으로 삼겠다는 것은 결국 북한의 핵을 우리의 핵으로 만들겠다는 의도가 있는 것으로 밖에 보이지 않는다. 그것은 향후 1국가 2체제이든 2국가 2체제이든 간에 북한의 핵에 굴종하여 살겠다는 의미가 아니고 무엇이겠는가? 이 얼마나 어리석고 무능한 판단인가?

만약에 우리가 미국과 갈라서고 친북 정권으로 완전히 바뀐다면 경제 민주화는 재벌 해체로, 소득주도성장은 협동화 체제로 바뀌게 될 것이며 우리도 북한 주민처럼 외국의 정확한 정보는 차단되고 앵무새 흉내 내는 관영언론의 소리만 듣게 될 것이다. 또한 출판, 집회, 결사의 자유도 없어지고 거주지 이전과 직업 선택의 자유도 없는 대한민국이 될 것이다. 이 얼마나 끔찍한 미래의 상황인가? 대한민국 국민은 그것을 원하는가?

세기의 쇼가 된 판문점의 3차 북미정상회담 회담장에서 나오는 김정은의 얼굴에는 화색이 만연하다. 핵 동결은 하되 핵 보유는 인정받은 것으로 추정해본다. 한국을 별로 좋아하지 않는 트럼프가 재선을 위해 북한의 핵보유를 모른 채 할 것으로 심증이 간다. 둘이 계속 줄다리기 하겠지만 우리에게 위험한 최악의 상황이 올수도 있다.

북한이 형제는 맞는데

형제간에 우애 있게 지내는경우도 있지만 오히려 남보다 못할 정도로 척지고 사는 사람들이 주변에 의외로 많이 있다. 처음부터 그랬던 것은 아니지만 부모의 그늘에서 나와 따로 살면서 경제력의 차이나 서로의 이해관계 때문에 사이가 벌어진것일 게다. 고 최진실 배우가 CF에서 말했던 "여자하기 나름"처럼 잘사는 쪽에서 따지지 말고 계속 서로 잘해주었으면 형제가 남남처럼 되지는 않았을 것이다.

남한과 북한 사이는 같은 한 반도에서 살고 있으며 하나의 언어를 쓰고 같은 민족이기에 뭐라해도 형제이다. 그러나 냉전시대 미·소의 이데올로기 대립으로 인해 남북으로 갈라지고 6.25 전쟁으로 불구대천 원수가 되었으니, 휴전선을 사이에 둔 이웃국가로서 숙명적으로 관계를 지속할 수밖에 없는 정말 불편한 형제 국가이다. 다행히 남한은 경제 개발에 성공하고 세계 시장으로 눈을 돌려 OECD 선진 국가로 발전하였으나 북한은 사회주의 경제체제를 고집한 결과 남한의 경제력에 비해 현저하게 뒤떨어진 열악한 국가가 되었다.

이에 반해 그들은 그들의 지상과제인 적화통일을 끝까지 포기하지 않고 비장의 무기 핵무기를 개발하여 남한을 위협하려다 미국의 제재라는 난관에 봉착하게 된 것이다.

북한의 핵은 실로 대한민국의 생존이 걸린 끔직 한 위협으로 이를 어떻게 해서라도 완화하려는 문재인 정부의 평화 로드맵은 누가 뭐래도 방향은 옳고 잘한 것이다. 호감이 가는 여성을 연인으로 만들기 위해 갖은 친절과 선물 공세를 하는 것이 우리 남성들의 접근 방법이듯, 도발하고 적대적이었던 북한과 우호적인 관계로 발전시키려면 퍼주기 비난을 받아도 계속 주는 것이 맞고 탄도미사일을 발사해도 발사체라고 두둔할 수밖에 없는 정부의 사정을 물고 늘어질 것이 아니라 눈감아 주는 것도 때론 필요하다. 적어도 국가 안보에서만큼은 여야가 정략을 초월하여 협조할 필요가 있기 때문이다.

그래서 문재인 대통령이 김정은의 대변인이라는 소리가 나오는 것은 외국 기자라면 몰라도 국내에서 나와서는 안됐다. 이러한 내용이 논란거리가 되는 것은 우리의 치부를 스스로 들어내는 꼴이다. 아베 일본 총리도 트럼프 대통령이 방일하자 골프회동, 스모 경기관람, 선술집 방문 등 체류하는 3박 4일 동안 삼시 세끼 트럼프를 계속해서 안내하고 극진히 대접하여 트럼프 가이드라는 소리를 들어야만 했다. 자존심도 없냐고 하겠지만 국익을 위해서라면 때로는 쓸개도 빼주는 것이 국민을 위한 지도자가 할 일이기 때문이다.

문재인 대통령의 대북 화해 정책은 그대로 가는 것이 좋다. 그러나 세심한 전략도 없이 동조하고 퍼주기만 하다가는 전래동화 해님 달님에서 나오는 "떡 하나 주면 안 잡아먹지." 하는 호랑이한테 속아 결국은 잡혀 먹히는 신세가 될 것이다. 그러지 않으려면 인도적으로 지원하되 일관된 대북정책을 유지해야 한다. 그리고 그것은 철통같은 한미동맹이 있을 때만 가능한 것이다. 한미동맹은 호랑이에게 쫓겨 나무로 올라간 남매에게 내려준 하나님의 동아줄이기 때문이다. 그래서 만약을 대비하여 예상되는 시나리오를 만들고 북한이 예상치 못한 상황으로 돌변하거나 도발한다 하더라도 국민이 동요하지 않고 편안하게 생업에 종사할 수 있도록 만반의 대책을 세워놓는 것이 지도자의 책무이다. 그렇게 되려면 기본으로 한미동맹의 군건함이 유지되어야 한다.

북한은 우리가 피상적으로 생각하는 보통 국가가 아니다. 1990년부터 북한을 방문하여 고아원, 탁아소 등에 물심양면으로 지원을 아끼지 않았던 캐나다의 임현수 목사가 북한이 신성시 하는 김일성, 김정일의 시신이 있는 금수산 기념궁전이 하나님에 비하면 하찮은 것이라고 말한 것 때문에 국가전복음모죄를 뒤집어쓰고 억류되고 노동 교화형에 처해지는 그러한 상상 이상의 독재국가이다.

그런데 문재인 정부의 대미 관계가 삐거덕거리고 있다. 미국에 가서 정상 간의 은밀한 단독회담이 5분에 지나지 않았다 함은 이미 미국에서는 한국을 대하는 것이 정떨어진 관계 라는 뜻이다. 북미 간에 꽉 막힌 관계를 풀어 돌파구를 마련하고 싶은 마음에 일본에 오시는 길에 한국을 방문해달라고 할 수밖에 없는 문재인 대통령의 처지는 한국과 미국의 관계가 예전의 한미관계가 아님은 증명하는 것이다.

한국 대통령이 트럼프에게 한 전화 내용이 유출되어 여야 간에 한바탕 굴욕외교와 비밀누설로 설전하게 만든 원인은 대통령을 보좌하는 외교부와 대북정책 브레인들이 자질 부족으로 대통령을 제대로 보필하지 못한 것이다. 아니면 귀가 얇은 대통령이 운동권 이념을 가진 측근들에게 둘러싸여 그릇된 정세분석만 받아보기 때문일 것이다.

남한 내 친북

이 정부에서 가장 확실한 친북성향인 문정인 대통령 통일외교안

보특보는 장기적으로는 한미동맹을 없애는 게 최선이라고 속내를 들어낸 적이 있었고(2018. 5. 17.) 김현철 통일부장관 후보는 북한의 선제공격으로 벌어진 제2연평해전 직후 "남한의 NLL(북방한계선) 고수가 철회되어야 한다."고 한 적이 있다. 이러한 친북성향 측근들이 대통령 주변에 있으면 대통령도 동화되고 일체화가 되는 상황으로 발전한다. 그래서 벌거벗은 임금님이 되지 않기 위해서는 객관화된 사고를 가진 측근이 대통령 주변에 있어야 한다.

외교는 총성 없는 전쟁으로 사람이 한다. 고려시대 걸안의 10만 대군이 침입하였을 때 서희는 적장을 만나 외교 담판으로 그들을 물리쳤고, 이승만 정권 때는 철수하려는 미군을 붙잡고 한미상호방위조약을 체결하여 한국경제발전의 초석을 놓은 것도 이승만이 미국 내 외교 인맥이 믿었기 때문이다. 그래서 정권이 바뀌었다고 함부로 외교관들을 물갈이 하면 안 된다. 냉전시대 소련의 외무장관 그로미코는 축척된 외교경험을 바탕으로 28년간을 종횡무진 활약하여 냉전시대 소련 외교를 이끌어 미국과 대등한 강대국으로서의 위상을 유지하였다.

우리 문재인 정부는 출범부터 외교가에 잔뼈가 굵은 능력 있는 인물을 채용하기보다 충성심 있는 사람만 골라 내정하니 숱한 외교 망신살도 스스로 만들어 내었다. 일국의 대통령이 중국에 가서 혼밥을 드시게 하거나 카자흐스탄에 가서 그 나라 정치 권력구도도 모르고 눈치 없이 훈장을 받기로 했다가 취소당하는 망신을 당하는가 하면, 캄보디아에 가서 그 나라의 상징 앙코르와트 대신 뜬금없는 대만의 양청원 사진을 올린 국제적 망신살도 이어졌다. 발틱 3국을 발칸 3국으로, 체코를 체코슬로바키아로 말해 무식함을 드러

냈고 음주를 금하는 이슬람 국가 브르나이에서 격식에 어긋나는 건배를 하는가 하면 말레시아에서는 엉뚱한 인도네시아말로 인사하여 빈축을 샀다. 원전이 위험하다고 하여 탈원전을 하면서 인도에 가서는 모디 총리에게 한국의 원전은 안전하다고 하는 등 본의 아니게 이중성을 드러낸 것이 아닌가?

외무부 조직이 나사가 빠졌으니 스페인 외교회담에 구겨 진 태극기를 갖다 놓아 망신살을 자초하는 것 등 계속하여 외교참사가 벌어지는 것은 외교전문가가 아닌 이념 코드의 강경화 외무부 장관이 조직을 장악하지 못하고 청와대 지시와 눈치만 보고 끌려 다닌 결과이다. 일본 위안부와 강제징용자 문제도 외교관으로서 상식적으로 풀지 못하고 여론과 임명권자만 바라보니 일본과의 관계는 최악으로 치닫게 되었으며 주변국인 중국, 일본과 미국에서 외교적 왕따를 당하고 있다.

오로지 북한만 바라보고 북한만을 위한 외교. 이거 문제가 있는 것 아닌가?

남북정상회담 시청기

지난 4월 27일 판문점에서 열린 남북정상 회담은 TV 화면을 통해 우리 국민들에게 남북이 적대관계를 청산하고 서로 신뢰하고 화해와 교류, 협력할 수 있는 관계임을 보여주었다. 사진 찍고 악수하고 화기애애한 남북정상회담이 좋은 결실로 귀결될 것인지 걱정이 앞서는 것은 그들의 체제가 자유분방한 우리와는 너무 거리가 멀기 때문이다. 김정은 위원장이 군사분계선을 넘어 문재인 대통령과 북쪽으로 향했을 때 사진촬영을 끝내고 돌아서는 사진 기자들의 90° 꾸벅 인사가 왠지 그들의 폭압적인 체제를 보여주는 듯했다. 어렸을 때부터 위대한 수령 동지를 입에 달고 자랐기에 군기가 바짝 들어 황송하게 굽혀야 했던 것은 일제시대의 헌병 경찰 앞에 우리의 백성들이 숨죽이며 굽실거리고 살아야 했던 것처럼 현재 북한에서도 그리 인사하도록 체질화되었기 때문이다.

지난 평창 동계올림픽 폐막식에 북한 정찰총국장으로 천안함 폭침을 주도했던 김영철이 대표단장으로 남한을 방문하였다. 정부는 유엔이 주도하는 국제 사회가 북한의 핵무장에 반대 하며 경제 제재를 하고 있음에도 북한의 속셈도 모르고 천안함 폭침의 주역이 김영철이라는 건 밝혀진 바가 없다고 애써 변명하고 있다. 미국 정부는 김영철이 오면 먼저 천안함 기념관을 찾아야 할 것이라고 그가 주범임을 언급하여 속죄할 것을 요구한 것에 반해 우리 정부는 북한 감싸기에 급급하고 있다.

북한은 6.25 남침부터 아웅산 폭파 테러, 대한항공 폭파, 연평도 포격 등 헤아릴 수도 없는 많은 도발을 해와 우리에게 수많은 인명 피해를 입혔다. 천안함 46명의 장병들을 희생시키고 사과 한마디 없는 집단이 북한 정권이다. 상식이 통하지 않는 폭압 정권이라는 증거는 북한수용소의 인권유린 참상만 있는 것만 아니다. 말레이시아 공항에서 김정남을 살해하고, 탈출하지 못하고 북한대사관에 피신한 공작원을 위해 북한에 거주하는 말레이시아 국민을 인질로 잡아 흥정을 벌인 것을 보면 그들에게 국가의 품격은 아예 존재하지 않는다.

개막식에 참석한 김정은과 기념촬영을 한 청와대 배경 그림에 '通은 統을 이룬다.'는 글씨가 쓰여 있었다. 현 정권의 목표는 북한과 소통 하며 통일을 이룬다는 뜻인데, 개정하려는 헌법전문에서 자유민주주의에서 자유를 빼려 했고 개정할 검인정교과서에도 자유를 빼려는 본색이 드러났다. 북한 대표단이 서울에 들어오자 친북성향의 정당과 단체들의 플래카드가 온 시내에 도배되듯 걸렸다. 구호는 다르지만 결론은 통일을 향해 남과 북이 힘을 합치자는 것이다. 통일이라는 솔깃한 구호에 숨어있는 위험천만한 현실을 인지하지 못한다면 누구 말따라나 민중은 개돼지라는 말이 딱 맞을 것이다.

북한은 사회주의 국가이다. 개인의 자유보다 지배자를 위해 독재를 허용하는 국가이다. 그래서 개인의 사유재산도 철저히 제한되고 거주지와 직업의 선택도 국가의 통제를 받는다. 이집트 파라오의 압제에서 노예 생활을 청산하고 모세를 따라나섰던 이스라엘 민족의 행동은 사람답게 살고자 했던 자유 때문이었고, 청교도 정신으로 신대륙에 건너가 영국과 전쟁을 벌였던 이민자들의 나라 미국이 남북전쟁을 일으키면서까지 쟁취하고자 했던 것 역시 그 무엇과도 바꿀 수 없는 인간의 자유였다.

우리가 일제치하에서 삼일운동 때 대한독립 만세를 외친 것도 그 근본에는 일제에게 억압받지 않는 우리 민족만의 자유를 갈망했기 때문이며, 눈보라가 휘날리는 흥남 부두에서 수만의 북한 민중들이 자유를 찾아 미 군용선에 올라탔던 것도 공산당에 의해 침해받지 않고 내 마음대로 살 수 있는 자유를 갈망한 때문이다.

통일이 성사되어 사회주의 국가가 된다면 우리가 마음대로 해외여행을 하거나 내가 살고 싶은 곳으로 주소를 옮겨 살 수 있을 것인가? 내가 내 적성에 맞고 내가 원하는 직업을 선택할 자유가 있고, 내가 노력해서 번만큼 내 소유가 될 수 있을 것인가? 내 집과 내가 가진 재산이 통일 후 내 소유가 될까, 아니면 국가통제 하에 공유재산이 되어 헌납하고 뺏기에 될까,

생각만 해도 끔직 한 통일 후의 결과에 대해서는 숫제 입 다물고 있다. 김대중, 노무현, 문재인으로 이어지는 좌파 정부는 제대로 된 사과 한번 못 듣고도 퍼주기와 북한 비위 맞추기에 여념이 없다. 핵 폭탄을 가진 북한의 최종목표는 대남적화통일인데 남한의 문재인 정부와 친북성향 단체들은 북과 서로 교류하고 소통하며 통일로 가자고 한다. 우리에게 통일 대한민국을 자유 민주주의 국가로 만들겠다는 확고한 목표가 있다면 많은 국민이 북한과의 교류와 소통에 적극 찬성할 것이다. 그러나 그러한 대북정책이 없이 막연한 환상으로 북한과의 통일을 추진하겠다고 한다면 불을 지고 섶에 뛰어드는 거라 아니할 수가 없다.

문재인 대통령의 선친도 6.25때 북한의 압제를 피해 대한민국으로 넘어온 자유인이다. 그분의 자식이 대통령이 되었는데 의도적으로 북한의 계략에 동조하지는 않으리라 생각한다. 문제는 대통령을 위시하여 많은 국민이 평화를 열망하는 순수한 마음을 북한이 이용하려는 것을 경계해야 한다는 것이다. 극히 일부지만 우리 사회에 북한의 조종을 받는 극좌세력들이 자유대한민국을 공산 독재정권에게 헌납하려는 음흉한 계략을 꾸미고 있음도 함께 의심하는 것은 너무나 당연한 것이다.

죽도 밥도 아닌 북미의 리얼리티 쇼

2018년 6월 12일. 싱가포르의 북미정상회담은 한마디로 대한민국의 운명을 가늠할 수 없게 만든 세기의 쇼였다고 정의한다. 북한의 핵은 북한 정권의 생존과 직결된 마지막 보루이지만, 대한민국에게 북한의 핵은 머리 위에 지고 살아야 하는 굴종과 공포의 굴레이기 때문이다. 그동안 "완전하고 검증 가능하며 돌이킬 수 없는 핵 폐기(CVID)가 아니면 회담장을 박차고 나올 것"처럼 떠벌리던 미국이 완전한 비핵화를 위해 노력한다는 추상적인 선언적 문구에 만족하고 한미연합훈련을 중단하고 때가 되면 주한 미군철수를 할 수 있다는 통 큰 선물을 북한에게 안겨주었기 때문이다.

회담 선언문에 핵 폐기에 대한 구체적인 시간표가 없는 것은 사실상 핵 보유를 인정하고 김정은에게 빠져나갈 구멍을 만들어준 것이나 진배없다. 2005년 9월 19일 6자회담 공동성명에서도 "한반도의 검증 가능한 비핵화임을 만장일치로 재확인한다." 했지만 그 뒤 대한민국이 북한에게 철저히 농락당하고 뒤통수 맞은 것은 온 세계가 다 아는 바다.

노력한다는 것은 그렇게 안 할 수도 있음도 내포한다는 말이다. 북한은 언제나 원론적인 한반도의 비핵화 선언 후 이를 검증하려고 하면 거부하고 핵을 개발해왔다. 이제 시간은 벌었으니 중국을 통해 제재 수위를 낮추어 일단 한숨을 돌린 뒤, 남북의 화해무드에 편승해 금강산 관광 재개와 개성공단 재가동을 성립시키고 북한경제에 진력한 다음 숨겨놓은 핵으로 대한민국의 숨통을 조여 철저하게 굴복시키려 들 것이다.

북한의 최종목표는 언제나 남한의 적화통일이다. 이를 위해서 그들은 수십만이 굶어 죽은 고난의 행군 속에서도 이를 악물고 핵을 개발해왔고 경제 규모가 남한에 비해 뒤처졌다는 수모도 참아왔다. 중국 월나라의 구천이 와신상담해서 오나라 합려를 무너뜨린 것처럼, 그들 역시 언제가 남한을 정복할 그 날을 위해 참고 견뎌왔던 것이다. 북한이 트럼프의 숨통조이기에 마지못해 회담장에 나와 새로운 화해의 시대를 열겠다고 했지만, 남한을 적화통일하려는 그들의 전략은 확고부동한 것이다.

지금도 대한민국의 많은 국민이 화해무드에 들떠있다. 상대가 핵이라는 비수를 감추고 있는데 평화의 시대가 온 것처럼 해이해지고 있다. 인류의 역사를 돌이켜보면 상대방의 의도를 간파하지 못하고 방비를 놓았을 때 항상 무릎을 꿇어야만 했다. 트럼프는 신의와 이상을 중히 여기는 도덕군자가 아니다. 이익을 쫓아 신의도 내버릴 수 있는 장사꾼이다. 미국 정치의 아웃사이더로 미국 내 주류 언론과 싸워야 하고, 자신의 지지기반인 하층 백인들의 지지를 계속 확대하기 위해서라면 한국 정도는 버릴 수도 있는 사람이다. 세계적 추세인 자유무역에서 역행하는 보호무역을 기조로 동맹국이자 우방에게까지도 관세 폭탄을 매기는 사람이다. G7 정상들과의 협상이 틀어지자 팔짱 끼고 대항하다 서명도 팽개친 독불장군이다. 리얼리티 쇼 진행자 출신으로 다음 대선을 준비하기 위해 김정은이 핵을 숨기는 것도 모른 척할 수 있을 것이다. 그렇지 않고서야 핵 폐기 시간표도 없는 상황에서 한미연합훈련 중단과 주한미군 철수와 같은 민감한 사안을 던질 수는 없는 것이다.

트럼프의 마음 속에 어쩌면 한국은 이미 없는지도 모른다. 얼떨결에 한국전쟁에 참전하여 미국과 아무 인연도 없었던 머나먼 한국 땅에서 5만 4천 명의 사망자를 내고, 물심양면의 원조로 오늘날 한국이 번영하는 기초를 마련해주었는데, 한국은 이제 국력이 컸다고 그동안 베푼 은혜도 모르고 미 문화원을 공격하고, 단순한 장갑차 교통사고를 반미시위로 몰아가고, 미국산 쇠고기에는 촛불을 들고, 이 나라를 지켜주겠다는 사드배치에 반대하는 등 미국에 꼽꼽수를 주는 반미성향의 이 나라 국민과 좌파정부에 그들은 신물이 났을 것이다.

그렇지 않고서야 북한에 한두 번 속은 것도 아닌데 그처럼 핵 폐기의 구체적인 내용도 없는 선언적 비핵화에 서명할 수 없는 것이다. 완전한 핵 폐기가 아닌 완전한 리얼리티 쇼이다.

두 번은 안 속는다

하노이에서 열린 북미 2차 정상회담이 세계의 시선과 기대와 달리 공동선언문 발표 없이 결렬되었다. 김정은 위원장의 제재 전면 완화와 트럼프 대통령의 완전 비핵화가 충돌했기 때문이다. 원래 정상 간의 회담이란 원래 실무 간 협상을 끝낸 다음 정상끼리는 서명과 사진 찍는 이벤트를 하는 것이 통례이나 톱다운 협상 방식인 지도자끼리의 담판으로 하려다가 판을 깨버린 것이다.

판이 깨진 이유는 뭐라 해도 북한의 속임수에 더 이상 속지 않으려는 미국의 철저한 실리적 준비가 있었기 때문이다. 결국 생색내기 좋아하는 트럼프도 결렬을 선언할 수밖에 없었고, 그래서 그는 자리를 박차고 나온 것이 아니라 옳은 일을 하고 싶었기 때문이라고 기자회견에서 밝혔다. 그 옳은 일을 하게 된 이유는 북한이 이미 용도 폐기된 영변 핵시설을 대신하여 여러 군데의 우라늄 농축 시설 등 핵시설을 은밀하게 만들어 운용하면서 이미 낡아빠진 껍데기 영변 시설을 폐기한다는 속임수를 미국이 간파했기 때문이다.

이는 이미 예견되었던 일이었다. 이전에 북한은 남한과 함께 7.4 남북공동성명을 발표하여 한반도의 비핵화를 실현한다고 해놓고 핵을 개발하기 위해 1993년 NPT(핵확산금지조약)에서 탈퇴하고 핵을 개발하기 시작했다. 한국과 미국은 북한에 당근을 제시했고 결국 핵동결의 대가로 경수로 건립과 중유 지원 등을 담은 제네바합의를 이끌어 내었고, 북한은 이에 화답하듯 영변냉각탑 폭파 쇼까지 하였으나 그들은 계속하여 비밀리에 핵개발을 진행했다. 북한에서 수십만 시민이 굶어죽은 90년대 중반 고난의 행군 기간에도 핵개발을 포기하지 않았으며, 핵이야말로 북한 생존의 절대적인 무기이기에 김정은이 핵을 포기하지 않으리라는 것은 삼척동자도 다 아는 사실이다. 그런데도 문재인 정부는 북한의 기만 전술인 비핵화를 환영하고 앞으로 평화의 시대가 오리라고 국민에게 헛된 꿈을 심어주고 있으니, 이토록 어리석은 일은 있을 수가 없는 일이다.

이제 한반도는 시계 제로의 안개 속에 빠져들었다. 북한은 망했으면 망했지 핵은 포기 안 할것이라는 것이 전문가들의 생각이다. 예상되는 결론은 두 가지이다.

하나는 북한이 중국과 러시아의 비호 아래 대북 재제를 피해 가면서 체제와 경제를 존속 시켜 결국은 핵 보유국가로 인정받는 것이다. 시간이 지나면 한국을 핵으로 압박해 상전 국가가 되어 한국의 좌파세력을 움직일 것이고, 연방제를 거쳐 남한을 사회주의국가로 만들어 결국 북한이 남한을 통일하는 최악의 시나리오이다.

다른 하나는 강력한 대북 재제로 북한의 숨통을 조여 북한이 비핵화 백기를 들고 나오게 만드는 압박 전술을 하는 것인데, 성공 여부는 한국정부와 중국의 태도에 달려있다. 친북성향의 문재인 정부가 자꾸만 대북재제를 허무는데 앞장서고 어떻게 해서라도 퍼주려 하면 할수록 북한의 비핵화는 더욱 어렵게 되고 최종적으로 물 건너가게 될 가능성이 높기 때문이다.

따라서 미국 정부는 한국에 단호한입장을 견지하고 중국에게는 무역협상보다 더 강력한 카드를 제시해 북한의 비핵화에 동참하도록 유도하려 한다. 트럼프가 아니다 싶으면 중국과의 무역협상에서도 자리를 박차고 나올 수 있다고 언급한 것은 북한의 비핵화를 위해 중국에게 던진 경고의 메시지라 할 수 있다. 그래서 나는 이번 하노이회담 결렬 선언이 대한민국의 생존을 위해 참으로 잘된 일이라 생각한다. 북한이 비핵화될 때까지 트럼프가 대통령으로 역할을 수행해주기 바랄 뿐이다. 그의 저서 『거래의 기술』을 보면, 트럼프의 협상 전략은 그냥 부딪히거나 단순히 주고받는 것이 아니라 치밀하게 상대를 읽고 전략을 짜는 수의 싸움임을 알게 된다. 부푼 꿈을 안고 평양에서 베트남까지 66시간의 열차 대장정을 한 김정은은 노련한 부동산업자 트럼프의 적수가 되지 못했다.

문제는 자신의 재선과 미국 내 이익을 위해서라면 북한의 핵 보유를 눈감아 줄 수 있다는 사실이다. 정신 바짝 차려야 한다.

7장

이거 나라
망하는 것 아닌가?

망할 때는 징조가 있다

　부부 중 누가 바람을 피워 분란이 나거나 가장이 직장을 잃고 안정된 소득이 없는 데도 가족들은 즐길 것 다 즐기고 쓸 것 다 쓰고 살면 집안이 망하는 것은 시간문제다.

　나라도 별반 다르지 않다. 사회가 유지되려면 누군가는 궂은일을 해야 하는데 모두가 편한 일자리와 높은 급여만 바라보고 있다. 그래서 이 땅의 청년들이 공무원, 공기업과 대기업에만 몰리고 중소기업은 아예 거들떠보지 않는 상황이고, 이는 한쪽 귀퉁이부터 무너지기 시작 해 언젠가 와장창 소리와 함께 나라가 무너질 징조이다. 어느새 우리나라의 궂은일은 조선족이나 중국 사람들이 하더만 이제 네팔, 몽골, 베트남, 필리핀, 동남아시아 각국에서 온 사람들의 차지가 되었다. 고기 잡는 일부터 건설현장, 제조공장 등 이제 그들이 아니면 대한민국은 돌아가지 아니한다는 말이 헛말이 아니다. 심지어 식당 종업원이나 편의점 알바, 모텔 관리자까지 외국인들로 채워지고 있다.

　2018년 여름 전북대학교에서 현장실습 학생들을 보내겠다고 하여 이들을 받아 회사 공장내에서 조립, 정리 등의 일을 시켰더니 노가다 일하러 온 것 아니라는 불평이 바로 터져 나왔다. 전주시내 유명한 P제과업체에 현장실습 나온 학생들은 노동을 시켰다면서 노동부에 진정을 하였다는 이야기까지 들린다. 이처럼 한국의 청년들이 3D업종이나 궂은일을 기피한지가 오래되었다.

중소기업은 사람을 뽑으려 해도 사람이 오지 않으니 외국인을 쓰지 않을 수 없다. 현재 국내 중소 제조기업을 포함하여 취업 비자를 받고 일하는 외국인 근로자는 법무부 집계로 2018년 6월 말 100만 명이 넘어섰다고 한다. 불법체류자도 30만 명이 넘는다고 하니 실제로는 훨씬 많을 것으로 본다.

중소 제조기업이나 건설 현장뿐만 아니라 간병인, 청소부까지 외국인으로 채워지고 있으니 외국인이 우리 청년들이 외면하는 부족한 일자리를 메워주는 유용한 점도 있지만, 취업비자 기간인 4년을 채우면 떠나야 할 사람들이라 기술 숙련의 연속성을 가질 수 없어 기술 운용 능력을 가진 한국의 60대 숙련 인력들이 퇴장하는 시기가 오면 한국의 제조기술도 같이 이 땅에서 사라질 수밖에 없다.

이것이 나라 망하는 길 아니고 무엇인가?

최저임금을 맞추느라 외국인까지 고임금의 근로자가 되었으며, 2020년부터 근로시간 단축 제도가 중소기업에 적용되면 숙련공 부족에 따른 생산성 저하와 기업 경쟁력 약화가 불보듯 뻔하다. 그동안 한국경제를 이끌어온 조선,자동차 등이 쇠퇴하고 겨우 반도체 하나만 선전하는데, 290만 중소기업과 560만 자영업자가 최저임금과 근로시간 단축으로 막다른 길에 내몰리는 것을 보니 우리나라가 망하는 길로 가고 있는 건 아닌가 걱정이다. 한국의 산야까지 온통 칡으로 뒤덮여가는 것을 보노라면 진짜 망하는 징조인가 하는 불길한 예감까지 든다.

광주시 남구 동신 한방병원에서 추나요법 치료를 받고 있었다. 침치료 중 밖에서 함성과 노랫소리가 귀청이 찢어질 정도로 울려퍼졌다. 시위현장에서 많이 들어본 "산자야 따르라"라는 노래였다. 병원 도로 밖 재개발 아파트 현장에서 한국노총조합원들이 자기들 크레인 기사를 쓰라고 압박시위를 하기 위해 도로를 막고 확성기를 틀어 구호와 노래를 부르고 있었다. 엄연히 주변상가와 시민들에게 소음피해를 주고 있건만 경찰은 이를 제지하기보다 집회를 보호하고 교통정리만 하고 있었다. 경찰청에 따르면 지난 5월 28일 하루에 신고된 건설관련 노조집회는 총40건이라 한다.

아파트 건설 공사 시 어느 크레인 기사를 쓰던 건설회사 맘이다. 그러나 그렇게 안 되는 것이, 한국노총과 민주노총이 자신들의 조합원을 채용하여 일을 시키라고 새벽부터 집회를 열거나 건설현장 출입을 봉쇄 해 회사가 울며 겨자 먹기로 노조 조합원을 쓰도록 만든다. 그러다 보니 조합에 가입하지 않는 일반 크레인기사는 일자리가 없어져 가입비와 조합비를 내고 조합에 가입하거나 실직자가 되어야 한다. 불공정도 이런 무법천지 불공정이 없는데 정부는 나몰라라 하고 있다.

이제 노조끼리도 현장에서 한국노총과 민주노총으로 나누어져 서로 충돌하는 꼴 불견도 생겨난다. 이들 노조의 불법시위는 관공서고 법원이고 검찰이고 가리지 않고 위협적인 실력행사를 한다. 회사의 정상적인 주주총회를 반대하기 위해 총회장을 점거하거나 출동한 경찰에게도 폭행을 서슴지 않는다. 이러한 민노총의 위세는 하루 이틀 사이에 만들어진 것이 아니다. 대한민국의 수도 서울을 한바탕 아비규환으로 만들었던 2015년 11월 민중총궐기대회를 주도한 민노총이 지금도 계속하여 무법천지를 만들어가는 것은 소극적으로 대응하는 경찰과 관대하게 처벌하는 법원이 만들어 낸 것이다.

풍전등화 같은 대한민국을 구하고자 유엔 결의하에 인천 상륙작전을 감행하여 김일성의 적화통일 야욕을 분쇄한 맥아더 장군이 전쟁광이라는 폭언을 들으면서 동상이 불타는 수모를 겪은 것은, 우리 사회가 얼마나 좌파이념의 골수들이 설쳐대는 사회인가를 단적으로 보여주고 있다. 좌우 이념을 떠나서 명백한 방화 행위로 불법을 저질러 시민들이 신고하였는데 인천 경찰은 나타나지 않았고 범인은 보란 듯이 종로서로 가서 자수를 하고 곧바로 풀려났다고 한다.

그들이 맥아더를 전쟁광으로 규정하는 것은 북한의 남침을 정당화하고 남한이 적화 통일 되었어야 된다는 이야기가 아닌가? 인체에 암세포가 전체로 퍼지기 전에 발견하여 도려내지 않으면 결국 암으로 죽게 된다는 사실을 왜 모르는가?

나라의 품격과 대통령의 품격

대통령은 그 나라를 대표한다. 따라서 대통령의 언행은 국격에 영향을 미친다. 대통령이 삼일운동 100주년 기념사에서 친일청산을 언급하면서 빨갱이, 칼 찬 순사 등 정제되지 않는 말들을 쏟아내어 이는 미래보다 과거로 돌아가는 퇴행적 정치로 국내에서 분열과 갈등을 불러 오기에 충분하다.

가벼운 대통령의 말은 전적으로 참모들의 책임이다. 중국에 가서 일국의 대통령이 최고의 영빈 대접을 받지는 못하고 혼밥 하는 신세가 된 것은 중국의 사드 관련 길들이라기보다 중국 편에서 보면 우리가 미국이라는 적국의 동맹국이기 때문이다. 중국이 동맹국인 북한의 김정은 위원장을 환대한 것과 비교해보면 된다.

우리의 동맹국인 미국이 하노이에서 북미정상 회담의 결렬 후 비핵화 검증과 제제완화의 일괄 타결 아니면 안 된다고 못 박았는데, 그 울림이 사라지기도 전에 우리 정부는 금강산 관광과 개성공단 재가동이라는 재제 완화를 미국과 협의하겠다고 한다.

부부간에도 다툼이 있고 사소한 일로 냉각기도 있지만, 넘어서는 안 될 선이 있다. 그것은 바로 배우자 부정이다. 이 선을 넘는 것은 파혼으로 직행하는 길이다. 동맹국끼리도 주한미군 주둔비로 다툴 수도 있고 무역 분쟁이 생겨날 수도 있다. 그러나 넘어서는 안 될 선은 한국이 미국이 아닌 북한과 내통을 한다든가 미국의 우방이 아닌 중국의 우방으로 의심을 받는 것이다. 그래서 대통령의 발언과 일거수일투족은 신중해야 하는 것인데, 그렇지 않고 생각나는 대로 말하는 대통령이라면 참모들은 이를 살펴야 할 책무가 있다.

지난 현충일에 호국영령 앞에서 북한에 가서 우리에게 총부리를 겨눈 인민군을 지휘한 김원봉이 국군창설의 뿌리가 되고 한미동맹의 토대가 되었다고 한 문재인 대통령의 연설은 국내 좌우 분열과 미국과의 관계가 매우 위태해질 수 있는 발언으로 대통령의 품격을 오히려 떨어뜨리고 있다.

이처럼 무엇인가 나사 빠진 창피한 일들이 계속해서 대통령과 청와대에서 터져 나오는 것은 이 정부가 아마추어 정부이기 때문이며, 이는 촛불혁명의 잔치 속에서 고래 심줄 같은 인맥으로 자질도 깜도 안 되는데 들어간 사람이 대통령 주변에 있기 때문이 아닌가?

우왕 좌왕. 내로남불. 안하무인이 청와대의 특징으로 떠올리게 되는 것은 계속해서 청와대발 창피사건이 터져 나왔기 때문이다. 로스쿨 변호사가 된지 2달 만에 청와대 행정관이 되어 50만 장병의 수장인 육군참모총장을 카페에서 만나 장성 인사를 논의한 것도 말이 안 되지만(아마 청와대 낙점인사 명단을 전달했을 것이지만) 장성인사의 기밀이 들어있는 가방을 담배피우다 잃어버렸다니 가히 공직자로서 창피 금메달감이다. 대통령이 음주운전을 살인행위라고 국민 앞에서 선포했는데 의전을 담당하는 최측근 비서가 청와대 앞에서 만취운전을 하다가 적발되었다. 일 잘하는 민정수석실 특감반원 김태우 수사관이 눈치 없이 대통령의 핵심 측근인 우윤근 주러시아 대사의 1천만 원 수수 비리를 올렸다가 쫓겨 나고 공무상 비밀누설혐의로 고발 당했다. 공무상 비밀누설과 관련해서는 내가 검찰고위간부의 비리를 올렸더니 특감반장이 이를 당사자에게 되레 알려준 것이 진짜 공무누설이라는 맞 공격으로 국민 앞에 터뜨렸다. 이것보고 호미로 막을 일을 가래로 막고 있다는 청와대의 푼수 같은 일처리이다.

이뿐만 아니다. 정권에 불리한 통계나 보도가 나오면 해당 부처를 찾아가 휴대폰 을 압수하고 사찰을 벌인다. 노량진에서 고시 공부하여 행정고시에 합격한 장래가 유망한 청년 신재민이 자기가 속한 기획재정부의 이러한 행태를 보고 가책을 느껴 사퇴한 뒤 청와대의 적자 국채발행 압박과 KT&G 사장 인사 개입을 폭로하게 되었으니 청와대는 긁어 부스럼을 만드는 일만 하고 있는 것이다.

원래 공부 안 하고 데모만 했던 운동권은 투쟁적이고 이념 성향이 강하여 진영논리로 움직인다. 그러니 문제점은 잘 찾아내는 반면 세상의 유기적 관계를 잘 살피지 못한다. "공격 앞으로!" 하여 진지를 점령할 수는 있으나 그 진지를 어떻게 사수하는지는 잘 모른다. 주먹만 쥘 줄 알지 미운 놈 떡 하나 더 줘야 하는 세상의 이치를 배우지 않았기 때문이다. 그래서 천하를 쟁취할 때 쓰는 인재와 천하를 다스릴 때 쓰는 인재는 달라야 하는데도 현 정권의 주류인 민주당, 운동권, 시민단체 등 권력주체들은 권력을 장악하더니만 그들만의 공신들 잔치를 벌였다. 잔치를 벌이고 공직을 나누어 가질 줄만 알았지 관리하는 법을 몰랐던 것이다.

청와대가 콩가루 집안이 되고 크고 작은 낯부끄러운 사건들이 터져 나오는 것은 이 때문이다. 국민이 아우성인데 소득주도성장이 성공하고 있다고 착각하고 귀를 닫는 것도 다 이 때문이다.

기업을 살려야 할 기관들이

국민연금이 국민의 노후 연금을 가지고 기업주식에 투자하더니만, 이제는 보다 적극적으로 주주로서 경영에 참여하겠다는 의사를 공공연히 비치며 기관 투자자가 의결권을 행사할 수 있는 스튜어드 십 코드 도입을 서두르고 이를 실행하였고 사외이사 추천까지

하게 되었다. 그동안 연금 사회주의를 우려한 반대에 잠시 머뭇거리다 노동계, 시민단체 측 추천위원들의 압박에 기업이 주주 가치나 사회적 가치를 심각하게 훼손하게 되는 경우 국민연금의 경영 참여를 예외적으로 허용하는 길을 열어 놓겠다고 하더니 결국 이루어 내고 말았다. 이는 대한민국이 자본 사회주의로 가는 첫걸음을 문재인 정부가 열어 재낀 것이다.

이제 국민연금은 삼성전자와 대한항공에 주주권을 행사하여 각 기업의 구세주가 되거나 저승사자가 되었으니, 그렇지 않아도 정부의 규제 때문에 눈치만 살피던 기업들은 한층 더 자율성에 침해를 받게 된 것이다. 기업을 살려야 할 기관이 기업의 생사여탈권을 쥐게 된다면 기업들이 어떻게 활발하게 경영활동을 할 것인가?

정부가 기업을 통제할 수 있는 다양한 규제를 제정하고 시행하는 것과 별개로 국민연금이 주주권을 행사하고 경제 검찰로 불리는 공정거래위원회와 그 힘이 막강해진 국민권익위원회도 기업에게 영향력을 행사한다. 이들 기관은 정부의 다른 어떤 부처보다 순수한 도덕성을 갖고 공정해야 하며 국민의 권익을 수호해야 할 기관들이다. 공정위는 재벌들의 저승사자 또는 일반 상거래까지 공정한 룰이 작동되어 시장경제가 자유롭게 유지되도록 해야 하는 책무가 있으며, 국민권익위원회는 신분고하에 관계없이 모든 사람의 인권이 침해되지 않게 할 의무가 있는 기관이다.

그런데 공정위 퇴직 공무원 들의 기업체 취업을 위하여 공정위가 조직적으로 움직였음이 밝혀졌다. 경제 검찰이라는 별칭을 갖고 공정위의 조사 권한을 조자룡 헌 칼 쓰듯 기업에 갑질을 하더니만,

한쪽으로는 조직 이기주의에 함몰되어 공정위 퇴직 공무원의 취업 활동을 위해 기업에 강제적으로 밀어놓고 기업의 불공정은 눈감아 주는 불공정의 소굴이 된 것이다. 공정위라는 이름에 스스로 먹칠을 한 것이다.

이러한 불공정한 작태를 역대 정권을 거치면서 지속해온 공정위 이상으로 힘 있는 부처가 국민권익위인데, 역시 여론의 도마 위에 올랐다. 현실과 동떨어진 김영란법을 제정하여 화훼농가에 한숨을 안겨주고 관공서만 바라보고 장사하는 식당과 유흥업소에 찬바람을 불게 했던 권익위가, 6.13 지방선거에서 괴멸한 자유한국당이 당의 생존을 위해 과거 노무현 정부 정책실장으로 있다가 보수 성향으로 바뀐 김병준 국민대 명예교수를 비상대책위원장으로 영입하자 이를 흠집 내기 위해서 지난해 강원랜드가 초청한 친선 골프대회에서 100만 원 이상의 접대를 받았다 며 김영란법 위반으로 고소하고 경찰에 수사를 의뢰하였다고 한다. 그들은 김 위원장이 118만 원의 접대를 받았다고 했으나 자세히 들여다보면 실제로는 39만 원에 구매한 기념품 영수증 대신 시중의 호가 가격을 무리하게 반영했고, 조찬이나 만찬에 참석하지 않아 잠자지도 않았고 먹지도 않았는데 숙박비와 식대까지 포함시켜 대가성이 없는 경우라도 100만 원 이상 되면 처벌할 수 있는 김영란 법을 통해 범법자를 만들려 했던 권익위의 치졸한 꼼수로 밝혀졌다.

이러고도 국민을 위한 권익위이고 경제정의를 위한 공정위인가?

정권의 비위를 맞추기 위해 별에별 짓을 다하는 정권의 충견들이라는 비아냥을 그래서 듣고 있는 것이다.

이념이 나라 망친다

그나마 저소득층이 직장으로 삼았던 자영업자의 일자리가 줄고 있다. 최저임금 폭탄에 자영업자들이 사람 숫자를 줄이니 당연히 실업자는 늘어나고, 그나마 자영업자의 업소에서 종사하던 저소득층 근로자들은 소득이 없어지고 말았다. 그 결과 저소득층의 소득이 1년 전보다 7.6% 줄었다는 통계청발표가 나왔다.

상위계층과 하위계층의 소득 격차가 사상 최악이라는 오늘의 현실은 최저임금을 2년 동안 27%나 강제적으로 올려 이것을 감당 못한 자영업자들이 직원을 내보내고 가족끼리 하거나 폐업으로 아예 문을 닫게 되어 나타난 사필귀정의 결과이다. 2017통계에 따르면 음식점의 폐업률이 창업률의 90%가 넘는다 하니, 이는 열 집이 문을 열면 아홉 집이 문을 닫는다는 뜻이다. 중장년층이 퇴직 후 할일이 없어 우후죽순 늘어나는 생계형 음식점이 늘어난 탓도 있겠지만 최저임금으로 인해 장사도 안 되는데 사람까지 둘 형편이 안 된다는 엄연한 반증인 것이다.

문재인 정부가 소득 주도 성장론에 대한 비판에도 "너는 짖어라. 나는 간다."고 하니 막다른 골목에 다다른 소상공인 자영업자들이 광화문에서 "우리도 사람이다."라며 절규를 쏟아냈다. 최저임금 인상과 근로시간 단축으로 도저히 장사를 못 해 먹겠다는 아우성만 있는 것이 아니다. 작년 9월 10일 충남 당진시 송학 농협에서 복면강도가 흉기로 직원을 위협해 2,700만 원을 탈취해 갔는데, 잡고 보니 농협 인근에서 식당을 하는 자영업자 박 모 씨(52세 여성)로 밝혀졌다. 같은 날 오후 11시 52분 부산시 거가대교 터널 입구에서 시설

공단 차량과 경찰 차량을 고의로 들이받고 거가대교를 5시간 동안 차량으로 봉쇄한 25톤 트레일러 운전사 A(51)씨가 자살까지 시도하려다 제압당한 사건이 벌어지기도 했다. 둘 다 생활이 어렵다고 토로했고 삶에 지친 나머지 막다른 길에 술을 먹고 범행을 한 공통점이 있다. 이제는 여자까지 흉기를 들고 은행을 털 수밖에 없는 최악의 상황이 도래한 것이다.

여자는 식당은 안 되는데 빚은 많아 버틸 여력이 없었고, 남자는 지입 차주로 화물운송으로 인한 수입이 없어 막다른 길에 몰린 것이다. 그들을 탓하기 전에 이렇게 절벽으로 내몰리는 영세 소상공인과 근로자들이 점차 많아지고 있다는 사실을 직시해야 한다.

2018년 8월 정부의 실업급여 지급 액은 6,158억 원으로 석 달 만에 역대 최대치를 또 갈아치웠다고 한다. 작년 같은 달보다 30.8% 급등한 것이다. 실업급여는 회사에서 권고사직이나 해임으로 직장을 잃은 비자발적 실업자에게 주는 구직급여이다. 한마디로 직장에서 짤린 사람이 많다는 것은 기업과 자영업자의 상황이 최악이라는 이야기이고, 그만큼 고용 사정이 악화되었다는 것이다.

정부는 지금까지 일자리 확충을 위해서 54조 원을 투입하고도 지난 7월 취업자 증가 폭이 1년 전 대비 5,000명에 불과하여 고용 참사라는 비난을 받았다. 실업 대책이 무엇 때문에 효과가 없는가. 그것은 좌파 이념 코드에 사로잡힌 대통령의 참모들이 나무만 보고 숲을 못 보기 때문이다. 그 옛날 조선이 망한 이유 중 하나가 산업이 발달하지 않았기 때문인데, 이는 사람들이 열심히 일해 돈 벌어 놓을 필요가 없었기 때문이란다. 왜 돈을 벌어놓지 않았는가? 벌어놓으면 사또부터 아전까지 관료들이 다 뺏어가기 때문이다. 그러니

빈둥빈둥 놀 수밖에 없는 것처럼 요즘 사람들은 정부가 무슨 수당 무슨 수당 퍼주는데 뭐 하러 열심히 일하는가? 어차피 폭등한 아파트값에 결혼, 자식, 취업 포기하고 사는 마당에 정부가 주는 것 받아먹고 살면 되고 사업해봤자 돈 버는 것은 고사하고 직원들 봉급 주기도 빠듯한데. 그냥 집안 식구끼리 할 수밖에 없지 않는가?

해도 너무한다

문재인 정부는 3월 8일 7개 부처의 개각을 단행하였는데 중소벤처기업부 장관에 4선의 박영선 의원을 후보로 지명하였다. 중소벤처기업부는 290만 중소기업과 560만 자영업자를 책임지는 책임부처로 지금처럼 중소기업과 자영업자가 도탄 위기에 빠진 경제상황에서 너무나 무책임한 인사라 아니할 수가 없다. 박영선 의원은 MBC 언론인 출신으로 기업경영이나 시장의 생리를 경험해보지 못한 기업 쪽으론 비전문가이다. 물론 의원시절 삼성 등 재벌 저격수로 통할만큼 시장경제보다 평등을 모태로 하는 경제민주화에 심취하여 활동했던 의원이고 능력도 있다. 그러나 지금은 중소기업과 자영업자들이 무너지는 패닉상태로, 이를 해결할 규제 혁파와 노조 압력에 맞설 수 있는 투지가 필요한 시점이다.

현 정부에서 박영선 장관 후보를 추천한 건 소득주도성장으로 일컬어지는 근로시간 단축, 최저임금 인상, 족쇄 규제 등 공정 경제라는 이름 아래 발생한 결과임에도 계속하여 소득주도성장을 밀어붙이겠다는 심사인 것이다.

장관이 부임하면 조직을 장악하고 정책을 수립하여 시행하는데, 그 효과가 나오기까지는 소정의 기간이 필요하다. 그러나 정권은 다음 정권을 잡기 위해 일 년 남짓마다 장관을 갈아치우고, 그 장관은 경력이나 추가하여 다음 국회에 입성하기만 꿈꾸고 있으니 개혁이나 정책의 수립과 효과를 보기 위한 지속적인 추진은 허망한 뜬구름이다.

박영선 의원은 중소벤처기업부 장관타이틀 하나 더 얹어 다음 서울시장을 겨냥한다고 하니 오늘내일하는 중소기업과 자영업자의 고통은 계속되어야만 할 것이다. 모든 경제지표가 최악의 상황으로 내몰리는 비상한 시국에도 진보 진영 인사들은 자기들끼리만 계속해서 잘 해먹자는 생각밖에 없는 것이 아닌가?

지금 이 정부는 군인들의 군기 잡기도 가히 메달감이다. 얼마전 군 인권단체의 신고로 공관병 갑질 논란을 불러일으킨 박찬주 육군 대장 부인의 행동이 죄가 되질 않자 남편에 대한 먼지털기식 별건 수사로 명색이 현역인 고위 장성을 구속하였다. 냉장고 10대 군용품 절도 망신주기 폭로가 사실이 아님이 밝혀지자 멍석말이로 털털 털어 오랜 친분관계가 있는 고철업자 곽 씨가 숙박비와 식사비로 184만 원 내준 기록을, 박 대장이 제2작전 사령부 직할부대 사업을 수주했던 일과 엮어 직무 관련성이 있다고 해버린 것이다. 또 하나 엮은 부정한 청탁으로는 든 것은 부하가 병석에 있는 부모 때문에 고향에서 근무하겠다는 고충을 들어준 것이다. 이런 인간적인 행위마저도 이 나라는 유죄로 몰아갔다.

군인은 사기를 먹고사는 집단이다. 군 지휘관들이 전쟁이 날경우

초개같이 목숨을 내놓고 나라를 지키도록 하려면 없는 훈장도 만들어줘야 하는데, 죄도 아닌 시시콜콜한 것을 가지고 망신주고 옷을 벗겨버리면 어떤 지휘관이 국가에 충성하고 목숨을 바치겠는가? 전쟁의 승패는 지휘관의 호국정신과 국가관에서 나오는데 말이다.

나라를 지키는 것은 군인이지만 나라를 유지하는 것은 기업인이다. 제조를 하 든 수출을 하든 고용을 창출하고 세금을 내 국가재정을 만들어 내는 것은 기업인이며, 그 중심에 한국의 재벌이 있다. 이렇듯 국가의 효자 노릇을 하는 재벌들이 노동계와 진보 진영의 공세에 한마디로 죽을 맛이다. 올 2월부터 11차례 압수수색을 당한 삼성이나 현대차, LG, SK, 롯데 등도 모두 먼지털기식 압수수색을 당했다. 특히 오 너 딸의 갑질로 논란을 빚은 한진은 갑질 논란 자체로는 죄가 되질 않자 검찰, 경찰, 공정위, 관세청, 국세청 등 모든 사정 기관이 총동원하여 지금까지 압수수색을 18번이나 하고 5차례 구속영장을 청구했으나 모두 기각을 당했다. 버르장머리를 고치려는 것이 아니라 아예 요절을 낼 요량으로 혈안이 된 것이다.

민주사회란 법치주의가 근간이고, 법치주의는 지은 죄만큼 처벌받는 것이다. 그러나 현 정부에서 그러한 법치주의는 찾아볼 수 없고, 여론의 지탄이 되면 죄가 있든 없든 멍석말이로 툴툴 털어 시시콜콜한 것까지 죄로 만드는 정권이다. 그러니 기업들이 설설 길 수밖에 없다. 어떻게 하든 삼성 고위층을 엮어내려는 이 정부가 노조 설립 방해혐의로 삼성 에버랜드를 압수 수색하는데, 이재용 삼성 부회장은 대통령 방북 대북특사단의 일원으로 평양에 갈 수밖에 없으니 남 보기 억지춘양이다.

삼성 그룹은 원래 이병철 선대회장부터 노조 없는 삼성을 표방했으며, 따라서 업계 최고의 대우를 해주었다. 이를 알고 입사한 직원들이 시대가 변했다고 노조를 결성하려 하자 회사는 이를 막기 위한 대응이 필요했을 터, 삼성은 이제 와서 이것이 죄가 되어 압수수색을 당하고 임원구속까지 되고 말았다. 단순한 노조설립방해죄만 찾는 게 아니라 상속과정의 전 과정을 먼지털기식으로 수사하고 있으니 노동계와 진보 진영들이 그동안 외쳐왔던 재벌 해체가 진짜 목표 아닌가? 재벌을 해체하면 누가 대한민국의 성장 동력을 이끌어 내지?

청와대 터

문재인 대통령이 후보 시절 현재의 청와대 집무실에서 나와 광화문 시대를 열겠다고 공약을 하였다. 그리고 청와대와 북악산을 시민의 공간으로 돌려주겠다고 했는데 2019년 연초에 공약을 지키기 어렵게 되었다고 여러 가지 이유를 대었다. 그 이유 중 하나로 보이는 청와대 관저가 풍수상 불길한 점을 언급한 전 문화재청장 유홍준 광화문시대 위원회 자문위원의 발언에 시중의 의견이 분분하다. 도대체 어떤 점이 풍수상 불길한 것인가 밝히지 않았지만, 조선일보에 월요 기고를 하는 동양학자 조용헌 씨는 청와대의 터가 바위산의 지기가 강하게 내려오는 지점이라 사찰이나 교회로는 맞아도 대통령의 거처로는 맞지 않는다고 하였다. 다시 말해 바위는 음양오행상 金(금)에 해당하니 金(금)은 숙살지기(肅殺地氣)라 하여 바위에서 나오는 殺氣(살기) 때문에 사람이 살 곳이 안 된다는 것이다. 충분히 공감이 가는 면이 있다.

그러나 일제치하 총독관저로 자리 잡은 이래 일제 총독을 비롯해 한국 대통령의 끝이 항상 좋지 않았던 것은, 바위 때문에 그렇다기보다 인간들의 업보 때문이 아닌가 나름의 추정을 해본다.

조선 시대 구중궁궐의 한적한 뒷산에 해당하는 현재 청와대 터는 가짜 내시들과 권력을 쥔 관료, 양반들에 의해 힘없는 백성들의 딸이 강제적으로 궁궐에 들어와 뭇 사내들에 의해 무참히 짓밟혔으며 그로 인해 태어난 새 생명이 죽거나 산채로 버려진 곳으로 그런 일이 정말 오랫동안 지속되었을 것이라 상상해본다.

한이 맺히면 태아도 원귀가 된다. 사람으로 살지 못하고 죽어서 한이 맺힌, 세상에서 버림받은 아기들의 원귀가 서려 있는 저주의 땅이 된 것이 아닐까? 이런 의심을 하는 것은 그동안 청와대 터가 사람이 살 곳이 못 된다는 풍문이 자자했기 때문이다. 문재인 대통령은 선거 공약으로 집무실을 광화문으로 옮겨 나오신다고 했으면서 왜 그대로 계시는 건가. 나오셔야지.

퇴임 후 먼 후일까지도 별 탈 없기만 바랄 뿐이다.

태양광의 진실

가도가도 끝이 없는 평탄한 대지와 일 년 내내 건조한 기후 덕에 양질의 태양빛이 풍부하게 쏟아지는 호주야말로 태양광 발전의 축복을 받은 곳이다. 그러나 한국은 이와 다르다. 장마철은 물론 겨울에도 일조량이 부족하고 구름도 많기 때문에 효율은 20% 내외이다. 전 국토의 70%가 산악으로 이루어져 있어 호주 같은 평원도 없다. 정부의 탈원전에 힘입어 태양광설치 바람이 불었는데, 건물 옥상이나 공장 지붕에 설치될 줄 알았던 태양광 발전소가 산을 깎아내고 푸른 임야를 줄인 곳에 야금야금 들어서니 하늘에서 본 산천이 벌레 뜯어 먹은 것처럼 흉물스럽기 그지없다.

태양광 발전기를 산에 설치하면 산림 훼손으로 인해 경관이 나빠지고 산사태 등이 일어날 우려가 제기되자 수상태양광이 주목받기 시작했다. 한국수자원공사가 먼저 댐의 호소에 시범적으로 태양광 발전기를 설치하자 한국 농어촌공사는 한술 더 떠 전국에 있는 농사용 저수지 3,400곳에 부상식 태양광 발전기 설치를 추진하고자 타당성 조사를 하겠다고 한다. 사업규모는 7조 원으로 정말 천문학적인 액수가 들어가는 사업이다.

그러나 호수에 태양광 발전기를 설치하는 것은 생태계의 고리를 파괴한다. 저수지는 단순한 물만 저장하는 곳이 아니다. 플랑크톤과 해조류, 물고기가 공존하는 생명의 생태 보고이다. 태양이 수면에 비춰짐으로써 광합성을 하는 식물성 플랑크톤이 생성되고 이를 먹이로 하는 동물성 플랑크톤이 늘어나며, 또 이를 잡아먹는 작은 물고기가 살 수 있게 된다. 또 이를 먹이로 하는 더 큰 물고기와 수달 같은 동물로 이어지는 생명의 고리가 저수지에 생성되는 것이다.

이뿐만이 아니다. 태양광발전기를 수상에 설치할 경우 미량의 유해물질이 용출되는 결과를 초래한다. 300W를 생산하는 15kg짜리 태양광 패널은 1kg당 중금속이 1~200㎎이 들어 있고 이것이 용출된다는 국책 기관보고서까지 있다. 새만금과 전국 저수지에 태양광 패널을 쫙 깔면 수질 오염은 불가피하다. 태양광 패널은 유리,

폴리머, 알루미늄, 구리로 구성되어 있고(한국에너지기술연구원 발표) 주석과 납은 극미량만 들어있어 안전하다고 하지만, 수입해서 들어오는 값싼 CDTE 태양모듈은 카드뮴 같은 중금속이 다량 들어있기에 태양광 발전이 안전하다고 장담할 수 없는 것이다. 태양광 업자가 중금속을 염려하여 비싼 태양광 패널로만 할 것이라는 생각은 장사를 안 해본 어리석음일 뿐이다.

한편 새만금 호소처럼 해수와 유통하는 호소의 물속에는 염분이 있기에 알루미늄의 부식은 피할 수 없고, 따라서 수질 오염은 불가피한 것이다. 세정제를 쓰지 않고 내리는 빗물만으로 패널의 이물질을 씻어낼 수 있다는 환경단체의 주장은 잘못되었다. 그걸 주장하기 위해 그들은 습기와 먼지가 있는 곳에서 생기는 물때나 곰팡이는 결코 흐르는 물로 씻기지 않는다는 이야기를 듣지 않는다. 결국 친환경 발전이라 일컬어지는 태양광은 오히려 호소의 생명을 해치며 환경 파괴를 자행하는 시설이라는 것이다. 경북 청도에서는 이틀간 97㎜의 많지도 않은 비 때문에 산에다 설치했던 태양광 발전기가 무너져 내렸으며, 그로 인해 폐허가 된 지역의 사진이 나왔다. 얼마나 더 망가져야 멈추려나?

또한 태양광은 생산된 전기를 비축해서 공급해줘야 하는 전기저장설비인 ESS를 설치해야 하는데, 이 시설은 화재가 다반사로 일어나 최근 3년간 200여 건에 달하는 태양광 발전시설 화재가 발생하였다. 연초에 발생한 전남 완도의 태양광 발전시설 화재는 18억 원의 재산피해가 발생했다고 한다.

이처럼 태양광은 힘 있는 사람들의 먹자판 시장으로 전락하였다. 정권이 바뀌고 난 후 친여 인사들이 주축이 된 태양광 업체가 정부로부터 수령한 보조금이 15배나 늘어난 것이 이를 입증한다. 그렇다고 태양광 발전이 안정적인 전력공급에 기여 하는 것도 아니다. 작년 7월의 한반도에 20일째 폭염이 지속되자 전력수요가 8,808만kW라는 최대치를 기록해 예비전력이 10.7%까지 떨어진데 이어 24일에는 9,226만kW로 최고기록을 다시 갱신하고 전력 예비율이 7%대로 떨어졌다. 이러한 상황 속에서 태양광 전기가 예비전력을 충당하지 못하니 정부는 애초 계획된 것이라고 변명했다. 하지만 결국은 다시 원전 가동을 늘리기로 결정했으며, 최근 정비를 마친 한울 4호기를 다시 가동하기 시작했다고 한다.

그런 상황에서도 탈 원전이라는 신념은 누가 뭐라 해도 그냥 가지갈 모양이다. 정부의 3차 에너지 기본계획에 의하면 현재 7.6%에 불과한 재생 에너지 발전 비율을 2040년까지 35%까지 확대하겠다고 한다. 전국 도처에 태양광 반대 현수막이 걸려있는데 도대체 어디에다 설치하려고 그러나? 만만한 새만금이 첫 타깃이 되었는데, 그 다음은 어디가 될까? 2030계획에 의거해 계획된 목표전력 45.2GW(기가와트)를 달성하려면 약 3,000만 평의 땅이 필요하고, 이를 확보하려면 서남해안에 있는 만을 찾아 방조제 쌓고 매립해도 모자라기에 그냥 수상태양광으로 하는 수밖에 없다.

왜 정부는 에너지 정책에서 정상적으로 가야할 길을 좌두고 힘들게 돌아서 가려 하는가? 전기를 생산하는 방식이 수력, 화력에서 원자력으로 이행되는 것은 정해진 순리이다. 태양광은 보조전력이지 주 전력이 될 수 없다. 기상상황 때문에 발전효율이 아주 낮기 때문이다. 체르노빌 사태과 후쿠시마 원자력 사고도 있기는 했지만, 인류는 이를 극복하고 기술을 계속 발전시켜 왔다.

연료를 한번 채우면 100년을 가고, 폐연료까지 연료로 사용하고 안전성이 월등한 고속 증식로가 미국과 중국에서 개발되고 있다. 지금은 실험단계이지만 언젠가 완성될 안전한 핵융합 발전기술이 인류에게 안정적으로 전기를 공급할 것이다.

세계 제일의 안전성을 자랑하는 한국의 원자력 기술을 위에서 열거한 차세대 원자력 기술로 발전시키지 않고 국가 기간산업에서 퇴출 시키려는 황당한 환경 이념 때문에 나라가 망할 수 있다.

애기들이 없네

김제시 금산면 용산리에 있는 금남 초등학교는 2018년도 입학생이 단 한 명이었다고 한다. 그런데도 교사 운용 계획은 예전대로 하기 에 전교생이 몇십 명도 안 되는 학교에 교장 있고 교감 있고 행정실장이 있다. 담임제도를 채택하고 있으니 학생 1명에 교사 1명이 배정되는 비효율적인 교육의 현실이다. 이러한 사태는 예견된 것으로 출산율이 저조한 이유는 여성들이 결혼하지 않거나 결혼해도 아기를 갖지 않는데 있다. 현재 대한민국 출산율은 2015년 1.24명에서 점차 감소하여 2018년 2분기에는 0.97명으로 마지막 심리적 마지노선까지 무너진 상태이며, 이러한 추세는 계속되고 있다.

왜 아기를 낳으려 하지 않는가? 아기를 키워본 엄마들에게 물어보면 안다. 보육원, 유아원, 어린이집에 들어가는 돈도 장난이 아니지만, 엄마가 직장에 전념할 수 있도록 일주일 풀타임을 맡아주지 않기 때문이다. 직원 휴가도 있고 기념일도 있어 쉬는 날이라는데 그때는 죄 없는 할머니를 불러다 맡겨야 한다. 서울에서 주간에만 애기를 돌봐주는 사람을 구하는데 200만 원이나 든다고 한다. 부모는 못 배웠어도 자식은 가르쳐야겠기에 남들이 다하는 사교육과 담을 쌓을 수도 없다. 여기저기 학원에 보내다 보면 살림살이 할 돈이 없게 된다. 그러니 누가 애기를 낳을 것인가? 시대가 변해 자식이 크면 부모 알기를 지가 키우는 애완견보다 못하게 대접하는 세상인데.

지난 1월 김제 시청에서 주최하는 김제 아카데미 강좌에 갔더니 강좌에 앞서 금산면 노래 교실 회원 30여 명이 현란한 노래와 율동을 보여주었다. 다 할머니에 가까운 아줌마들이다. 금산면에서 작년 출생한 아기는 딱 1명이고, 그것도 다문화가정에서 태어난 아이라고 한다. 애기 울음소리가 없는 시골에 할머니들의 율동만 있는 풍경을 이대로 보아야 하는가? 남 탓할 것도 못된다. 내가 희생하지 않으려는 여성들이 남성과 똑같다는 왜곡된 양성평등과 아기 낳고 남편 뒷바라지하기 싫다는 것도 한몫할 것이다. 남자와 똑같이 경제활동을 하면서 인생 즐기면서 살겠다는 풍조 때문에 OECD 국가 중 최저 출산율을 기록하고 있다.

현모양처가 교육현장에서 배척되는 시대에 살고 있다. 누가 아기 낳고 키울 것인가? 필요한 인력은 인공지능으로 대체되는 사회이니 아기가 태어나지 않아도 사회는 굴러갈 것이다. 현재의 인공지능 로봇이 스스로 생각하고 창조하며 생물학적 인공지능으로 진화한다면, 우리 인간은 그들의 노예가 될 지도 모른다.

오래전 기사지만 구글이 개발한 인공지능(AI) "알파고 제로"가 바

둑 9단 이세돌을 격파한 "알파고"에 100전 100승 한 것은 스스로 기보를 터득하고 추론하기 때문이며 한마디로 신의 경지에 올랐기 때문이라고 한다. 이제 집집마다 가정부 AI로봇이 필수가 되는 세상이 닥쳐오는데 우리는 이제야 첫걸음을 내딛는다고 한다. 아기들은 없고 인공로봇이 지배하는 세상이 온다. 이거 망하는 길 아닌가?

일과 육아를 같이 한다고?

우리 집 손자가 전주시 효자동에 있는 세원 초등학교에 입학을 하였다. 유치원도 같은 효자동에 있는 호남 유치원에 다니면서 한 푼이라도 벌어보려 일 나가는 며느리 때문에 방학이나 유치원 행사의 경우 할머니가 징집되어 아이를 돌봐주어야 했다. 그런데 초등학교에 들어가자 점심 후, 방과 후 교실을 못 찾아가는 일이 벌어진다고 선생님으로부터 연락이 왔다. 말인즉 당분간은 손자를 방과 후 교실까지 대신 데려다주어야 한다는 것이다.

내용을 알아보니 초등학교 1학년은 오전 수업만 있고 오후에는 수업이 없다. 따라서 오후에는 가난한 결손 가정이거나 장애인, 다문화가정 등 돌봄이 필요한 아이들을 위한 돌봄 교실을 편성하여 계약직 선생님을 모셔다가 이것저것 특활활동을 하면서 아이들을 돌본다고 한다. 그밖의 아이들은 제비뽑기를 통해 필요한 인원만 방과 후 교실에 배정해 소정의 수업료를 받고 오후 4시까지 이 교실 저 교실 찾아가면서 특활교육으로 시간을 보낸다고 한다.

손자는 다행히 방과 후 교실 대상에 선정은 되었으나, 학교가 신도시 도심지에 신설된 학교라 건물형태가 복잡하여 이 건물 저 건물에 있는 특활 교실을 찾아다녀야 하는데 뇌전증을 앓아 성장이 더뎠던 우리 손자는 2층에 있는 담임교실에서 방과 후 교실이 있는 4층으로 갔다가, 끝나면 또 다른 방과 후 교실을 찾아서 계속 오르락내리락 하는 게 어려웠던 것이다. 결국 학교 내에서 방과 후 교실을 찾아가는 것에 부모 측의 도움이 필요하다는 이야기였다.

그 나마 방과 후 교실도 오후 3시 30분에는 끝나기 때문에, 아이들은 보호자가 없으면 학원 뺑뺑이로 내몰려야 한다. 엄마와 아빠가 오후 6시에 근로가 끝나더라도 퇴근 후 집에 들어오면 7시가 넘는데, 그때까지 아이가 갈 곳이 없기 때문이다.

왜 특별한 경우가 아니면 아이들이 자기 반에서 오전부터 오후 수업까지 동일 한 장소에서 수업을 받지 못하는 것일까. 왜 여기저기 퍼져 있는 방과 후 수업 교실을 찾아다니게 만드는 것일까? 이제야 나도 직원들이 칼퇴근하고자 하는 마음을 이해할 수 있게 되었다.

이밖에도 이해 못 할 부분이 또 있다. 교육 당국의 어떤 방침과 지시가 있었기에 초등학교 저학년 담임 선생님들은 오전 수업만 하고 오후 돌봄 교실이나 방과 후 수업은 하지 않는가 하는 것이다. 근로자도 아침 9시부터 6시까지 8시간 근무를 하는데, 선생님들 왜 오후 수업을 안 하는 것인지? 수업을 위한 별도의 업무나 준비시간이 필요하다면 그 분야의 인원을 보충하여 교육지원을 해주면 될 일인데….

돌봄 교실이나 방과 후 교실에 못 들어가는 대 다수 어린이들은 엄마와 아빠가 퇴근하는 시간까지 학원으로 내몰린다. 이미 교육의 상업화는 심해진 상태로, 노란 학원버스들이 초등학교 하교시간에 맞추어 애들을 태우고 학원으로 가서 엄마, 아빠의 퇴근 시간까지 각종 특활교육이나 보충교육을 하고 있다. 유치원도 공교육에 포함 되어 국가 예산이 지원되다보니 정부가 시시콜콜 간섭하였고, 전국에 있는 유치원 총연합회인 한유총이 개원 연기 투쟁을 하려다가 하루 만에 꼬랑지를 내렸다. 이는 한유총에 대한 정부의 강압보다도 천진난만한 아이들을 볼모로 삼아 개원을 연기하는 태업에 여론이 나빠졌기 때문이다.

대한민국 엄마 중에서 일 터에 가지 않는 이는 거의 없다. 그만큼 남편 봉급만 가지고 먹고살기 힘들기 때문이다. 직장이 없으면 한 푼이라도 가계에 보탬이 되려고 동네마트에서 파트타임 알바를 하거나 식당에서 구정물에 손을 담그기고 한다. 이처럼 가정에서 육아만 전념하는 엄마들이 점차 없어지고 있다. 실상이 이러한데 이 정부는 돌봄 교실이니 방과 후 교실이니 하면서 지원을 하고 있다고 생색만 내고 있다. 우리 손자와 같이 돌봄의 사각지대가 엄연히 존재하고 있는데 말이다.

가장 이상적인 것은 여성들이 가정에서 육아에 전념하고 어린아이를 성장기까지 보살 피는 것이지만, 현실은 그렇지 못하다. 일과 육아를 같이 양립할 수 없는가? 아무리 제도가 좋아도 힘들 것이다. 그래서 미셸 오바마는 "일과 육아를 같이 할 수 있다고? 개똥이다."라고 쏘아 붙였다고 한다.

요즈음 초등학교에서는 학생들에게 청소를 시키지 않는다고 한다. 기성세대가 학교에 다닐 때에는 협동심을 키우기 위해 분야를 나눠 너는 쓸고 나는 닦으며 청소를 하였는데, 요즘 학부형들은 내 귀한 자식은 집에서도 손 하나 까딱하지 않고 지냈는데 어떻게 내 새끼에게 청소를 시키느냐며 난리가 나기 때문이다. 그런 학생들이 자라나 성인이 되면 업무를 할 때 시킨 일만 하는 단순 근로자 되어버린다.

개인적 성향이 강한 신세대 젊은이 들인지라 "회사 사장의 출판 기념회에 내가 왜 거기를 참석해? 다니다가 좋은 자리 있으면 옮길 텐데."라고 말하기도 하고, 회식이 있으면 "회식은 근무가 아니다."라며 거절하기도 한다.

우리나라 3학년 사회 교과서에 "부모가 설거지를 딸에게만 시키거나 자녀의 이메일을 열어보면 인권위원회에 신고하라."고 되어 있다고 한다. 가정에서 인권이란 불소불위의 잣대를 들이대는 것이 결과적으로 어떤 결과를 초래할 것인지 궁금하다.

추운 겨울을 겪은 식물이 꽃을 아름답게 피우고 열매를 튼튼하게 만든다고 한다. 버널리제이션(Vernalization)이다. 온실에서 화사하게 자란 꽃은 작은 냉기에 바로 시들어 버리지만, 들판에서 자란 민들레꽃은 사람이 밟아도 다시 일어나 꽃을 피운다. 일부로 고생시킬 필요는 없지만 그래도 아이들을 어느 정도 강하게 키워야 하는데 너무 과보호하면서 키우고 있다. 그렇지 않아도 개인주의 성향이 만연한 사회에서 이것 또한 나라 망하게 하는 것 아닌가?

비정규직이 왜?

2016년 5월에 서울지하철 2호선 구의역 스크린도어를 혼자 수리하던 20세 청년이 열차에 치어 사망하였을 때도 사고 원인보다 비정규직이 클로즈업 되더니, 이번 충남 태안 화력발전소에서 컨베이어 벨트에 끼어 사망한 김용균 씨도 비정규직이라 또다시 언론과 여론의 주목을 받았다. 참변을 당한 김용균 씨는 1년 근무 후 정규직 전환예정자로 서부발전이 아닌 협력업체의 정직원이 될 사람이었다. 그러나 청소를 부탁한다는 서부발전 관리자의 문자 메시지가 증거가 되어 작업지시를 받은 불법파견 근무라면서 불똥이 서부발전까지 튀었다. 김용균 씨는 협력업체 입사 3개월도 안 되는 신입사원인데 "문재인 대통령, 비정규직 노동자와 만납시다." 피켓 시위 사진이 많은 것을 느끼게 해준다.

도대체 누가 입사한 지 얼마 안 되는 순진한 이 청년에게 열악한 노동환경 동영상을 찍게 만들고 "노동 악법 없애고 불법파견 책임자 혼내고, 정규직 전환, 직접 고용하라!" 외치는 노동 투사로 만들었는가? 혹여 휴대폰으로 동영상을 찍다가 사망한 것이 아닌가 하는 의구심이 드는 것은, 문제의 본질이 열악하고 위험한 근로환경이 무엇인지 찾아내고 개선하는 데 있는 것이 아니라 비정규직 자체가 문제의 본질이 되어버리는 현실 때문이다.

헤드랜턴 하나 없어서 휴대폰 불빛으로 어둠을 밝히고, 탄가루 날리는 곳에서 컵라면으로 점심 때우는 열악한 근로환경 보다도 2인 1조로 하지 않아서 사고가 났다고 하는 것이 더 부각되는 것은 결국 회사의 수익구조가 더 나빠지더라도 근로자는 편하게 일하게 하자는 것인데, 1명이 할 일에 2명을 투입하면 어떤 회사가 비정규직을 정규직으로 만들 수 있겠는가? 점검하는 일에 2명이 하면 위험요소가 절반으로 줄어드는가?

정규직이 무엇인가? 쉽게 말해 기한의 정함이 없이 정년까지 근무하는 것이다. 한마디로 철 밥통으로, 정규직이 되면 회사는 업무 효율이 떨어진다. 러시아와 같은 사회주의 국가를 여행해보면 사회주의 철밥통 때문에 벌어지는 황당한 일을 경험한 사람이 의외로 많다. 나 역시 블라디보스토크에서 비행 정비사가 근무시간이 지났다는 이유로 비행기 수리를 외면해 다음 날까지 공항에서 기다린 일이 있었다.

이제 좀 더 냉정 하게 생각해 보자. 오바마 대통령이 말한 것처럼 일하기 위해 생명을 거는 일은 없어야 한다. 그러나 우리 사회에는 위험한 일이 많다. 이른 새벽 거리를 치우는 청소부부터 건설현장의 노동자, 가스에 노출되는 위험한 곳의 작업자와 지하공간 작업자까지. 누군가는 그 일을 해야 우리가 사는 사회가 유지될 수 있다. 위험요소를 없애고 안전한 작업장을 만드는 것으로 산업재해를 줄일 수는 있어도 완전히 없어지지 않는다. 그것은 현장 일을 직접 해야 하는 하청업체가 더 잘 알고 있고 잘 할 수 있는 것이지, 책상머리에 앉은 원청업체의 사장이 알 수는 없는 것이다. 위험하면 안 하면 되는 것이고 위험하더라도 돈을 많이 주면 위험을 감수하고 해볼 수도 있는 것인데, 김용균 씨 사고 이후 이제 원청업체에게 위험의 외주라는 굴레를 씌워 하청업체의 비정규직을 직접 고용하라고 압박하기에 이르렀다.

우리나라의 산재 율은 OECD 주요 국가의 3배나 되고 하청업체의 산재 사망율은 점점 높아지고 있다고 한다. 왜 서부발전 같은 공기업이 위험작업장을 하청 업체에게 맡겼는지, 그 하청 업체의 간부들이 대부분 공기업에서 은퇴한 사람들이 되었는지가 사건의 핵심이고 해결할 사항이지 하청 업체의 비정규직이라서 사고가 나는 것은 아니다. 초중고를 거쳐 대학교에서 열심히 공부했고 군대 다녀와 노량진 고시원에서 컵밥 먹으며 시험공부를 해 바늘구멍 같은 공무원 시험에 합격한 정규직 공무원과 고등교육을 못 받아도 단순 근로하려고 취업한 비정규직이 급여와 신분상의 차이가 있는 것은 정당한 것 아닌가?

우리 사회 곳곳에 붉은띠 머리에 동여매고 정규직으로 전환해달라는 근로자들의 요구가 봇물처럼 쏟아지고 있다. 정규직의 특징인 기한의 정함이 없는 신분보장이 오히려 일의 효율성 측면에서 비정규직보다 못하게 되는 현상을 만들며, 그것이 무엇 때문에 생기는지 경영자는 다 알고 있다.

자식은 부모의 말을 잘 듣지 아니한다. 왜? 신분이 보장된 자식, 정규직이기 때문이다.

8
장

이제 그만하고
기업 살리자

기업의 봉 노릇

지난 평창 동계올림픽 때 입장권 판매가 저조하여 비상이 걸려 우려했던것이 올림픽이 임박하면서 성황리에 매진되고 암표까지 생긴 것은 다 기업인의 물심양면 후원이 있었기 때문이다. 올림픽이 닥쳐오자 이낙연 국무총리까지 나서 "신세를 진 김에 더 부탁을 드리겠다."며 티켓 구매를 해달라고 요청했다고 한다. 말이 요청이지 사실상 업체별로 구매량이 배정된 강매인 것은 지난 오랜 기간 해온 관행으로 미루어 짐작할 수가 있다.

여기서 국무총리가 말한 신세를 졌다고 하는 것은 후원금과 기부 금액을 기업으로부터 협조받았음을 말한다. 공공기관과 기업이 평창올림픽을 위해 낸 후원 금액은 1조가 넘는다. 삼성을 비롯한 5대 재벌은 공식 파트너사가 되어 500억 이상씩을 후원했고, 25억 이상 낸 기업들만 수십 개 이른다. 그 덕분에 올림픽 경기시설과 인프라를 완공했고 세계가 격찬한 개폐회식 행사를 훌륭하게 마무리 했으며 대한민국의 위상을 세계에 떨칠 수가 있었다.

옛 말에 재주는 곰이 부리고 돈은 인간이 번다고 했는데, 올림픽이 성공할 수 있도록 후원한 기업들은 정작 올림픽에서 찬밥신세가 되었다고 한다. 30년 만에 열리는 올림픽 행사에 세계 일류를 달리는 국내 기업들의 제품광고가 별로 눈에 띠지 않은 것도 지난번 최순실 사태로 된통 당했기 때문이다. 대통령이 추진하는 스포츠재단에 돈을 냈다가 묵시적 청탁이 있지 않았냐고 기업 총수들은 뇌물죄로 엮어버린 권력자들의 횡포에 또다시 말려 들까봐 몸을 사리고 있는 것이다. 세계로 중계되는 올림픽경기를 시청하는 수억 명의 잠재 고객들에게 한국의 우수한 상품을 선전할 기회를 스스로 접어버린 기업들의 심정을 저들은 알기나 할까?

올림픽 유치에 앞장서고 막대한 후원금을 지불 했던 재계는 올림픽 각종 행사나 대통령 리셉션에 제대로 초대받지도 못했다. 세계를 상대로 수출하는 나라의 대표기업들이 최대의 홍보 효과를 낼 수 있는 좋은 기회를 활용하지 못했고, 정치후원금은 모집하면서 올림픽 후원금은 한 푼도 내지 않은 정치인보다 대접받지 못했다.

나라가 기업을 이렇게 홀대 하면 되겠는가? 뭘 주고 뺨 맞는다고 지난번 롯데는 평창올림픽에 500억 이상 후원하고도 총수가 묵시적 청탁을 하였다고 구속되었다. 지난 정권에서 권력을 가졌던 자들이 요구한 그놈의 70억 스포츠 후원금 때문이다. 다음 정권에서 몇백억 씩 후원했던 기업총수들을 불러다가 무언가 묵시적 청탁이 있었던 것이 아니냐고 조리돌림 당할까봐 이번에는 알아서 납작 엎드린 것이다. 그 때문에 올림픽이라는 기업 홍보의 최대 호기를 스스로 접은 것이다.

이것은 나라도 아니다.

무슨 염치로 일자리 만들어 달라 하는가?

인도를 순방 중인 문재인 대통령은 수도 뉴델리 부근 노이다 공단에 세워진 휴대폰 생산 삼성전자 제2공장 준공식에 참석해 지난 정권에서 권력자의 강요때문에 한 재단 출연을 묵시적 청탁이라는 해괴한 논리로 엮어 억울하게 1년 정도의 감옥 생활을 마치고 나온 이재용 삼성전자 부회장에게 해외투자보다 국내에 투자하여 일자리를 좀 더 만들어 달라고 당부하였단다. 그동안 할 일 많은 총수를 잡아 가두고 걸핏하면 사업장을 압수수색 하면서 국민의 대기업 적개심만 키워왔던 좌파 정부의 대통령이 대기업 총수에게 직접 국내투자를 요청하였으니 이는 정말 염치없는 일이다.

지금 정부의 삼성에 대한 공격은 전 방위적인 것이며 이는 순전히 좌파이념의 재벌 해체에 뿌리를 두고 있다. 기업은 투자를 누가 하라고 해서 하고 하지 말라고 해서 안 하는 것이 아니다. 돈 버는 곳이라면 오지 말라 해도 가고 언제 어디든지 투자를 한다. 그동안 정부는 재벌에 배아파 하는 노동계, 적개심에 가득 찬 시민단체와 더불어 재벌 죽이기에 앞장서 왔고 여기에는 검찰, 경찰, 공정위, 국세청 등 모든 정부기관이 동참하고 있다. 그 첫 타깃이 국내 1위 재벌 삼성이 된 것이다.

그런 재벌에게 다시 일자리를 만들어 달라고 한 것은 그만큼 국내 사정이 급박했기 때문이다. 청년 실업율은 계속 높아지고, 추경 예산까지 마련하여 쏟아 부었지만 일자리는 늘지를 않는데 최저임금 인상과 근로시간 단축으로 소상공인과 자영업자들이 들고 일어나는 등 앞날이 심상치 않기 때문이다.

삼성은 촛불혁명으로 정권을 잡은 문재인 정부가 출범하면서 계속 뭇매를 맞아왔다. 국민연금의 삼성물산과 제일모직합병 승인 이나 삼성 바이오로직스 분식회계 건에 대해 고발당하거나 걸핏하면 압수수색을 당해왔다. 심지어는 경쟁국인 중국에 핵심기술이 유출될 수 있는 삼성전자 작업환경 측정보고서를 공개하라고 행정명령까지 내렸고, 삼성노조 와해공작 건으로 사법 심판대에 올려졌다.

이처럼 재벌 길들이기를 하더니만 최근 이 정권의 본색이 드러났다. 집권당의 원내대표가 삼성이 오늘날 글로벌 1위가 된 것은 협력업체를 쥐어짠 결과라고 악담을 하였단다. 삼성전자의 지난해 매출은 239조 6천억 원이지만 국내 매출 비중은 겨우 13%로 거의 해외 사업장에서 벌어들였고, 납부세금 총액 15조 1천억 원 중 81%를 국내에 납부하여 창업자인 이병철 선대 회장이 말한 보국기업을 하고 있는데도 홍 원내대표는 삼성을 살찐 돼지로 보고 벌어들인 순이익 중 20조 풀면 200만 명에게 1,000만 원을 더 줄 수 있다는 논리로 잡아먹을 궁리를 하고 있는 것이다.

오늘날 삼성이 글로벌 1위가 된 것은 피나는 혁신과 투자와 연구개발이 있었기 때문이다. 지금도 현실에 안주하지 않고 지속적인 연구와 투자를 하고 있는 것은 중국 기업들이 수출 효자 상품인 반도체 산업을 발전시켜 턱밑까지 쫓아왔으며 휴대폰과 전자제품은 세계 각국에서 이미 중국 기업들에게 밀리기 시작했다는데 있다. 정치인들이 국민 세금으로 당쟁과 파벌 싸움을 하며 날을 지샐 때, 삼성전자는 밤새워 연구하고 실험하였다. 오늘날의 한국을 먹여 살리고 있는 반도체는 선대 이병철 회장이 73세의 고령에도 불구하고 기흥에서 삼성의 미래 먹거리를 만들고자 휴일도 없이 매달리고 야

전침대 마다하지 않으며 진력했기에 오늘날 세계 제1의 반도체 생산사의 토대가 된 것이다.

삼성전자의 협력업체는 이익률이 월등하게 높아 많은 기업들이 선망하여 협력업체가 되기를 희망하는데, 집권당의 원내대표는 삼성전자가 협력업체를 쥐어짜서 오늘날의 삼성이 되었다는 식으로 국민을 오도하고 있다.

삼성은 협력 사와의 거래 대금을 전액 현금으로 결제하고 있으며 대금 지급 주기도 월에서 주로 바꾸었다. 또한 자금이 필요한 협력사에게는 최대 90억 원까지 저리로 대출해주는 상생 펀드를 운용해 지난해까지 413개사에 8,237억 원을 지원한 기업이다. 이처럼 협력사와 상생하는 재벌에게 악담하는 것은 배아파 하는 좌파 이념 코드 때문이다.

대통령의 요청대로 국내에 투자해서 일자리를 만들어 내라는 것인지, 아니면 원내대표 말대로 곳간에 쌓인 돈 풀어 다 같이 먹고 쓰자는 뜻인지 헷갈린다.

현 정부는 일하고 저축하는 개미보다 노래하는 여름철의 베짱이가 되고 싶은 것이다.

삼성은 그동안 중국으로 진출했으나 중국 정부가 지능적으로 경쟁업체인 샤오미, 화웨이 등 자국 기업을 보호하고 지원하는 한편 삼성 같은 외국 투자 기업에게는 무리한 요구와 재제를 일삼는 등 악재가 계속되자 해외생산 거점을 중국에서 베트남으로 이전한 바 있다. 중국 못지 않은 거대 시장인 인도에 진출한 것은 중국 업체와 파이 게임을 할 수밖에 없는 불가피한 생존전략이었다. 중국은 편파적인 특허패소까지 내리면서 자국 기업을 보호하는데 우리는 거꾸로 자국 기업을 힘들게 하고 있다.

노동계는 하루가 멀다 하고 삼성 타도를 외치는데 대통령은 그 기업을 향해 일자리 만들어 내라고 한다. 무엇인가 아귀가 맞지 않는다. 언젠가 삼성이 미국의 투자펀드 엘리엇 등으로부터 경영권 방어를 위해 20조 원을 들여 자사주를 매입하여 소각했는데, 이는 정부가 단초를 제공한 측면이 크다. 국민연금을 통해 주주권 확대라는 명목으로 사외 이사 추천 및 스튜어드 십 코드 추진, 삼성생명의 삼성전자 의결권 5% 제한 등 각종 규제를 만들어 삼성을 공격하기 시작하자 삼성전자 지분의 50% 이상을 보유하고 있는 외국인 투자자들이 터무니없는 배당 요구를 하고 경영권까지 침해하기 시작했고 삼성은 경영권 방어를 위해 어쩔 수 없이 일을 저지른 것이다. 자사주를 매입하여 소각한 그 돈 20조 원이면 세계의 유망한 스타트업 벤처기업을 싹쓸이하듯 사들여 국내외 일자리 창출과 높은 경영실적을 만들어 내는데 말이다.

도둑질도 손발이 맞아야 한다는데 정부가 전 정권이 삼성물산과 제일모직 합병을 모사 했다며 잡아들이고 재판에서 까발리니 결국 이것이 부메랑이 되어 엘리엇으로부터 7,000억 달라는 국가 간 투자소송(ISD)을 당한 것이다. 참으로 어리석은 아마추어 정권이다. 하는 짓이 꼭 실익도 없이 도마뱀 제 꼬리 잘라 먹기다.

이제 경영까지 간섭하겠다고

국민연금의 천문학적인 기금은 국민이 타율적으로 내는 돈으로 만들어진다. 그 돈을 주식이나 펀드 등에 유용하게 투자하여 국민이 낸 기금액을 더 늘려가는 것이 자본주의 시장에 입각한 기금 운용방법이기도 하다. 그러나 주식을 투자했다 하여 그 기업의 경영에 개입하고 영향력을 행사하는 것은 국가사회주의로 가는 길이다.

소위 스튜어드 십 코드(기관 투자자의 의결권행사 지침)를 행사하겠다는 것이고, 그 첫 번째 타깃으로 땅콩 회항과 물 컵 갑질 논란을 빚은 대한항공을 낙점하고 대한항공 주주총회에서 조양호 회장의 사내 이사 선임에 반대표를 던져 회장직에서 끌어내렸다. 그렇지 않아도 국가의 과도한 규제 때문에 기업 활동에 애로가 많은 재계는 기업들이 크게 위축될 것을 두려워하고 있다. 기업 활동의 주체는 노조도 아니고 주식을 갖고 있는 기관 투자자도 아니다. 경제주체는 기업을 이끌어 가고 있는 회장, 사장을 주축으로 하는 이사회 집단이다. 경제주체가 소신 있게 하지 못하고 정부의 눈치를 살핀다면 기업경영은 위태롭게 된다.

국민연금은 정부의 지배를 받고 정부는 정권의 지시에 따라 움직일 수밖에 없다. 정권에 밉보여 국민연금의 스튜어드 십 코드에 해당되지 말라는 법이 없기 때문이다. 기업이 죄가 있다면 그 죄만큼 처벌받으면 된다. 기업 오너든지 가족들이든지 죄지은 사람만, 회초리 맞을 죄를 지었으면 회초리로 때리면 된다. 그러나 국민의 비판 여론에 편승하여 정부의 모든 사정기관이 총출동해 몽둥이 찜질하는 것도 모자라 국민연금이 갖고 있는 주식으로 강제적으로 기업을 뺏거나 내려오게 해서는 아니 되는 것이다.

현재 국민연금은 전체 기금의 17.1%인 약 109조 원을 국내주식에 투자하여 작년 말 기준 297개 상장사의 지분 5% 이상을 보유하고 있다. 우리나라 주요 대기업이 거의 망라된 국민연금의 주식 권력이 실제로 기업 경영 간섭까지 하겠다는 것은, 기업의 자율성을 해치고 사회주의 국가로 가겠다는 것과 진배없다. 그렇지 않아도 기업이 투자하거나 사업상 손실이 나게 되면 배임으로 몰려 감옥까지 가는 세상인데, 기관 투자자가 주식을 갖고 있다 하여 기업인을 몰아낼 수 있음을 안다면 기업인들은 미래를 위한 투자보다 주주 표대결에서 우군을 확보하고자 배당에 치중할 수밖에 없고 이는 글로벌 기업 경쟁에서 뒤처지는 결과를 초래할 수 있다.

우리의 주요기업들이 배당확대나 지배구조 개선 같은 것을 요구하는 엘리엇 등 해외 펀드에 휘둘려 왔는데 국민연금이라는 시어머니까지 생겼으니 한국기업의 앞날이 캄캄할 수밖에 없다.

한국의 대표적 고용산업인 자동차도 내리막길로 들어선 듯하다. 자동차 부속품이 2만 개나 되어 그 어느 산업보다 관련 협력업체의 고용과 밀접한 관계가 있는데, 2019년 상반기 국내 5개사의 판매실적이 작년 같은 기간보다 4.95% 감소한 386만여 대로 집계되었고 해외 판매도 5.97% 줄어든 311만여 대에 그쳤다고 한다. 이제 정부의 할 일은 스튜어드 십 코드 같은 간섭을 줄이고 규제를 혁파하는 일이다.

이런 것도 갑질이다

청와대는 연초인 1월 29일부터 DDP(동대문 디자인 플라자)에서 열리는 한국판 CES(정보기술 전시회) 개최 열흘 전에 기업들에게 일정을 통보하고 참가를 요청했다고 한다. 이는 문재인 대통령이 미국 라스베가스에서 열린 세계 최대의 IT 전시회인 CES에 관심을 가진 뒤 우리도 한번 해보자는 발상에서 급하게 이루어진 것이라 한다. 명색이 국가 최고기관이 행사 열흘 전에 통보하고 참가를 요청했다고 하니 기업 사정은 손톱만큼 생각하지 않은 갑질 중의 상 갑질 행위이다.

전시회라는 것은 내용을 충실하게 하려면 1년 전부터 준비하는 것이 기본이다. 시중에 팔리는 제품만 갖다 놓은 것은 전시회가 아니다. 전시회의 디자인과 지향하는 컨셉, 개발 중인 신기술과 기업의 미래가치를 보여줌으로써 소비자의 관심과 기대를 끌어내는 잔치의 한마당인 것이다. 기업의 창조적, 예술적 행위이기에 하루아침에 뚝딱 할 수 없는 것은 너무나 당연하다. 현 정부는 말로만 기업을 위하고 하는 짓은 안하무인격이다. 그러니 삼성전자 이재용 부회장을 대통령 방북단의 일원으로 초빙해놓고 에버랜드를 압수수색 하거나 대통령이 인도의 삼성전자 공장을 방문한 다음날 국내 본사를 압수수색 하는 짓 등을 그냥 아무렇지 않게 하는 것이다.

기업에 대한 규제개혁을 말로만 하고 기업을 옥죄일 수 있는 상법, 공정거래법을 강화하고 국민연금의 스튜어드 쉽 코드(기관투자자의 의결권 행사 지침)는 중대한 불법, 탈법에 한해서만 행사하겠다고 해놓고 대한항공의 3월 주총에서 이를 적극 행사하여 정부 무서운 것을 보여주었다. 땅콩 회항이나 물 컵 사건이 경영권을 빼앗을 정도로 중대한 범죄인가는 따져볼 필요가 없다. 경영을 잘해 수익을 많이 내어 주식 가치를 높여놔도 오너와 그 가족들의 작은 일탈 행위가 여론에 거슬리거나 정권에 미운털이 박히면, 그 길로 수십 년을 걸쳐 피땀 흘려 이룩한 기업에서 오너는 물러나야 한다. 이건 사회주의가 맞다.

조양호 회장의 죽음을 생각하다

세계 경제가 둔화되고 저성장 불경기에 위축되는 상황에서 제일 고통을 겪은 기업을 꼽으라면 대한항공을 빼놓을 수가 없다. 전 국민이 세계여행을 나가는 흐름 속에서 잘나가던 대한항공이 땅콩 회항, 물 컵 갑질로 인해 국민적 분노가 더해지면서 회초리 맞을 일이 멍석말이로 확대되어 패대기를 당했기 때문이다. 조 회장과 그의 가족들이 잘못한 만큼 비난받아야 마땅하고 죄가 있다면 지은 죄만큼 벌을 받아야 하지만, 죄 같지도 않은 죄를 가지고 검찰, 경찰, 공정위, 국세청, 관세청 관련된 모든 기관이 나서 압수수색하고 조사하고 나중에는 국민연금까지 나서서 주주권행사로 조 회장을 쫓아내는 세계사에 유례가 없는 일이 벌어졌다.

이 부분은 조양호 대한항공회장이 죽음에 이르게 한 조현아의 땅콩 회항 사건과 조현민의 물 컵 갑질 사건에 대한 한풀이 푸닥거리가 아닌 법리적인 사실을 바탕으로 재조명함으로써 돌아가신 조 회장을 조금이라도 위무하고 싶기 때문이다.

세계 항공업계의 유엔총회로 불리는 IATA 국제항공 운송협회 연차 총회가 지난번 6월 2일 서울 코엑스에서 열려 항공 산업의 미래 비전을 위해 다양한 논의를 하였고, 참석한 외국의 임원들은 작고 한 대한항공 조양호 회장의 글로벌 리더쉽에 찬사를 아끼지 않았다고 한다. 세계 290개 항공사와 제조사, 정부기관 및 관계자들이 참석하는 IATA 총회를 한국에 처음으로 유치한 조양호 회장은 갑질 기업가나 족벌경영의 부도덕한 악질 기업주가 아닌 세계 항공업계 발전에 많은 기여를 한 능력 있는 글로벌 경영인으로 칭송받았다.

조 회장의 비운은 저 멀리 한진해운 사태에서부터 시작되었다. 한진해운의 화물 비중은 국내 10%, 해외 90%로 우리와 같은 무역국 입장에서는 국가 기간 산업이나 마찬가지이다. 그러나 세계 경제가 둔화되고 물동량이 줄어들어 해운업의 위기가 시작되었다. 위기가 한참일 때는 글로벌 상위 12개 해운사 가운데 11개사가 당기 순손실을 기록했다. 프랑스는 자국의 세계 3위 해운사가 파산위기 몰리자 6억 달러를 지원하여 회생시켰고, 독일도 경영난을 겪던 하팍로이드에 18억 달러를 지급 보증하여 회생시켰다. 세계 1위 머스크도 덴마크 수출입 은행을 통해 5억 2천만 달러를 지원받았다.
선진국들은 국제경쟁이 치열한 세계 물류 시장에서 밀리지 않기 위해 기간 산업 격인 해운업에 지원을 아끼지 않았다. 그런데 한국은 반대로 나갔다. 한진해운이 당장 해결해야 할 금액인 용선료, 항만이용료 등 6,300억 원이 필요하다며 손을 벌렸는데 정부 당국은 자구 계획안이 미흡하다고 시간 끌다 선박이 압류당하고 바다에서 오도 가도 못하게 하여 물류대란을 발생하게 하였다. 이러한 정부의 처사는 원칙이 아닌 불공정한 것으로, 부채비율이 높은 현대상선은 자율 협약하고 지원해주면서 부채 비율이 훨씬 낮은 한진해운은 지원 불가로 한 것으로 드러났기 때문이다.

부채비율이 한진에 비해 월등히 많고 브랜드 파워와 자산 가치가 상대적으로 떨어지는 현대상선에는 자금을 지원해주고 경쟁력이 더 뛰어난 한진해운에게는 자금지원을 중단하여 법정관리로 내몰아 결국 청산하게끔 만드는 멍청이 같은 짓을 한 이유는 무엇인가? 평창 올림픽에 최순실 측과 연결된 스위스 시설물 건설업체 누슬리에게 올림픽 공사를 맡기라 했던 청와대의 지시를 평창 올림픽 조직위원장을 맡고 있던 조회장이 거부했기 때문이다. 다른 재벌은 대통령 말 한마디에 설설 기며 수백억도 갖다 바치는데 한진은 최순실이 낀 미르, K스포츠 재단에 10억만 내고 지엄한 청탁까지 거절했으니 한마디로 역린을 건드린 것으로 괘씸죄에 걸려 권력자가 한진해운의 목을 비틀어 버린 것이다.

국익보다 국정을 농단한 권력의 사유화가 빚은 비극이고 국민의 손실이다. 한진해운이 퇴출되고 난 후 미주노선에 강자로 등장한 덴마크 선사 머스크는 운임을 30% 인상하여 국내 수출입기업들의 부담을 가중시켰고, 한진해운의 미주노선을 인수한 SM 상선은 북미항로의 호황으로 실적이 개선되었다고 하는 반면, 한진의 컨테이너 운송 매출 중 30%를 차지했던 유럽 노선 물량은 지금 흔적도 없이 사라졌다고 한다. 이 물량을 한진해운과 동맹을 맺었던 외국 선사들이 가져간 것이다.

평창올림픽에 국민 세금이 더 들어가든 말든, 부실공사가 되든 말든 정권이 시키는대로 하면 되지 기업인이 무슨 애국자라고 국민을 위해 공정하게 소신 것 하다가 조직위원장직에서 쫓겨 나고 알토란 같은 한진해운은 파산까지 당했으니…. 아마도 저승에 가서도 분이 삭지 않으리라.

회초리 맞을 일을 몽둥이로

대한항공 부사장 조현아의 항공기 땅콩 회항 사건은 아버지 조회장에게 엎친데 덮친 격으로 닥쳐왔다. 조현아의 할아버지이며 창업주인 고 조중훈 회장은 트럭운전사로 밑바닥 인생을 거쳤고, 미군장교의 고장 차량을 고쳐준 인연으로 한진그룹을 일으켜 세운 입지적인 인물이며, 대한항공이 수준 높은 서비스와 참신한 광고를 통해 글로벌 항공사로서 이미지를 선양한데는 위기 때마다 발휘된 조양호 회장의 탁월한 투자 경영과 두 딸인 조현아, 조현민의 능력도 있었다. 대표적으로 조현아는 기내서비스와 조현민은 광고마케팅 분야에서 실력을 발휘했다고 한다.

조현아는 땅콩 회항 사건을 통해 재벌 딸이 갑질과 횡포를 부렸다는 여론의 뭇매를 맞고 구속된 반면 박창진 사무장은 당연히 숙지하고 있어야 할 기내 서비스에 대해 답변도 못하고 노트북에 있는 매뉴얼도 찾지 못할 정도면서 회사와 각을 세워 대립하고 동료들과 시민단체의 성원 속에 유명투사로 변신했다. 세상사가 그런 것이다.

조현아를 두둔하는 것은 아니고 사건 은폐를 하려 했던 회사를 감싸는 것도 아니다. 하지만 큰소리로 폭언을 내뱉으며 매뉴얼 자료로 손등을 툭 친 것이 폭행이 되고, 사무장이 그럼 내리겠다고 해서 기장이 회항한 것을 항로 변경 및 항공법 위반으로 몰고 가는 여론 재판, 회사 직원인 사무장이 회사의 비밀을 까발리고 공격하는 것을 보면 씁쓸할 뿐이다. 그래서 회사에서는 사람 뽑을 때 아무나 뽑지 말자는 이야기가 있다. 나라를 위해서 개인이 때로는 희생을 감수하듯, 회사라는 조직을 위해서 직원으로서 회사가 실수하거나 어려울 때 참을 줄도 알고 회사를 위하는 마음과 일하고 싶은 마음을 가진 사람을 회사에서는 원하기 때문이다.

정부의 이번 대응은 다분히 여론에 편승한 감정적인 면이 있다. 이제 지난 일이지만 조현아가 구속된 사유를 살펴보면서 인민재판 같은 여론과 법의 남용을 경계하고자 한다.

형사 소송법에 의하면 구속영장은 범죄의 실체성, 증거인멸, 도주 우려 등이 있을 때 발부하는 것이 원칙이다. 그러나 조현아는 어느 것 하나 부합되지 않는다. 첫째, 항공기 항로 변경죄가 성립이 되지 않는다. 조현아가 "너 내려!" 하고 고함을 친 것에 사무장이 위세에 눌린 것이라 하더라도 동의를 했고, 이에 사무장의 회항 요청 의사를 확인한 기장이 관제탑에 허가를 받아 회항한 것이기 때문에 항로변경은 기장이 한 것이지 조현아가 한 것이 아니기 때문이다. 또 엄밀히 따져서 승강장으로 되돌아간 것이 항로변경이라는 것은 논리상 확대 해석에 불과하다. 백번 양보해서 조현아가 기장에게 위협을 가해 항로를 변경했다면 맞는 것이지만 그것도 아니다. 기장에게는 아무런 강요를 하지 않았다. 기장이 부사장이라는 끗발에 눌려 사무장의 내리겠다는 의사를 확인하여 회항한 것이기에 항로변경죄가 된다면 기장에게 책임을 물어야 하는 것이다.

군이 죄를 묻는다면 항로변경 원인 제공죄라고 해야 되지 않나?

둘째, 항공기 안전운전 저해와 폭행죄를 적용한 것도 말이 되지 않는다. 매뉴얼 자료를 가지고 손등을 툭툭 친 것을 폭행으로 몰아가는데, 조현아는 엄연히 기내식 담당임원이다. 해당 업무에 대해서는 비행기 내에서라도 지휘 감독할 권한이 있다. 잘못한 직원을 질책하거나 조치를 취할 수 있는 것이다. 다만 이번 사건은 비행기의 모든 행위는 고객, 즉 승객의 안전과 서비스에 맞추어져야 하는 원칙을 일탈한 행위이기에 따끔하게 혼나는 것은 맞지만 구속될만한 것은 분명 아닌 것이다.

미국은 속지주의를 채택하고 있고 한국은 속인주의를 기본을 한다. 미국의 국가 주권이 미치는 자국 내 영토에서 벌어진 사건을 미국이 행사하지 않는데도 우리가 일방적으로 구속까지 시키는 것은 문제가 될 수 있고, 이번처럼 여론에 떠밀려 법리적으로 구속사유가 되지 않는 사건에 구속영장까지 발부한 것은 인민재판과 다를 바 없는 것이다.

대한항공 조현아가 구속 기소되면서 위계에 의한 업무방해죄도 추가되었다. 여 상무에게 "사태 잘 수습 하세요."라는 문자를 보냈는데 이는 국토부 조사에 대한 업무방해가 된다는 것이다. 한마디로 검찰에 단단히 찍힌 것이고, 이는 국민적 분노에 편승하여 청와대에 쏟아지는 시선을 돌리려는 의도가 있다. 법이라는 것이 귀에 걸면 귀고리 코에 걸면 코걸이라 해도 법을 그렇게 자의적 해석해 뒤집어씌우듯 하면 안 된다. 또한 조현아가 그렇게 죽을죄를 지었는지 냉정하게 살펴보고 대한민국 법이 조현아에게 한 것처럼 법조인에게도 똑같이 엄정하게 적용되고 있는지를 보아야 한다.

항공기는 한 치의 빈틈이나 기계적, 전기적 불완전한 요소가 있어서는 아니 된다. 문제가 생기면 탑승객 전원이 참변을 당하는 운송수단이기 때문이다. 따라서 사무장도 승객 관리에 대한 모든 것을 익혀 고객의 안전한 여행을 책임져야 한다. 사법 경찰권을 가지고 억대 연봉을 받는 사무장이라면 운행관리 매뉴얼에 대한 모든 것을 숙지하고 있어야 하고, 승객에 대한 책임감을 가져야 하며, 하이재킹이 발생하면 몸을 날려 범인을 제압할 수 있는 살신성인의 자세를 갖추어야 한다.

우리는 통상적인 지식이나 상식만 가지고는 위기에 잘 대처하지 못한다. 그렇게 해결될 위기라면 위기라 할 수 없다. 그래서 위기 때에는 평소 매뉴얼이 몸에 배어있지 않으면 당황하기 마련이다. 세월호 사고나 대구지하철 화재사고도 매뉴얼대로 하지 못하고 당황해서 우왕좌왕하다가 승객도 구조 못하고 대형 참사로 발전한 사고들이다.

사무장도 아무런 잘못이 없다. 그러나 여 승무원이 땅콩을 봉지째로 조현아에게 내놓은 것이 잘못한 것인지 아닌지 정도는 알고 있어야 했다. 사무장이라면 질책하는 조현아의 호통에 얼어붙어 노트북에서 해당 매뉴얼을 못 찾고 허둥대서도 안 되고, 기내안전담당 책임자이기에 아무리 조현아가 회사의 부사장이라 해도 소란을 피운 조현아를 강제로 내리게 하는 사법적 권한을 행사해야 했다. 내리라고 하니까 내리겠다고 동의하고 기장에게 승강장으로 비행기를 되돌리도록 요청한 무책임한 사람이 아닌가? 이는 승객을 안전하게 목적지까지 이송할 책임을 내쳐버린 직무포기다. 결국 승객들은 사무장도 없는 비행기를 타고 국내에 온 것 아닌가?

국민적 분노를 받는 기업인의 경우에는 손등을 툭툭 친 것을 폭행이 되고 사무장이 기장에게 요청하여 회항한 것은 항로 변경죄와 업무방해죄가 되어 구속이 되는데, 높으신 나리들이 낯 뜨겁게 딸 같은 애들과 놀아나고 추태를 부려도 그것이 법조인이면, 그것도 검사출신이면 용서되는 대한민국의 법이다.

청와대 공직기강비서관실은 전국의 정보기관 그물망을 통해 올라오는 고급정보가 취합되는 곳으로, 사람으로 비유하면 뇌의 중추에 해당하는 핵심부서이다. 여기에서 만든 문서에 국정농단 사례가 열거되고 정윤회를 비롯한 비선실세와 문고리 삼인방이 십상시라는 모욕적인 비유를 받으며 비서실장에게 보고되었다. 그런데 보고된 문서가 찌라시 수준의 문서로 격하되고 이것이 유출되어 최 경위가 자살까지 했는데 청와대 공직비서관께서 조현아와는 다른 대접을 받았다. 검사님출신이라 그런가?

채동욱 전 검찰총장은 혼외자식에 대해 국민이 관심을 보이자 국민을 향해 "모르는 일"이라고 새빨간 거짓말을 했음에도 소환당해서 조사받지 않았고, 신승남 전 검찰총장 역시 원주 골프장에서 캐디 성추행 혐의로 고소당했는데 소환당하거나 조사당하는 망신살도 없었다. 김학의 전 법무차관은 건설업자 별장 성 접대 의혹의 2차 조사에서 동영상 속의 여인이 자신이라고 주장하고 고소하였는데 소환도 하지 않고 무혐의 처분하였고, 김수창 전 제주 지검장의 노상 음란행위에 대해서는 지검장에게 치료가 필요하다 하여 역시 기소하지 않았으며, 검사 출신인 박희태 전 국회의장 성추행도 형식적인 조사로 넘어갔다.

그런데 조양호 회장은 자식들의 일탈 행위로 집도 회사도 먼지털기식 수사를 당하고 끝내 회장 자리에서 끌려 내려오고 말았다. 아마 울화통이 터졌기에 생을 마감하지 않나 싶다. 기업인은 재벌이라 하더라도 권력을 가지고 지배하는 자들에게는 서푼 가치에도 미치지 못한다.

9장

장

신 오적

누가 나라를 병들게 하는가?

　오적이란 원래 조선 말기 을사늑약에 찬성하여 나라를 일본에 팔아먹은 이완용을 포함한 5명을 가리켰다. 그 이후 새롭게 나타난 오적은 박정희 정권의 암울했던 1970년 독재 시대에 김지하 시인이 사상계 5월호에 발표했던 것으로 재벌, 국회의원, 고급 공무원, 장성, 장차관이다. 김지하 시인은 이들을 을사보호 조약에 가담했던 오적에 빗대어 부패하고 청산해야 할 대상으로 낙인 찍었다.

　그렇다면 50년이 되어가는 오늘날의 대한민국에 오적은 없는 것일까? 국회의원의 특권을 비판하면서 국회의사당 앞 잔디광장에서 분신자살을 시도한 사건의 상대인 국회의원을 제외하고는 역사의 뒤안길로 사라지거나 사실 없는 거라 볼 수 있다. 한국 최고의 재벌인 삼성의 이재용 부회장도 마음속의 청탁이라는 죄명으로 감옥에 갔다 왔고, 지금도 청와대에서 오라면 오고 가라면 가라는 신세로 전락했다. 여차하면 압수수색 당하고 노동계로부터 곳간을 털어 내놓으라는 압박을 받고 있으니 다른 재벌은 말해서 무엇하랴.

　고급 공무원도 소신대로 일하지 못하고 푸른 집 눈치 보면서 하루하루 연명한 지 오래다. 정권에 부담을 주는 보도가 나오면 정보

유출자를 찾아내겠다며 고급 공무원의 핸드폰을 빼앗고 집무실도 감찰이라는 이름 아래 탈탈 털리는 판국이니 이미 해바라기 신세로 전락한 지 오래다.

장성은 고급 공무원보다 더 못한 처지가 되었다. 김영삼 정권에서 하나회를 척결해 조직적인 힘을 사라졌고, 이제는 살기 위해 명줄을 이어가는 직업군인들로 전락하고 말았다. 부인의 사소한 잘못이 공관병 갑질로 변질 되어 박찬주 대장은 치욕적인 처벌로 옷을 벗었고, 이재수 전 기무사령관의 빈소에 조문했다가는 정권의 눈 밖에 날 것이 뻔해 현역 장성 누구 하나 장례식장을 찾지 않았다는 것은 무소불위의 대한민국 장성들도 아니고 애국과 정의와 용맹으로 뭉쳐진 것도 아니었음을 증명한 것이다. 한마디로 오적의 축에도 못 끼는 신세가 된 것이다.

장·차관은 국회의원들의 놀이판이 된 지 오래다. 의원내각제가 아닌데도 집권당의 실세들이 선거용 경력을 쌓기 위한 낙하산 자리로 활용하고 있다. 조직과 예산을 주무르는 각 부처의 장·차관은 오로지 임명장 주는 청와대의 지시만 따르는 것이 생존의 길이기 때문이다. 최저임금 인상으로 중소기업과 자영업자들이 죽어나가는데도, 근로시간 단축으로 기업이 아우성인데도 중소벤처기업부 장관은 마이동풍이다. 탈원전으로 LNG 수입량이 늘어나도, 한전이 적자가 발생해도 중동의 원전 경쟁에서 탈락해도 산업통상부 장관은 대통령께 직언하지 않는다. 괜히 쓴소리 했다가 당할 불이익이 먼저이기 때문이다. 그러니 김지하 시인이 말했던 오적은 국회의원 빼고는 이제 없다. 다만 새로운 신 오적이 생겼는데, 그것은 우리나라를 구렁텅이로 빠뜨리고 있는 대한민국의 힘 있고 권력 있는 좌파성향의 집단이다. 참여연대, 전교조, 민노총, 민변, 나팔수 언론 등이 주인공이다. 이들 조직은 대표적인 것을 지칭한 것으로 노선과 이념을 공유하는 유사한 조직도 포함된다고 볼 수 있다.

이들의 기본 성향은 자유를 기반으로 경쟁사회를 이루되 작은 정부 큰 시장 경제를 추구하는 우파 성향의 집단과는 달리 평등을 기반으로 협동사회를 가지되 큰 정부 큰 분배 경제를 통해 집단의 이익을 추구한다. 이런 집단이 바로 좌파 성향의 집단들이며 이들이 지금 정권을 장악하고 이들의 이념코드에 사로잡힌 이들이 대한민국을 움직이고 있다.

최고의 전성기를 구가하고 있는 참여연대와 진보성향 학자들은 자본주의의 상징인 재벌 해체에 열을 올리고 있다. 싸움에서 승기를 잡으려면 적장을 먼저 베어야하기에 재벌을 압박할 수 있는 금융감독원을 장악하고 지속적인 삼성 공략에 나서고 있다. 이미 마무리된 사안들까지 끄집어내 다시 문제를 삼고 KO 시키려 한다. 대표적인 것이 삼성 승계를 겨냥한 삼성 바이오로직스의 분식회계 문제이다. 이미 그들의 큰 그림은 재벌 해체에 있으며 삼성이 그 타깃이 되었을 뿐이다.

참여연대는 정권의 축으로 참여하지만 전교조는 좌편향의 토대를 이념적으로 만들어줌으로써 그 해악은 다른 어느 조직보다 크다. 참교육을 부르짖고 출범했던 선생님들의 모임이 이념의 도구가 되어 자라나는 학생들에게 반미사상을 고취시키고 친북사상을 갖도록 유도하는 것은 분단국가인 우리나라의 불행이다. 국정 교과서를 배척하고 북한의 남침을 침략행위가 아닌 통일의 과정으로 설명하는 검인정역사교과서를 배포하고 자유 민주주의 건국을 폄하하는데 진력하고 있기 때문이다.

인용하는 내용은 극히 제한적이고 일부분이지만, 하나를 보고 열을 알 것이기에 보도된 것에 나의 생각을 넣어 전하고자 한다.

나팔수 언론

문재인 정부가 출범하면서 제일 먼저 했던 일은 방송 이사회를 장악하고 사장을 몰아내는 일이었다. 나가지 않으려는 KBS 김규형 이사는 법인카드로 김밥을 사 먹은 2,500원 때문에 털털 털리고 노조원들의 압박시위에 물러나지 않을 수가 없었다. 이렇게 해서 사장이 바뀌자 TV 시사프로나 라디오방송이 좌편향적으로 변해가기 시작했다. KBS의 '오늘밤 김제동 저널리즘 토크쇼'는 진행자가 정부 국영방송의 대변인으로 보이기도 한다. MBC는 문재인 정부가 들어선 이후 그동안 회사에서 쫓겨났거나 한직으로 내몰렸던 노조의 핵심 조합원들이 경영을 장악하면서 방만 경영으로 인해 올해도 1,000억이 넘는 손실이 예상된다고 하는데, 방송은 웬 왜인부대가 하고 있다. 아침저녁 출근길에 MBC라디오를 듣고 있으면 내가 MBC방송을 듣는 것인지 뉴스타파 방송을 듣고 있는 것인지 헷갈릴 때가 있다.

아침 뉴스 시선 집중은 뉴스타파의 심인보 기자가 뉴스인의 김동인 기자와 함께 뉴스를 진행한다. 같은 시간대인 KBS의 최강 시사 역시 뉴스 타파의 김경래 기자가 진행을 맡고 있다. 말 잘하는 MBC기자, KBS기자, 아나운서는 뭐하고? 그냥 봉사하는 것도 아닐 텐데 왜 많은 돈까지 주면서 방송을 남한테 맡기나? 좌파 입장에서 보면 우리 편이기 때문이다. 우파 정권 시절 우파에 끼지 못해 찬밥 신세를 면치 못하고 한직으로 내몰리고 공정방송을 내걸고 파업을 강행하다 쫓겨 난 동지들을 보듬어주어야 하는데, 이미 다른 언론 사로 갈아탔거나 다시 올 수는 없는 상황이거나 한솥밥을 안 먹었 어도 좌파 이념 코드가 맞으니 정권에 충실할 것으로 보여 방송프 로그램 진행자로 비싼 돈 주고 보답을 하는 것 아닌가?

MBC는 그때 당시 파업으로 진행자가 부족해지자 2016년~2017년 에 채용한 10명의 계약직 아나운서들이 더 이상 쓸모가 없어졌기에 지난 4월 계약을 해지했다. 그들이 중앙노동위원회에 제소하여 부 당해고로 인정받자 회사는 이에 승복하는 대신 행정소송으로 맞대 응하여 지루한 법적 싸움이 시작되었다고 한다.

같은 좌파의 피가 흐른다고 방송진행을 맡겨 편향적인 내용과 과 다한 출연료로 잡음이 난 주진우의 탐사기획 "스트레이트"의 회당 출연료는 600만 원이고, 시청율 2% 안팎의 KBS 시사프로그램 '오 늘밤 김제동'의 진행자 김제동은 월 5,000만 원을 받는다고 한다. 심지어 그는 지자체 교양 강좌에 나가면 한 번에 1,500만 원까지 받 는다고 한다. 국민의 세금이니 좌파 정부의 눈치를 보는 지자체가 파격적인 대접을 해주는 것이다. 과거 보수 정권 때 찬밥신세 당한 것에 대한 보상이라고 생각된다.

MBC는 외인부대에 주는 대신 계약직 아나운서들을 해고하지 않 고 그냥 재직하게 해주어야 되는 것 아닌가? 좌파 동지들을 챙기려 고 비정규직 내보내고 방송진행을 맡기는 것을 공정방송이라 할 수 있나? 기업들의 비정규직 문제에 대해서는 날을 세우고 비판했던

MBC가 자신들의 비정규직 가족들은 매몰차게 해고하는 것은 소위 내로남불이고 그들이 우리와 이념이 다르기 때문이라는 것밖에 설명할 길이 없다. 투쟁만 해왔지 반대편을 감싸 안을 줄 모르는 최승호 사장께서는 창사 57년을 맞아 자축은커녕 현재의 위기를 실토하고 경영진 보수를 10% 삭감하고 직원들의 명퇴신청을 받겠다고 한다. 제대로 된 경영자라면 해고된 계약직 아나운서들과 직원들의 눈에 피눈물을 흘리게 할 명퇴신청을 받기 전에 거액 출연료 빼가는 외인부대를 퇴출해야 하는 것 아닌가? 그를 통해 모든 방송 프로그램의 출연진을 MBC 사내직원으로 대체하는 것이 1,000억대 적자를 줄이고 정도 경영하는 첫걸음이다.

시골인 진안의 요양병원 노조가 파업하자 환자들을 돌보기 위해 다른 병원으로 옮기는 과정에서 90이 다되어가는 치매 노인을 승합차에 방치하여 사망에 이르게 한 사고가 발생하였다. 뒷좌석까지 일일이 챙기지 못한 병원의 과실이지만, 이 역시 원인제공은 노조의 파업이다. 문제는 아침 MBC 시선집중에서 사건을 소개하면서 병원의 업무마비 때문에 환자를 이송하다가 사고가 발생하였다고 한다. 언론이 좌편향되면서 노조에 흠집이 될 만한 것은 교묘하게 비껴가는 언어 분칠을 하고 있다. 왜 노조파업 때문이라고 말하지 못하는가? 노조가 파업했기에 업무가 중단된 것이고, 그래서 환자들을 다른 병원으로 이송하게 된 것인데. 당연히 노조파업이라고 해야 하는 것 아닌가? 같은 날 북한이 발사한 단거리 미사일을 미사일이라고 하지 못하고 발사체라고 하는 이 정부와 꼭 닮은 것이다.

언론은 이렇게 정부와 집권 여당의 입맛에 맞는 보도로 분칠을 한다. 물론 과거 우파정권 때도 KBS 정연주 사장을 몰아내고 자기 사람을 앉히고 나팔수 언론으로 만들었다. 이념 코드가 맞는 패널을 출연시켜 "어떻게 생각하십니까?" 하고 여론을 편향적으로 유도하는 것이 요즈음 나팔수 언론들의 방송패턴이다. 손혜원 의원이 건네받은 목포시청 자료가 부패방지법에 해당하는 보안문서이건 아니건 검찰이 죄가 있다고 기소가 된 사건인데 법원 판결보다 먼저 보안문서는 아니고 손 의원은 무죄라고 출연하는 패널을 통해 방송하는 것이 과연 공정방송인가 하는 점이다. 자유한국당 황교안 대표가 5월 3일 광주를 찾았다가 옛 통합진보당의 후신세력인 민중당 중심의 시위대에게 물벼락을 맞고 봉변을 당했는데, 좌파 언론들은 광주시민들의 거센 항의를 받았다고 교묘하게 분칠을 한다. 광주시민이 정서적으로 자유한국당에 거부감이 있는 것은 사실이지만, 광주시민 전체가 황 대표를 배척하는 것으로 방송하는 것은 의도적인 보도로 이는 실수가 아닌 것이며 지속된다.

이어 황교안 자유한국당 대표가 5월 20일 전북 새만금을 찾았을 때도 지역 언론 MBC는 도민들의 거센 저항을 받았다고 방송하였다. 황 대표가 새만금 33타워에 도착했을 때 내란음모 혐의로 해산된 민주노동당의 후신인 민중당 간부들이 시위를 벌였고, 과거 방폐장 등에서 활동했던 시위자가 개 사료를 뿌린 것을 마치 전체 도민들의 거센 저항이라고 방송하는데, 이는 사실을 오도하는 것 아닌가? 새누리당 간판으로 전주에서 국회의원에 당선된 정운천 의원도 있는 전북인데, 이는 전체 도민들을 반 자유한국당 여론으로 몰고 가는 것 아닌가?

언론의 전문가도 아니고 지극히 내가 볼 수 있는 것만 가지고 대다수 언론을 싸잡는 것은 아니다. 어디까지나 정권의 입맛에 맞추는 보도성향을 말하는 것으로, 과거 이명박, 박근혜의 우파 정부 때 정권의 나팔수노릇을 했던 우파 언론의 편파적인 보도관행이 좌파 정권이 들어선 지금까지 이어지고 있다는 것을 말하고자 함이다. 좌우 언론인이 정권이 바뀔 때마다 바통을 이어받아 정부 여당에 유리한 보도를 하며 정권의 나팔수역할을 하고 있다는 점을 꼭 짚어야 하기 때문이다.

　좌파 언론과 우파 언론은 보도 성향이 달라, 서로 다른 보도 방식을 통해 여론을 형성하고 이끈다. 지난번 국민의 최대 관심사는 민주당 손혜원 의원의 목포땅 투기에 있었고, 언론사들도 매일 늘어나는 매입한 집 숫자와 관련 의혹을 전하고 있었다. 1월 19일, 대표적인 보수일간지인 조선일보를 보면 1면 상단에 '11억 대출받아 부동산 매입'이란 기사가 있고 3면에 관련 기사를 내보냈으며, 사설에도 상임위 관련 부동산 매입은 문제가 있다고 했다. 상대가 여당 측이니 보수신문이 너무 까발리는 것은 차지하고서라도 평범한 사람도 상식을 넘어선 부동산 탐욕으로 보는 것은, 손혜원 의원이 국회 문화체육회관광 위원회 민주당 간사로 있었고 목포구 도심 근대문화역사 공간사업의 근거가 될 문화재청의 문화재지정 선언이 있기 1년 반 전부터 해당 지구를 싹 사들였다는 데 있다. 자신이 갖고 있는 서울 용산의 토지 건물을 담보로 11억 원을 대출받아 7억 1천만 원을 남편의 크로스포인트 재단에 기부하고, 재단은 그 돈으로 땅을 마구 사들이면서 두 조카에게 1억과 7천만 원을 증여하여 조카 명의로 산 땅을 위시하여 보좌관, 친인척 등 18일까지 밝혀진 것이 최소 24건이라고 보도되었다. 그럼에도 그는 땅 투기가 아니라고 한다.

그런데 같은 날 대표적인 진보 일간지인 경향신문을 보면 국민의 관심사인 손혜원 의원 기사는 눈 씻어 찾아봐도 없고, 이미 관심사에서 사라진 서영교 의원의 판사청탁 관련 기사가 사회면 하단부와 사설에 나왔을 뿐이다. 대신 이미 10년이 지난 용산참사 특집기사가 넘쳐나고 있었다.

기사보도의 중요성은 그 기사의 가치성과 독자의 관심도에 따라야 한다. 물타기를 하거나 국민적 관심이 증폭된 기사가 신문 지면에 아예 없는 것은 의도적인 것이다. 언론은 그래서는 안 된다. 좌파든 우파든 편파적이지 않고 공정하게 기사를 다뤄야 한다. 공직자 윤리법에 의하면 공직에 있는 사람이 정보나 직위를 이용하여 사적인 이익을 추구해서는 아니된다고 되어있다.

손혜원 의원은 초선 의원이지만 문재인 대통령의 부인 김정숙 여사와 동창이라고 한다. 여성 파워도 좋고 여당실세도 좋지만, 정부 예산이 들어갈 문화재특구의 땅값이 오르는 것을 미리 알고 돈을 빌리고 증여해서 수단방법 가리지 않고 손혜원 왕국을 세우려 했다면 목포 시민과 국민을 우습게 본 것 아닌가?

독재국가일수록 언론을 장악하고 국민을 선동하는 것은 역사에서도 반복되어온 엄연한 사실이다. 선전이나 홍보나 본질은 정부 입맛에 맞는 것만 제공하고 국민이 획일적인 의식을 갖도록 만들어야 비판이나 저항이 없기 때문이다. 이러한 정부와 국민의 연결고리가 언론이기에 정부는 언론을 장악하고 유리한 보도만 하려 한다.

문재인 정부 들어 친정부적인 보도성향이 이전 정부 못지않게 많아졌고, 지금은 도를 지나쳐 편향적인 방향으로 운용되고 있다고 본다. 아침저녁으로 출퇴근하면서 들어야 하는 공영방송이 정부의 나팔수가 되어 진행된다면 이는 공정한 방송이라 할 수 없는 것이다. 언론은 보도성과 계도성을 함께 가진다. 계도성이란 특수한 목적을 가지고 편향된 보도를 하는 것이 아니라 좌우 지나침 없이 진실을 전할 책무를 말한다.

　소득주도성장의 핵심인 최저임금 인상과 근로시간 단축으로 자영업자가 비명을 지르고 있는데도 정부가 이를 반성하지 않고 계속 밀고 가는 뱃심은 이런 나팔수 언론이 한 몫하기 때문이다. 소상공인 시장진흥공단에서 내놓은 전국 소상공인 매출통계를 보면 지난해 동기와 비교해 매출이 12.3%나 감소했고, 특히 음료나 식료품 등 소매업 매출은 41%나 하락한 것으로 나타났다. 소상공인 비중이 높은 소매업, 숙박업, 학원을 조사한 결과로 심각한 불경기가 입증된 것이다.

　이곳 전주 시내의 잘나가던 유흥가의 술집, 노래방 등도 손님이 없어 임대료를 몇 개월째 못 내고 결국 장사를 접는 곳이 여기저기 속출하고 있다. 이러한 근본적 이유는 경기 침체로 씀씀이를 줄이는 탓도 있지만, 엎친데 덮친 격으로 김영란 법으로 인해 공무원, 선생, 기자들에 대한 접대가 업무상 관계가 있는 경우 형사 처벌대상이 되어 공무원들이 업자와의 자리를 가급적 기피하면서 심리적으로 위축된 분위기 때문이다. 또한 우리 사회에 불어닥친 미투 운동의 여파로 회사에서 가급적 회식을 줄이고 노래방에 가는 것을 기피하고 있으며, 윤창호법의 강력한 음주운전 단속 등 냉각된 사회적분위기도 한 몫 하고 있다.

결국 죽어나는 것은 서민들을 상대로 하는 영세한 술집, 노래방, 식당 등으로 하루 벌어 하루 이어가는 자영업자들이 직격탄을 맞고 있다.

이러한 사회적 분위기에 직접적인 충격을 준 것이 바로 최저임금 인상과 근로시간 단축이다. 현실과 거리가 먼 근로법 시행규칙을 개정하고 밀어붙이는 정부 때문에 더는 못 버틴다고 하루 3,500개씩 줄줄이 폐업하고 도산하고 있다데, 정부는 이를 임대료나 본사 착취구조로 뒤집어 씌우고 있다.

통계청이 발표한 5월 고용동향보고에 의하면 8년 만에 신규 취업자수가 최저치로 나타났고, 청년 실업률이 10.5%로 최악인 상황이 버젓이 드러났다. 이처럼 실물경기는 비관적이다. 올해 폐업하는 개인 및 법인 사업자수가 100만 명에 이를 것이라는 비관적인 전망이 쏟아지는 것이 이를 입증한다. 그런데도 정부는 고용원을 둔 자영업자가 전체 자영업자 572만 4000명 중 30%이고 고용원이 없는 자영업자가 408만 1000명이기에 고용이 줄었다는 것은 맞지 않으며, 오히려 고용원이 있는 자영업자가 4만 2천 명 늘어났기 때문에 최저임금 인상으로 자영업자 전체가 망해간다는 주장은 과장이라고 한다. 그러나 이는 눈 가리고 아웅 하는 것으로, 실업수당신청건수가 꾸준히 증가하는 것과 모순되기 때문이다.

이에 정부는 친절하게도 빵집과 치킨집의 예를 들어가면서 매출액 대비 본사 재료비와 임대료가 높기 때문에, 이러한 왜곡된 비용구조를 개선하지 않고 최저임금 올린 죄 없는 정부에게 원망이 쏟아진다고 엉뚱하게 프랜차이즈 본사와 건물주에게 책임을 전가하고 있는 것이다. 기둥뿌리가 썩어 가는데도 아직은 지탱하고 있으니 괜찮다고 하는 격이다. 한술 더 떠 최저임금 인상과 근로시간 단축으로 290만 중소기업과 560만 자영업자는 패닉상태에 빠져들었는데, 데일리안은 우리 국민 10명 중 6명이 문재인 정부의 경제운영을 긍정적으로 평가한다는, 여론조사 전문기관 알앤써치에 의뢰한 결과를 7월 첫째 주 정례조사라며 발표하였다.

이는 여론을 왜곡하는 것이 아닌가? 흡사 맹수가 쫓아오는 것을 본 타조가 흙속에 머리를 파묻고 나는 괜찮아 하는 것처럼 중소기업과 자영업의 무너지는 비명소리가 들리는데 "자영업 괜찮아! 중소기업 괜찮아!" 하는 격이다. 소득주도 이념 경제 정책이 국민의 67.7%에게 긍정적으로 평가받고 있으니 괜찮다고 하는 것이다.

좌파성향 나팔수 언론이 국민의 눈과 귀를 가리는 것 아닌가?

기울어진 법조

요즘 판검사들의 회식 건배사가 'KKSS'로 바뀌었다고 한다. 기라면 기고 시키면 시키는 대로 한다는 자조감의 불만표출인데, 자존과 독립이 생명인 사법부가 어쩌다가 이렇게 자포자기로 무너졌는지 억장이 무너진다. 지난번 판사가 동료 판사를 탄핵해야 한다며 전국법관 대표회의를 탄핵하자는 법원판사들의 난장판과 수난은 이 정권이 바뀌기 전에는 계속될 것 같다.

문재인 정권수호에 앞장선 검사들이 사법행정권 남용사건과 관련하여 양승태 전 대법원장을 비롯한 대법관과 행정처 판사들을 조사한 후 소위 사법행정권 남용이라는 이름으로 전 현직 판사 10명을 기소하는 사상초유의 일도 벌어졌다. 이중에는 드루킹 댓글 조작사건으로 기소되어 재판 중이던 정권 실세 김경수 경남지사를 법정 구속한 성창호 부장판사도 포함되어 있다. 다분히 김 지사 구속에 대한 앙심을 가지고 일격을 가한 사법권 침해라 볼 수 있다.

성 판사의 혐의라는 것이 과거 영장전담판사 재직 시 정운호게이트와 관련하여 검찰의 영장청구서와 진술내용 등을 법원행정처에 전달하여 공무상비밀을 누설했다는 것인데, 판사는 재판내용에 대해 지시가 있으면 지휘감독계통에 있는 행정처에 내부 보고하는 것이 관례다. 그런데 이를 두고 혐의가 중대하다고 기소한 것이다. 이는 판사들을 겁박하여 2심 판결을 유리하게 이끌어내려는 꼼수이거나 김 지사의 보석신청을 앞두고 해당 판사에게 나중에 감옥 가지 않으려면 알아서 기라는 무언의 압력을 보낸 것 아닌가? 이것은 명백한 삼권분립에 어긋난 정권의 사법권침해이다.

김지사의 보석은 아마 허가될 것이고 또 그리 되었다. 그 뒤 2심에서 혐의 없음으로 면죄부를 받을 것으로 예상된다. 정권의 눈 밖에 나면 판사라도 없는 죄 만들어 감옥에 갈 수 있는데 누가 소신껏 법리에 의해 판결할 것인가? 대한민국은 이미 사법부가 독립성을 잃고 정권의 눈치만 살피는 최악의 상황으로 내몰리고 있다.

이 정권에서 민주 변호사회(민변)은 민변 출신의 문재인 대통령을 배출함으로써 대법원과 헌법재판소에 진출하기 시작하였고 막강한 권력집단으로 위상이 바뀌었다고 한다. 그도 그럴 것이 법제처장, 검찰과거사위원장, 검찰개혁위원장 등 핵심요직을 차지하였고 탈검찰 화를 부르짖는 법무부에도 민변 출신 변호사를 대거 뽑았다고 한다. 모든 조직은 다양한 색채의 인물이 들어와야 건강한 조직이 되지 이념화되고 동지가 된 사람들로 가득찬 집단이 되면 그 조직은 공정한 조직이라 할 수가 없다. 전체 2만 5천 명의 변호사 중 5%에 해당하는 1,200명의 민변 변호사들이 좌파 정부를 떠받치는 권력집단으로 부상한 것은 결코 바람직하지 않다. 이제 민변과 이념을 같이하는 우리법연구회, 국제인권법연구회 판사들이 국민을 위하기보다 정권을 위하여 무리수를 두지 않기를 바란다. 어떤 의미로는 사법부가 국민의 생사여탈권을 쥐고 있기 때문이다.

사법부가 독립하여 공정한 판결을 내리면 민주국가가 된다. 과거 법원은 박정희 군사 독재정권이 인혁당 사건을 만들었을 때 조작을 밝혀내는 것이 아니라 사형판결을 내리고 곧이어 형장이슬로 사라지게 한 군사정권의 비호세력이었다. 그 때문에 이미 국민은 사업부에 대한 신뢰를 던져버린 지 오래다. 오히려 살기 위해 대형 로펌이나 전관예우 변호사를 찾아나서는 것이 관행이 된 지 오래다. 돈이 있으면 재판에서 이기고 돈이 없으면 지는 세상이다. 도덕적으로 우월해야 할 좌파성향의 법조단체들인 우리법연구회, 국제인권법연구회 또는 민주변호사와 이들의 지지를 받는 좌편향 판사들이 이러한 사법권 침해에 대해서는 양심의 논평 한 줄 없다. 자기들이 바라는 바이기 때문이다.

대법원장 취임사에서 외부의 사법권 침해에 맞서 결연히 싸우겠다고 했던 김명수 대법원장은 정권의 사법부 침해에 대 해서는 꿀 먹은 벙어리인양 아무 말이 없다. 오히려 기소된 현직 법관 6명을 재판 업무에서 배재하고 사법연구로 발령을 내었다. 북한이 싫어하는 강골 기질의 김관진 전 국방장관을 구속적부심에서 풀어준 신

광렬 중앙지법 부장판사도 여기에 포함되었다. 법관은 헌법 106조에 의해 징계처분에 의하지 않고서는 정직, 감봉 등 불리한 처분을 받지 아니한다고 되어있는데 대법원장이 정권이 바뀌면서 직권남용에 딱 걸리는 무모한 지시를 했으니 향후 어떻게 될 것인지 궁금하다. 이 나라가 북한의 핵무기에 굴복하여 사회주의국가로 가는 것이 아니라면 있을 수 없는 일들이다.

각급 법원의 대표들로 구성된 전국 법관 대표회의에서 판사들이 사법 행정권 남용에 연루된 판사들을 탄핵하라고 의결하였다. 언제는 꼬맹이 검사가 검찰총장을 고발하더니만 이제는 상사고 무엇이고 없다. 수틀리면 힘으로 고발과 고소가 난무하는 세상이다. 위계질서가 무너지니 별의별 일이 다 터져 나온다.

길고 긴 공방을 거쳐 기어코 양승태 전 대법원장 에 대한 영장이 발부되어 헌정 사상 처음으로 사법부의 수장을 지낸 사람이 구치소에 수감되었다. 한일관계에서 1965년 한일청구권 협정을 맺으면서 종군위안부, 강제징용자, 원폭 피해자 문제와 독도 영유권 문제, 약탈문화재 문제 등 세부사항을 세세한 조율 없이 막연한 포괄개념으로 식민지 피해보상이라고 하여 두루뭉술하게 합의했던 국가 간의 미숙한 일 처리가 오늘날의 사태로 발전된 것이다.

일본이 일제 강점기의 위안부나 강제징용에 대한 민간인들의 민사 소송에 발끈한 것은, 이미 식민지 피해보상으로 6억 달러를 주었고 이미 끝난 사항이라 생각하고 있는 반면 그때의 피해보상비에는 종군 위안부나 강제징용 등의 문제가 포함되지 않았다는 것이 피해당사자와 한국 정부의 입장이기 때문이다. 위안부로 끌려가 고통을 당한 것 자체가 당시 일본 군부가 한 짓이기 때문에 일본 정부가 책임을 져야 된다는 것은 당연한 것인데 일본은 민간인들이 한 일이기에 책임질 수 없다고 그동안 계속 오리발을 내밀고 있었다. 이러한 불씨를 안은 채 독도 영유권 문제로 티격태격하다가 소녀상 건립부터 일본 대사관 앞 수요 집회로 이어졌다. 명색이 한일우방이라면서 이래서는 안 되겠다고 하여 결단내린 것이 박근혜 정부의 위안부보상을 위한 화해치유재단설립이다. 위안부 피해에 대한 일본 정부의 책임인정과 아베 총리의 사죄, 재단설립에 대한 일본의 지원, 일본 대사관 앞에 건립된 소녀상의 적절한 해결을 골자로 한 논의를 통해 양국은 위안부 피해자 문제 해결방안에 합의하였으나 촛불혁명으로 집권한 문재인 정부가 이를 인정하지 않는데서 사태는 예견된 것이었다.

한국에서 한일청구권 협상타결과는 별도로 민간인들의 위안부나 강제징용자 손해배상 투쟁은 일본정부로서는 매우 난감한 것이었다. 워낙 부끄러운, 잘못된 일이기에 이미 청구권 협상으로 매듭지어진 것이라고 끝까지 귀를 닫고 있을 수 없기 때문이다. 그래서 한국정부의 화해치유재단에 10억 엔을 출연하면서 소송에서 손해배상을 각하하도록 한국정부에 요청한 것이다. 이것이 얼마나 국민정서에 배치되는 것인지 모르는 순진한 박근혜 대통령은 상고법원설립에 목말라 있던 대법원장을 불러 압력을 넣었을 것이다. 결국 대통령의 뜻에 따라 이를 법원행정처에 지시한 것이 오늘날의 사법농단이 된 것이다. 한마디로 대통령의 정치적 행위에 대법원장이 따른 죄이다. 그것이 사법 농단이 되는 것인지는 정권이 바뀌고 나면 논란이 될 소지가 있다. 한일 양국 간에 국가적 마찰이 발생할 소지가 있는 판결을 일개 판사의 재량에 맡겨야 하는지 고민해야 하기 때문이다. 법원에서도 중요 판결을 할 때는 합의제를 선택하는 것처럼, 한일 국가 간 분쟁이 분명해질 민간인들이 일본 기업과 국가를 상대로 한 피해자 재판에 대통령의 정치적 행위가 사법권 침해가 아닌 삼권합의제의 필요성 때문이라고 생각한 대통령이 대법원장에게 요청했을 개연성도 있기 때문이다.

이제 한일관계는 최악으로 치닫고 있다. 동해 이어도 부근에서 우리 군함을 상대로 위협비행을 하거나 공격 레이더를 쏘았다고 시비를 거는 것은 모두 국가 간의 합의를 휴지조각으로 만들어버린 한국 정부에 대한 일본의 심보가 틀어졌기 때문이다. 서로 미워하지만 그래도 자유주의와 시장경제를 기반으로 공산주의에 맞서는 동북아 동맹체제였던 한일 관계가 어그러지고 친북성향과 사회주의 경향을 나타내고 있는 한국에 일본이 의도적으로 도전하고 있는 것이다. 또 하나의 동맹국인 미국이 어떻게 바라보는지, 그리고 한일 갈등에서 어느 편에 서느냐에 따라 예상치 못한 파란이 몰려올 수 있다. 사법 농단 척결이라고 환호할 일이 아니다. 그 이면을 생각하여 한일 간의 갈등을 봉합해야 한다. 오사까 G20에서 한일 간 정상회담이 끝내 무산되었다고 한다.

우방간에 이거, 말이 안 된다.

지난이야기이지만 촛불시위로 정권을 잡은 문재인 정부의 지난번 국정농단 재판에서 롯데그룹 신동빈 회장도 징역 2년 6개월을 선고받고 법정에 구속되었었다. 대한스키연맹 회장인 그는 평창 동계올림픽을 맞아 선고 다음날 국제스키연맹(FIS) 만찬을 준비하고 있었는데 날벼락을 맞는 것이다. 서울중앙지법에서 열린 선고에서 재판부(재판장 김세윤)가 대통령이 요구한 K스포츠 재단에 준 70억 원을 뇌물로 본 것인데, 이것이 청탁이라는 증거는 없지만 서울잠실 월드타워 면세점 재심사에서 구제받은 것을 빌미로 묵시적 청탁이 있었다고 본 것이다. 돈 버는 황금거위로 비유되는 면세점을 5년마다 면허제로 바꾸어 아무 탈도 없이 장사하고 있던 롯데잠실 면세점의 문을 닫게 하여 1,300명의 직원들이 뿔뿔이 흩어지고 협력업체를 패닉에 빠지게 하였다.

정부를 향한 여론이 나빠지자 추가로 심사하여 구제받은 것이 잠실월드 면세점으로, 이는 최순실의 국정농단과 관계없이 기업의 생사가 달린 문제이다. 당연히 재심사에서 구제하여 달라고 정부에 읍소하고 심사기준에 맞도록 철저히 준비해왔기에 다시 면세점 면허를 받게 되었을 것이다. 그런데 판사는 사람 마음을 꿰뚫어 보는 독심술을 연마했는지 몰라도 박근혜 대통령의 강압에 다른 재벌기업과 똑같이 낸 재단기금을 면세점 면허를 취득하려는 묵시적 청탁이 있었다고 이얼령 판결을 내린 것이다.

이재용 삼성 부회장 때도 1심에서 마음속에서 청탁이 있었을 것이라는 괴상한 논리를 펴 세계 초일류기업의 총수를 감옥에 보냈는데, 이번에도 롯데 신 회장에게 마음속 청탁이 있었다며 올림픽에서 중요한 역할을 해야 할 기업의 총수를 감옥에 보낸 것이다. 말도 안 되는 그 판사의 논리대로라면 묵시적 청탁을 받고 기준미달인 롯데를 면세점 면허를 발급해준 박근혜 전 대통령을 추가 기소하고 담당 관세청장 이하 실무자들도 조사하여 엄벌하여야 할 텐데, 이쪽에 대해서는 꿀 먹은 벙어리인 양 소식이 없다.

롯데는 멀쩡한 성주 골프장을 정부 강압(?)에 의해 징발당하고 중국으로부터 가혹한 탄압을 당하여 결국은 수조 원의 손실을 보았으며 중국에서 롯데마트를 철수시킬 수밖에 없는 재수가 엄청나게 나쁜 비운의 기업인데, 지난번 사법부의 판결은 동냥은 하지 못하면서 밥그릇까지 깨는 얄미운 팥쥐 엄마와 무엇이 다르랴? 형인 신동주와 경영권 분쟁을 겪으면서 국정농단의 파고에 어쩔 수 없이 휘말리고, 롯데를 일본의 기업이 아닌 한국의 기업으로 만들기 위해 일본 롯데의 한국 롯데 지배 해소작업에 발 벗고 나선 신동빈 회장을 도와주지는 못할망정 사법부가 도대체 왜 그랬는지 모르겠다.

민주노총

노동 조합은 기존의 약자에서 벗어나 이젠 기득권 세력으로 변질되었다. 정권의 후광에 힘입어 권력의 중심으로 자리잡았다. 그중에서 촛불혁명의 주도세력이 되었던 민주노총의 오불관언, 안하무인의 행태는 법치국가에서 그 선을 벗어났다. 현대자동차 협력업체인 유성기업의 임원을 민노총 간부들이 집단폭행하는데 국민의 안전을 책임져야 할 경찰은 뒷짐만 지고 방관 하고 있었다. 예전에는 불법시위대를 해산하기보다 수동적으로 대응하고 차라리 맞으라고 하더니만, 이제는 사소한 불법은 문제 삼지 말고 그냥 넘어가라는 지침 때문에 소극적으로 대응한다고 한다.

우리법 연구회, 민변 같은 진보성향 판사들이 법원을 장악하고 나서부터 시위대의 불법행위에 대해 무죄 판결하는 추세가 늘다보니 경찰도 자기 몸 사리기 바쁘게 된 것이다.

지난 정부에서 추진했던 공공기관 성과 연봉제는 폐기되었고, 비정규직 제로(0) 정책은 기득권인 민노총의 자기 식구 챙기기라는 부작용에도 불구하고 "너는 짖어라. 나는 간다."라는 자세로 일관하고 있다. 이미 시중에는 "기업 위에 정부 있고, 정부 위에 민노총 있다."는 세속어가 회자되고 있다.

민노총은 파업과 시위로 기업을 압박하여 민노총의 고용세습을 관철하고 있다. 청년실업이 최고조로 달한 실업대란에도 그들만의 채용 1순위는 퇴직 시기가 3년 남았거나 3년이 지난 조합원의 자녀, 2순위와 3순위도 조합원의 자녀와 친인척, 4순위가 대한민국 청년이다. 이런 내규를 정한 자동차부품 회사와 약정한 민노총이란 기득권의 반칙을 보고도 그들에게 촛불혁명에서의 빚이 있는 정부는 마이동풍으로 일관하고 있다.

그들의 오만방자한 폭거는 어디에서 오고 그 힘의 원천은 무엇인가? 필자의 호랑이 담배 먹던 시절 같은 이야기로 비유하고자 한다.

필자가 만 17세의 나이로 해병대에 자원입대하여 군 생활을 하던 시기는 1966.7년으로 그때 근무지인 포항에서 전주로 휴가를 나오려면 심야 군용열차를 이용해야 했다. 일반인은 없고 순전히 군인들만 이용할 수 있으며 심야에 운행하는 군용열차인데 열차 차량 모두가 육군 칸이고 제일 마지막 한 칸이 해군과 공군, 해병대가 이용하는 칸이었다. 휴가 나온 나역시 해병대의 전통대로 동료들과 함께 육군 칸에 들어가 만만한 육군들을 상대로 이유 없는 폭행을 일삼고 돈을 뜯어내곤 하였다. 지금 돌이켜 보면 말도 안 되는 폭력 행위지만, 같은 군인에게 먹혔던 것은 해병대가 싸움을 잘한 것도 아니고 육군사병들이 싸움을 못해서도 아니었다. 해병대는 소수라 단결이 잘된 반면 육군 사병은 숫자가 많아 단결이 안 되어서 그런 것도 아니었다. 또 다른 이유가 있다. 해병대는 한바탕 사고 치고 헌병대에 붙들려가도 뒷문으로 빠져나온다는 믿음이 있었기 때문이다. 사실 해병대원들은 사기를 감안해 사고를 쳐도 왠만하면 훈계만 듣고 풀려날 수 있었다. 반면 육군은 그렇지 못했기에 그런 불합리한 일이 벌어진 것이다. 즉 우리 해병대원들은 해병대 사령부와 헌병들의 든든한 뒷배가 있었기에 휴가 중 객기를 부려도 되었으나, 그 당시 육군 장병들은 그러한 뒷배가 없었기에 해병대에게 꼼짝 못하고 군용열차에서 얻어맞아야만 했다.

요즘 민노총의 기세가 하늘을 찌른다싶을 정도로 전국 도처에서 물의를 빚고 있다. 보도에 의하면 민노총 플랜트 포항지부 간부들이 건설관련 업체에 쳐들어가 비노조원들의 조합비를 원천징수하겠다고 하거나, 비노조원들은 일을 할 수 없으니 작업자 명단을 요구했으며 그들을 해고하도록 회사를 압박했다고 한다. 또한 민노총 조합원일지라도 집회 참여율이 낮은 사람들을 색출하여 블랙리스트를 만들고 일을 주지 않거나 쫓아냈다고 한다. 민노총이 이처럼 자기 사람들만 쓰라고 난동 수준의 행패를 부리는 것은 다 믿는 곳이 있기 때문이다. 그것도 어느 정도여야지, 6월에 들어서 전국의 아파트 공사장에 설치된 타워 크레인 약 2,500대를 멈춰 세워 건설사의 손해는 물론 전국적으로 그날그날 공정에 따라 일을 해야 하는 철근공, 전기공, 목공 그리고 일반잡부의 일할 권리를 날려 버렸다. 사회적으로 최약자인 건설 일용직들의 밥통까지 걷어차 버린 민노총, 한노총의 횡포에도 정부는 제도개선으로 무마하기로 했단다.

인공지능 AI시대가 도래하여 4차 산업혁명이 진행되는 이 시대에 무선으로 조종하는 무인화 소형 크레인을 금지하라는 요구까지 하기도 한다. 공사현장을 장악하여 하도급업체로부터 월례비라고 뒷돈까지 받는다 하니 촛불을 들어 정권을 탄생시킨 일등공신 대접을 톡톡히 받고 있는 것이다. 법은 안중에 없고 안하무인으로 도심 폭력과 건설현장에서 폭압 행위를 일삼는 민노총보다 더 얄미운 곳은 이를 비호하고 묵인해주는 현 정권과 솜방망이 처벌로 민노총 간덩이만 자꾸 키워주는 좌편향 판사들이 딱 잡고 있는 법원이다.

민주노총은 2018년 5월 1일 근로자 날 전날에 기자회견을 열어 촛불집회로 늘어난 여세를 몰아 앞으로 조합원 200만 시대를 열겠다고 밝혔다. 민주노총은 폭력적인 집회로 도심을 전쟁터 같은 난장판으로 만들고, 불법적인 파업으로 공장의 생산을 옴짝 달싹 못하게 한다. 회사가 경영적자로 자본잠식에 들어가거나 영업이익이 반토막이 되어도 그들만의 연봉 잔치를 하고 성과급을 꼬박꼬박 챙기는 비결은 불법과 폭력을 수반한 강성 투쟁 덕분이다. 대표적인 것이 민주노총산하 금속노조이다. 결국 한국 GM은 군산공장을 폐쇄하고 말았으며, 부평과 창원의 공장은 국민세금 8,000억을 산은을 통해 넣어주기로 하였다.

현대도 별반 다르지 않다. 사드 역풍으로 중국 판매량이 34%나 줄어 2017년 3분기 영업이익이 4년 전의 절반으로 감소한 탓에 경영위기가 닥쳤는데, 현대차 노조는 새로 출시되어 잘나가는 소형 SVU 코나의 생산라인을 쇠사슬로 묶고 노조 허락 없이는 누구도 마음대로 생산라인에 들어갈 수 없게 만든 전력이 있다.

도대체 회사의 주인이 누구인데 노조가 물리력을 동원해서 생산라인을 멈춘단 말인가? 조직화되고 세력화된 노조의 횡포에 공권력도 무력하기는 어제오늘의 일이 아니다. 그들의 위세와 가지고 있는 표 때문에 정부와 사측이 매번 양보만 하다 보니 노조원들은 9,000만 원 이상의 연봉 잔치를 하고 있는 반면 협력업체 근로자는 저임금에 허덕이며 하루살이 연명하고 있는 실정이다.

설상가상으로 문재인 정부 들어 친 노동정책이 더욱 심화되고 있다. 대통령은 근로자 날 메시지를 통해 모든 성장은 노동자를 위한 성장이어야 한다고 밝혔다. 기업의 주체가 기업인이 아니라 근로자라는 인식이다. 결국 대통령의 생각도 사회주의를 겨냥하고 있는 것이다. 민노총을 보고 있으면 회사가 갑이고 노조가 을이 아니라 노조가 갑이고 회사가 을인 것처럼 보인다. 이미 노조의 갑질은 여러 군데에서 나타나고 있다. 전국 타워 크레인 조종사 4,300명 중 2,600명이 소속된 민노총이 건설사 등을 압박하여 일감을 따내고 노조원들에게 일감을 주고 있다. 건설회사의 임대, 하청업체에 조합원 채용을 요구하고 들어주지 않으면 고발하거나 시위까지 한다. 경쟁자 없이 자기 식구들끼리 독식하겠다는 것이다. 이러한 민노총의 조합원 200만이 된다면 임금협상과 후생복지를 넘어 회사의 경영 일체까지 간섭하고 인사권까지 침해하려 들 것이다.

민주노총의 욕심은 이제 법원의 소송 으로까지 이어졌다. 기아자동차 노조는 정기상여금을 통상임금에 포함시킬 것을 요구했고, 이를 과거까지 소급적용하여 그동안 못 받은 연장, 야간, 휴일 수당 등을 달라는 소송을 제기하였다. 법원에서 이를 인정할 경우 약 3조 원 이상의 비용을 부담하게 된다. 이와 비슷한 판례로 2013년 대법원의 갑을 오토택의 통상 임금 관련한 게 있는데 정기상여금을 통상임금으로 인정하면서도 신의칙에 따라 과거 분의 소급적용은 불가로 판결하였다. 그런데 지금은 좌파 정부의 시대라 그런지 법원은 회사의 재정 상태는 아랑곳하지 않고 소급해서 지급하라고 기아노조에게 승소판결을 내렸다고 한다. 결국 기아자동차는 급변하는 자동차산업 환경에서 전기차, 인공지능에 투자할 여력을 빼앗기고 쇠락할 것이며, 그 피해는 결국 기아차노조와 광주전남 지역사회에 돌아갈 것이다. 회사가 망해도 우리는 빼먹을 수 있는 한 계속해서 빼먹겠다는 생각을 하는 이유는, 노조와 회사가 노사동일체가 아닌 싸워 이겨야 하는 적으로 생각하기 때문이다.

그런 생각이 있기에 현대판 음서제도로 불리는 직원 자녀의 고용세습을 할 수 있는 단체협약 개정을 외면하고 4,000명의 비정규직 근로자의 정규직 전환을 반대하고 있는 것이다. 자신 들만 잘살겠다는 이기심과 귀족노조를 계속 유지하고 싶다는 욕심 때문이다. 연봉이 2~3천만 원밖에 안 되는 비정규직 직원들의 눈물 어린 호소도 걷어차는 기아차 노조다. 취업하려는 사람을 상대로 몇천만 원이나 되는 뒷돈을 받고 채용비리를 저질러 사법 처벌을 받은 간부들이 계속 나타나는 것은, 개인의 도덕성보다 노조가 갖는 조직의 구조적인 문제 때문이다.

광주 경찰이 2018년 5월 광주지역의 기아차 공장에서 전직 노조 간부, 사내 하청직원 등이 연루된 취업사기단을 적발했는데, 이들은 최고 1억 5천만 원까지 받았으며 돈을 준 피해자가 100여 명에 이르고 피해 금액만 수십억 원이라 한다. 광주에 일자리는 없고 꿈의 직장인 기아차에 들어가고는 싶은 사람은 많고 하여 생기는 어쩔 수 없는 현상인데, 광주시가 오죽했으면 연봉 9,000만 원이 넘는 현대차 울산공장의 절반에도 못 미치는 저임금 광주형 일자리 공장을 만들려고 했겠는가? 그것까지도 혹시 울산에 있는 자기들한테 피해가 올까 봐 반대를 하였다니 노조는 사용자측에 대한 투쟁보다 비정규직과 고통을 함께 나누는 상생의 이치부터 먼저 교육받아야 하는 것 아닌가 싶다.

노조가 귀족 노조, 강성노조의 호칭을 갖게 된 것이 전국각지에서 민주노총의 폭력시위를 주도하는 금속노조 때문이다. 현대자동차가 자동차 1대 만드는 데 걸리는 시간은 미국 앨라바마 공장이 14.7시간, 울산 공장은 26.8시간임에도 국내조합원이 임금을 20% 더 받는다고 한다. 그런 상황임에도 금속노조는 내 몫 찾기 투쟁을 하여 1억을 바라보는 연봉을 쟁취하였다. 그 여파로 회사는 1996년 자동차 공장 투자를 할 때 해외공장으로 진출하고 국내는 외면하였으니, 대한민국 청년들에게 줄 일자리 6만 2,000개가 허공으로 날아간 책임을 노조도 같이 짊어져야 하는 것 아닌가?

전교조

전교조는 전국 교원노동조합의 약칭이다. 1989년 참교육을 기치로 출범하여 30년 동안 강력한 좌편향 교원단체로 활동하였고, 숱한 탄압과 해고와 법정투쟁이 전교조의 산 역사라고 할 수 있을 정도로 우리 사회에 지대한 영향을 끼쳤다. 현재는 대법원의 판결로 법외노조로 되어있는데, 그것은 교원에서 해임된 퇴직자들을 노조 전임자로 계속 두어 자초한 것이다. 지금은 ILO 유엔 국제노동기구의 핵심협약인 실업자나 해고자도 노조에 가입할 수 있는 조항을 들어 법외노조를 철회하라고 주장하고 있다. 교원노조는 교원으로만 구성해야 하는 교원노조법에 따라 판결한 대법원의 결정을 ILO 핵심협약을 들이밀며 무력화시키려 하고 있다. 불법집회 등으로 해직된 핵심간부를 지키기 위해 스스로 법외노조의 길을 갔던 전교조가 유엔 산하 기구의 협약내용을 들어 다시 합법화를 추진하고 있는 것이다.

교원들의 처우 향상과 교육환경 개선을 위해 출범하였다는 전교조는 숙직제도를 폐지하고 잡무를 줄이는 등 교원권리를 향상 시키기도 하였지만, 북한이 지속적으로 도발하고 적대적인 상황에서도 친북성향으로 일관하였고 보수 정권이 창안한 외고, 자사고 등 특목고 폐지에 앞장서는 등 좌편향 정책을 주도하였다. 무엇보다 내가 전교조를 국민에게 해악을 끼치는 신 오적에 선정할 수밖에 없었던 것은, 참교육을 하겠다면서 참교육의 주인공인 학생들에 대한 인성교육과 성적 향상을 위한 노력과 대안을 제시하기보다 조직을 확대하고 결집하여 선거 때 진보적 교육감을 지지하고 당선시키는 정치세력 집단으로 변질한 것 때문이다.

덩치만 커졌지 아직 미숙하여 공산주의가 무엇인지도 모르는 천진난만한 학생들을 전북 순창에 있는 회문산 빨치산 추모제에 데리고 가는 것이 전교조의 현장학습지도방법인가? 그래서 미국에 대한 적개심을 불러일으키고 대한민국의 정통성에 회의를 갖도록 하여 반정부 성향을 만드는 것이 전교조의 교육인지 질문하지 않을 수 없다. 교원들의 차등 성과급 폐지, 교원 확충, 혁신 학교, 북한교류 등 좌파정책을 추진하고 자유주의 시장경제를 폄하하고 사회주의 성향의 진보교육으로 사회주의를 자라나는 청소년들에게 주입시키고 있다. 그 결과 학생들이 졸업하고 사회에서 각각의 구성원이 되면서 자유를 최우선가치로 삼아 경쟁 사회에서 도전하고 노력하기보다는 국가에 의존하고 복지에 매달리게 될 것이며, 개인주의로 흘러버린 진보성향 이념을 가진 도덕성이 없는 나약한 사회인으로 만들어낼 것이다. 이런 교육을 하는 당사자가 바로 전교조이다.

물론 좋은 대학교 가기위한 입시 교육이 최종 목표가 되어버린 대한민국의 공교육이 시어머니인 교육청의 통제 아래 일방향 주입식 교육을 벌여왔으며, 그로 인해 학생들의 실력 차를 벌려놓고 교사와 학생들의 자율적인 학습 환경을 제약한 것도 사실이다. 하지만 전교조는 교사들의 인성과 열정을 이끌어내기 위하여 제시한 당근인 차등 성과급을 폐지하자고 외치고, 학급당 학생 수를 25명으로 줄이기 위해 교사를 충원하라고 청원하고, 학생과 교사들이 교육의 주인이 되어 자율적이고 창의적인 교육을 하자는 진보 정책을 추진하였다. 얼핏 보면 혁신적인 교육처럼 보이지만 이는 성적저하만 가져오는 교육을 초래했으며, 결국 전교조도 공교육을 부실하게 만들어 사교육의 폐해를 더욱 확산시켰다.

좌파 진영은 경쟁을 싫어한다. 한 사람의 인재가 만명을 먹여 살리겠다고 하는데 평준화 교육을 통해 큰 인재를 만들어내기보다는 도토리가 서로의 키를 비교하는 상황을 만들고도 우리가 모두같이 잘살 수 있다고 한다.

　오늘날 우리의 젊은이 들은 카페에서 서빙을 하고 그릇 닦는 일은 하더라도 배를 타고 망망대해로 나가는 등 담대한 일은 아예 눈여겨보려 하지 않는다. 지난 역사 속에서 세계의 강대국들은 대부분 해양으로 눈을 돌려 식민지를 개척하고 부강한 나라로 만들었는데, 우리나라에는 그러한 도전정신과 패기가 사라진지 오래다. 국제기능올림픽을 석권하여 수상자는 물론 국가의 자부심을 올렸던 시대가 도대체 언제였는지 기억조차 나지 않는다.

　전교조가 추구했던 참교육은 참인간을 만드는 것이고, 참인간은 도덕성이 확립된 사회인을 뜻 하는 것이다. 아무리 유교의 사회지도 이념이 무너졌다 하더라도 공동사회의 도덕까지 없는 사회가 되었으니, 관광지나 행사장에 엄청나게 버려진 무단투기 쓰레기를 보면 그동안 우리의 교육이 얼마나 헛되고 잘못되었는가를 알 수 있다.

　내가 사는 전주 신시가지의 원룸촌에도 쓰레기 대란이 반복된다. 피자고 통닭이고 남은 음식은 음식물 쓰레기통에 버리고 플라스틱 용기는 씻어 쓰레기 분리수거함에 넣으면 될 것을 그들은 하지 않는다. 먹다 남은 음식과 용기까지 비닐에 담아 그대로 내놓는 일이 다반사로 일어난다. 전교조가 그동안 참교육을 제창하며 교원들의 자율권만 외쳤지 학생들의 사람다운 인성교육은 내팽개친 것 아닌가?

전교조는 학생만 팽개친 것이 아니다. 노조원이 아니라고 하더라도 억울한 교원이 있으면 구명하고 도와줘야 진정한 교원단체 아닌가?

내 고장에 발생한 일로 2017년 부안 상서중학교에 다니던 고 송경진 교사의 이야기이다. 송 교사는 제자를 성추행한 혐의로 학생들에게 신고당해 경찰에서 조사를 받고 무혐의 처분을 받았다. 하지만 전라북도 학생인권 센터가 사법당국에서 내린 수사결과를 무시하고 다시 재조사하여 "당신이 죄가 없다면 학생들이 선생에게 누명을 씌운 것으로 죄를 대신 받게 된다. 제자들에게 그래도 되겠냐"면서 강압적으로 몰아세워 직위 해제 처분을 내렸다. 결국 이를 견디지 못한 송 교사가 끝내 자살한 사건이다. 언론이 사건을 침소봉대 부추기고 부정적 여론이 일자 인권센터가 경찰에서 불기소로 끝난 사건을 재조사 하여 만든 사건이다.

남녀공학인 이 학교에서 1, 2학년 선후배 사이 다툼이 있자 국어 선생님이 1학년 학생들을 먼저 귀가시켰는데 귀가하지 못한 철부지 상급반 학생들이 야간자습담당 지도교사인 송 교사가 자기들만 야간자습 시킨 것으로 오해하였고, 마침 한 여학생이 발을 떨자 학습을 지도하던 송 교사가 "발 떨면 복 떨어진다."며 무릎을 탁 친 것을 자율 학습시키는 선생님에게 미운 마음을 가지고 있던 학생이 선생님이 다리를 주물렀다며 성추행으로 신고한 사건이다. 이는 학생들의 탄원서로 밝혀진 사실이다.

전 교조가 진정 교사를 위한 노조라면 같은 동료교사의 이러한 억울한 죽음에 대해 인권센터에 항의하고 사과를 받아내 송 교사의 유족들을 위로해주어야 하는 것 아닌가? 이처럼 송 교사가 겪은

이 같은 일이 전국적으로 얼마나 많을까?

　내용이 이념적으로 마음에 안 든다고 하여 박근혜 정부가 좌 편향적인 역사 내용을 바로잡고자 추진했던 교학사 검인정 역사교과서를, 채택하려는 학교마다 몰려가서 압박시위를 하고 공격하여 결국 하나의 학교도 채택을 하지 못하게 한 막강한 전교조라면, 같은 노조원이 아니더라도 인권이 침해되고 억울하게 직위 해제 당한 교사를 구제해야 하지 않은가? 꿀 먹은 벙어리마냥 나 몰라라 하는 전교조가 정말 교원들을 대변하는 권익단체인가? 남한의 건국과정은 친일로 매도하고, 북한의 독재화 과정은 외면하면 그것은 무슨 교육인가? 전교조가 보수 정권에서 만들어진 외고, 자사고 폐지에 앞장서는 진보 교육감을 당선시키려는 선거단체인가? 전교조의 뒷배가 있으니 진보 교육감들이 자사고 폐지에 발 벗고 나서는 것 아닌가? 교육부의 자사고 재지정 평가기준점이 70점인데, 상위기관인 교육부지침을 어겨가면서 이를 80점으로 상향조정하고 감점을 5점이나 매겨 명문 자사고인 전주 상산고를 0.39점 차이로 탈락시킨 전북교육감이 그네들은 자랑스럽겠지만, 후일 보수 정권이 들어서면 이 또한 적폐로 수사 받지 않겠는가?

　이제 교육 현장에서 선생님은 스승이 아니라 지식 판매인으로 전락하고 말았다. 말 안 듣고 장난치며 수업 분위기를 해치는 학생에게 꿀밤을 주었다가 고발당해 경찰서로, 교장실로 오라 가라 당하는 선생님들의 교권을 보호해주어야 하는 것이 전교조가 할일 아닌가? 학생들이 장난을 치든 말든, 잠을 자든 말든 상관하지 않고 내 할 일만 하는 선생님, 차등 성과제도 없어졌고 봉급은 깎이지 않고 나올 테니 괜히 재수 없게 엮이는 일은 아예 하지 말자고 생각하는 선생님. 선생님들이 이렇게 수동적으로 변하는 것이 전교조가 말하는 참교육의 현장인가?

공교육이 무너지니 그 학생들은 방과 후 학원에 가서 치열한 입시 경쟁에 다시 내 몰리고 있다. 이런 원인을 제공한 것은 정부만 아니다. 전교조도 원인을 제공한 것이다. 그러니 전교조도 정부와 함께 책임을 져야 한다.

완장 찬 시민단체

시민단체가 우리 사회에 기여 한 긍정적 부분은 이루 말할 수 없이 많다. 그러나 처음 출발할 때의 초심을 잃고 권력 단체로 변해간다는 여론이 너무 많다. 혈액 속 LDL이 많아지면서 나쁜 콜레스테롤이 되어 동맥경화와 뇌졸중이 발생해 건강을 위협하는 것처럼, 시민단체는 누가 허가해준 것도 아니고 허가받지 아니하고도 완장을 찬 권력기관으로 되어버렸다.

그래서 새만금이고, 방폐장이고, 강정해군 기지건설이고, 심지어는 안보상 필요한 사드 배치까지도 정부가 하는 일에 일단 무조건 반대하고 나섰다. 팔에 완장을 차지는 않았지만 국민의 눈에는 완장찬 시위대로 보였다. 명분은 항상 좋다. 환경을 보호하고 부패를 방지하고 좋은 세상 만들자는 그들의 목소리에 사람이 모이게 되고 정부와 언론은 귀담아 듣지 않을 수 없게 되었다.

시민이란 이름으로 여럿이 뭉쳐 목소리를 높이게 되면 그것이 정의이고 바른 소리가 되어 조직화되고 영향력이 커진다. 이러한 과정을 거친 결과 시민단체는 행정, 입법, 사법, 언론에 이어 제5의 권력기관으로 자리매김 하였다.

우리나라의 대표적인 시민단체인 경제정의 실천연합회, 참여연대, 환경운동연합을 비롯해 셀 수 없이 많은 시민단체가 각각의 이념과 목표를 가지고 사회전반에서 활동하고 있다. 시민운동이 그동안 약자인 시민의 목소리를 대변하고 부당한 권리침해에서 시민을 보호함으로써 우리사회에 끼친 긍정적인 면을 인정하지만, 지나치면 부족한 것만 못하다는 옛말처럼 이제는 그들의 지나친 과욕과 과오 때문에 국가사업의 발목을 잡고 혈세를 오히려 낭비하게 만들고 있다. 이런 해악을 저지르는 시민단체이니만큼, 신 오적에 이름을 올리는데 부족함이 없다 하겠다.

시민단체라 하면 대학 교수, 변호사, 의사, 세무사, 변리사 등 우리 사회의 전문가에 속하는 사람들도 각각의 이익단체를 꾸리거나 특정 활동을 목표로 하여 힘을 키워 왔다. 문제점을 찾아내 대안을 제시하는 활동을 통해 시민활동가들이 정치권과 긴밀한 관계를 형성하여 제도권으로 진입하기도 하였다. 그동안 수없이 많이 일어난 사건을 일일이 나열할 수는 없는 것이기에, 시민단체가 격렬하게 반대했던 이슈나 내 고장에서 있었던 시민단체의 활동상을 들여다보고 시민단체가 앞으로는 지배계층의 건전한 견제세력으로 거듭나기를 빌어본다.

① 머리 검은 짐승

　흔히 은혜를 모르고 배신하는 사람을 일컬을 때 "머리 검은 짐승 은혜도 모른다."고 한다. 사람이 아닌 동물들은 본능에 충실할 뿐, 은혜를 입으면 배신하지 않기 때문이다.

　전주시 덕진구에는 종합경기장이 있다. 경기장 본 출입구에는 전통 기와로 치장한 큰 대문이 있다. 옛 수당 문이다. 수당은 지금은 친일인사로 낙인찍혀 건국공로 훈장을 박탈 당한 민족지도자 인촌 김성수 선생의 동생인 김연수이며 수당은 그의 아호이다. 인촌은 조선 최초로 경성 방직을 세우고 국민을 계도 하기 위해 동아일보를 창간하고 민족 교육 사업을 위해 보성전문을 인수하여 오늘날의 민족사학 고려대학교가 있게 한 민족지도자인데, 일제 치하에 협력하였다 하여 민족지도자 반열에서 끌어내려졌다. 인촌은 부농의 아들이면서도 근검절약하고 독립운동을 후원했으며 장학 사업까지 했던 인물이다. 농지개혁법에도 자진하여 3,000정보의 농토를 국가에 헌납했는데 일본 강점기 때 강요에 못 이겨 학병으로 나가라는 방송을 했다는 이유로 친일파로 몰아 옭아맨 것이다.

　동생인 수당 김연수는 변변한 공장 하나 없어 농업 이외의 별다른 산업이 없었던 전북에 삼양사 공장을 세워준 애향 기업인이다. 지역이 가난하고 청년들이 일자리가 없을 때 전북의 지역인사들이 수당을 찾아가 당시 울산에서 폴리에스테르 섬유공장을 지으려던 수당에게 기왕이면 고향 발전을 위해 전주에 공장을 지어달라고 간곡히 요청을 했다. 삼양사 입장에서는 원자재조달, 관련협력업체 등을 감안하면 기존의 공장이 있던 울산에 세우는 것이 당연했다. 그러나 고향에다 공장을 지어달라고 고향 유지들이 사정을 해왔기에 입지의 불리함을 무릅쓰고 전주에다 공장을 지었다. 고창이 고향이기 때문에 전북을 선택한 것이다. 전북 인사들은 그의 결단에 고마움을 표시하기 위해서 전주에 종합경기장을 신축할 때 정문의 이름을 수당 문이라 짓고 현판을 걸었다.

학교를 졸업해도 갈곳이 없던 전북의 무수한 청년과 처녀들이 삼양사 덕분에 일자리를 얻어 시골에 논도 사고 집도 사고 결혼도 했으며, 지역 경제는 삼양사로부터 큰 도움을 받았다. 이렇게 우리 고장에 기여했던 분을 좌파 시민단체들이 친일 인사로 분류하고 들고 일어나자 수당 문에 있던 현판을 떼어내는 치욕을 고인과 그 후손들에게 안겨주었다. 그가 수당 문이라고 현판을 달아달라고 요청했던 것도 아니고, 그저 고향에 좋은 일이라는 생각에 회사 내 반대가 있었음에도 공장을 전주에 세워준 것뿐인데 좌파 정부와 코드가 맞는 지자체장이 좌파 정권의 비위를 맞추고자 완장 찬 시민단체와 함께 식민지시대에 기업을 한 죄를 물어 고인을 부관참시한 것이다.

② 4대강 비운

시작부터 시민단체의 표적이 되었고 공사 시작에서부터 끝날 때까지, 그리고 끝난 뒤에 철거까지 요구 받는 국책사업은 4대강 사업이 유일하다. 20조가 넘는 대형 국책사업이 출발부터 잘못된 것은 한반도 대운하 아이디어에서 출발한 것이기 때문이다. 여론으로부터 호응도 못 얻고 대통령 선거 전략에서 비현실적인 것으로 나타나자 부랴부랴 변형된 것이 4대강 사업이라는 것은 온 국민은 다 아는 사실이다.

문제는 4대강 사업이 시민단체가 요구하는 철거까지 해야만 할 정도로 녹조만 일으키고 효용 가치는 없는 무용지물 구조물인지에 대해 철거타당성만 입증해주는 유리한 데이터만 가지고 여론을 유도하고 정부를 압박하고 있다는 것이다. 장애를 가진 채 태어난 자식이라도 잘 보살피고 교육시키면 정상인보다 더 훌륭한 인재가 될 수 있는 것처럼 4대강 보를 어떻게 유지하고 관리해야 물 부족국가로 전락한 우리에게 효용성 있는 자산으로 만들 수 있는지에 대한 노력을 시민단체가 하지 않는다는 사실이다.

녹조가 생기고 일부 구간의 공사부실이 나타난다고 하여 허물어 버리자고 하는 것은, 4대강의 단점만 찾아 이슈화하여 보수 정권의 실책 사업으로 만들고 진보 가치 중 하나인 환경을 보호하겠다는 이념의 소재로 이용하고자 하는 것이다. 강에 설치된 보라는 것은 갈수기에도 용수량을 확보하고 평상시 유량의 항상성을 유지하는 장점이 있기에 한강에도 수중보가 설치 되었다. 한강에 유람선이 다닐 수 있는 것이 사실 물속에 있는 보 때문이다. 수중보보다 규모가 크고 저수량을 많이 확보하기 위해서 댐 방식의 보가 설치되는데 4대강 보는 여기에 해당한다.

이러한 4대강보는 대형 토목사업이기에 사전 타당성 검토에만 1년~2년 이상 걸리고, 보를 설계하고 구조안전, 연관 효과까지 검토하려면 또 1년~2년이 더 필요하다. 그런데 이명박 정부는 임기 내에 끝내려고 속전속결로 밀어붙여 말도 많고 탈도 많더니, 끝내 문재인 정부에서 4대강 보가 철거의 대상으로 몰리게 되었다. 정부는 우선 금강, 영산강 보 중에서 금강의 공주 보와 세종 보, 영산강의 죽산 보를 철거하기로 결정했으며, 다른 낙동강과 한강에 설치된 보도 철거 여부를 추후에 검토하겠다고 한다. 공주는 금강보로 풍부해진 금강 수량 덕분에 9월~10월에 공주 보 상류에서 열리는 백제문화제의 하이라이트 황토 돛배 357척을 띄울 수 있었으며, 야간 유등행사도 할 수 있었다. 그런데 만약 보를 없앤다면 이런 행사에 어려움이 생기게 된다. 몇 년 전 극심한 가뭄으로 보령 댐의 저수지가 바닥을 드러내었을 때나 예당저수지가 말라 버렸을 때 안희정 전 충남 지사가 정부의 예비 타당성 검사를 면제받아 신속히 도수로 공사를 시행하여 물 부족의 위기를 간신히 넘겼는데 이러한 사태가 또다시 도래하면 이젠 속수무책이 된다.

이 정부의 4대 강 보 파괴는 전 정권에 대한 오기로 밖에 설명이 되지 않는다. 환경부 말대로 40년간 얻게 될 편익(1,230억 원)이 해체에 따른 비용 1,140억 원보다 90억 원 많기 때문에 24조원의 국민 세금으로 건설한 4대강 보를 무용지물로 만들겠다는 것은 셈본도 못하는 주먹구구식 셈법이다. 보 철거를 하면 수질이 개선되고, 그대로 놔두면 수질이 나빠진다는 감사원의 수질분석은 꼼수다. 예전에 수질검사를 할 때는 금강, 영산강의 99곳에서 샘플링하여 객관성을 확보했지만, 이번에는 두 강을 합해 물이 흐르지 않는 정체구역 5곳만 선정하여 측정했다고 한다. 납득하기 어려운 비과학적 꼼수를 동원한 것이다.

경제성 평가도 믿을 것이 못 되는데, 실제로 같은 강을 대상으로 같은 인물이 실시한 경제성 분석임에도 분석체계를 바꾸어 의도적인 수치를 만들어낸 것이다. 투명한 안경을 쓰지 않고 색안경을 쓰고 관찰하고 나서 색깔이 있어 못쓰겠다고 하는 것, 이것이 4대강을 없애려는 진보의 적폐 아닌가?

이러한 사태의 원인을 제공한것은 정부산하기관과 연구단체에 포진한 4대강 반대 시민단체가 정부를 움직이고 방향을 제시하기 때문이다. 4대강은 대부분 도시를 끼고 흐르는 하천이다. 따라서 하천수와 함께 도시에서 발생하는 생활 오·폐수를 처리한 하수처리장의 방류수까지 같이 흐른다는 특성을 가지고 있다. 이러한 혼합수가 보에서 장기간 정체되어 있을 때 분해되어 있는 방류수의 영양물질과 적당한 온도가 녹조 현상을 만들어 낸다. 계절에 따라 강우 편차가 심한 우리나라에서는 하천의 하상계수(강우기와 갈수기의 유량 차이)가 큰 차이를 보이고 있기 때문에 일정량의 유수량을 확보해야 하는데, 그것이 안 되어 있으니 수질문제가 발생하는 것이다. 4대강의 유수량을 확보하려면 4대강의 지류 지천까지 사업을 확장해서 지속적으로 개발을 추진하고 4대강에 필요한 유수량을 확보했으면 이런 사단이 안 나는 것인데, 죄 없는 4대강이 적폐로 몰려 보가 해체된다고 하니 소뿔 뽑으려다 소 잡을 일이 생기게 될 것 같다.

③ 권력이 좋다 해도

시민단체 간부들은 잘하면 청와대와 정부 요직에 진출 하며 정부 산하기관이나 민간협회에도 낙하산으로 내려와 한 자리씩 차지하기도 한다. MB 시절 미국산 쇠고기가 광우병을 일으켜 뇌에 구멍이 숭숭 뚫는다는 근거 없는 낭설을 퍼뜨려 국민에게 공포를 일으킨 MBC의 PD수첩을 계기 삼아 광우병 촛불시위를 주도하여 이명박 대통령을 청와대 뒷산으로 보내 대국민 사과를 하게 만든 박원석 씨는 19대 국회의원이 되었다.

시민운동가이며 환경전문가로서 탁월한 역량을 발휘했던 녹색연합 사무총장 장원 씨도 여대생을 성 추행하다가 그동안 쌓아올린 명성과 함께 추락하였고, 시민단체 활동가로 유달리 새만금에 대한 반대의 날을 세웠던 참여연대 사무처장 출신이며 19대 국회의원을 지낸 김기식 씨는 보험, 증권, 은행의 모든 금융기관을 감독하는 금융감독원장으로 내정되었다가 금융전문가도 아닌 그가 국회 정무위 시절 피감기관인 대외경제정책연구원(KIEP) 예산 3천만 원으로 미국과 유럽 출장을 다녀왔다는 구설수로 인해 결국은 낙마하였다. 이는 출장 6개월 전 해당 기관의 예산이 4억 원 삭감됐는데 발등에 불이 떨어진 KIEP가 예산 확보를 위해 정무위 간사인 김 의원에게 외유 로비를 벌였고 결국 접대성 외유를 다녀온 것으로 의심받았기 때문이다. 그는 시민단체 출신으로 자신이 소장으로 있던 연구소가 금융회사의 대관업무 담당자를 상대로 수백만 원대의 강좌를 운영하는 데 관여했다는 의혹까지 받았다.

이처럼 도덕성이 생명인 시민단체를 이끄는 리더들이 과연 순수한 열정을 가진 정의로운 사람들인지 살펴볼 일이다.

혹여 제도권에 진입하기 위한 지름길로 시민운동을 하고 있다면, 시민이라는 명칭을 단체 이름에서 제외하는 것이 마땅하다.

④ 원전폐기물 유감

내가 2006년 일본 혼슈 반도 끝단에 위치한 아오모리 현의 롯카쇼무라 저준위 방폐장을 견학한 것은 당시 김종규 부안 군수가 부안 위도에다 원자력 발전에서 나오는 중저준위 폐기물 매립장을 유치하려 했다가 환경단체의 반대로 혼쭐이 난 후 정부에서 희망지역을 물색하자 군산시에서 유치를 시도할 때였다. 정부 또한 처음에는 방폐장을 쉽게 생각하고 안면도에서부터 시작하여 밀어붙이다 홍역을 치른 후라 해당 지역 주민의 의사를 묻기로 하고 방폐장을 신청한 군산과 경주에서 주민여론을 우호적으로 만들 필요가 있을 때였다. 마침 새만금 추진위 활동을 같이했던 군산의 편영수 씨의 천거로 일본 방폐장 견학을 가게 되었는데, 그 비용은 한국수력원자력에서 부담하였다.

도쿄에서 신칸센으로 홋카이도와 인접한 혼슈 북단의 아오모리 현에 도착하니 저준위 폐기물을 저장하는 방폐장과 발전에서 쓰고 남은 핵연료를 재처리하는 시설까지 있는 핵 관련 클러스터 단지였다. 일본에서 최고의 품질로 평가받는 그 고장의 사과가 말해주듯, 방폐장의 위험 우려는 전혀 없었다. 평화로운 마을에서 주민들은 생업에 종사하였고, 방폐장은 천층 처분방식으로 지상의 표층을 파내고 콘크리트 구조물을 레고처럼 도열시킨 뒤 폐기물의 드럼통을 넣고 매립하는 형태였다. 이러한 표층 저장방법이 동굴에다 저장하는 것보다 폐기물 저장비용과 저장량에서 비교가 안 될 만큼 유리하기 때문이다.

일본 당국자의 브리핑 내용은 정확하게 기억하지 못하지만, 한마디로 요약하면 저준위 폐기물 처리장은 안전하고 주민들에게 전혀 해가 없으며 많은 이익을 이 지역 주민들과 공유하고 있다는 것이다. 군산이 탈락하고 경주가 선정된 후 정부는 중저준위 폐기물 방폐장 건설을 일본과 달리 굴을 파서 밀봉해버리는 방법으로 결정했다. 6,000억 원을 들여 4㎞ 동굴을 파고 들어가 지하에 보관하는 황당한 보관방법을 결정한 것은 환경단체가 해골그림이 그려진 죽음의 피켓으로 압박해서 정부가 지레 겁을 먹었기 때문이다.

핵심적인 고준위 폐기물도 아니고 그리 위험하지 않은 장갑, 옷 등의 중·저준위 폐기물을 무슨 독약이라도 된 것처럼 엄청난 비용 들여 굴을 파서 저장하니 지하수맥이 잘려나가고 그 지하수가 방폐장으로 스며들 위험까지 생겼다고 한다. 이제는 엎친 데 덮친 격으로 그 지역이 양산 단층대와 울산 단층대가 인접하여 있어 근래 들어 자주 발생하는 지진 때문에 혹시나 어떻게 되지 않을까 하는 걱정이 앞선다. 지난번에 연이어 발생한 경주와 포항 지진으로 보이지 않는 동굴이 어떻게 되었는지, 혹시 무너지지나 않았는지 방폐장 안전이 걱정이다. 일본처럼 표층에 처분하고 눈으로 보아가면서 흙으로 덮어갔다면 훨씬 더 안전했을 터인데 말이다. 이 역시 환경단체가 겁을 주어 정부에 단초를 제공한 것으로 그들이 원망스럽다.

전 부안군수 김종규는 부안 발전을 위해 위도라는 섬에 방폐장을 만들려고 했으나 전국에서 달려온 환경단체들로 인해 홍역을 치르고 끝내 유치를 포기했다. 그러나 똑같은 방폐장을 건설한다고 외친 경주시에 환경단체들이 쫓아가 극렬한 시위를 했다는 소리는 들어보지도 못했다. 똑같은 방폐장을 건설하는데 전북에서는 그렇게 난리를 치고 경북에서는 입 다물고 있는 것이 그들이 말하는 차별 없는 환경운동인가? 제주해군 강정기지 반대 시위를 주도하는 것도 지역주민이 아닌 외지에서 달려온 시민단체들이고, 심지어는 북한의 미사일 방어망을 구축하기 위한 사드 배치 때 일어난 시위를 현장에서 주도한 것도 시민단체다.

이제는 시민단체가 군에도 있다. 군(軍) 인권센터는 육군 대장 공관병 갑질 논란, 기무사계엄 문건 등을 폭로하여 나라를 한바탕 회오리바람을 몰아갔다. 그 결과 박찬주 육군 대장은 낙마하고 조현천 육군중장은 미국으로 피신하게 만든 힘 있는 단체이다. 이 시민단체의 소장은 동성애 처벌 관련 군 형법 조항에 반대하며 병역을 거부한 사람인데 국방부 군인복무 정책심의위원과 대체복무도입 자문위원이라고 보도되었다. 이제는 군부대에 들어간 민간단체가 실질적으로 장병들을 조사하기도 한다니 그들은 과거 해방 후 건국 초기 김두한과 이정재가 종로와 동대문에서 경찰보다 더한 위세를 행사했던 것처럼 엄청난 위세를 행사하고 있는 것 아닌가?

⑤ 세월호 바로 서다

2014년 4월 16일 침몰한 세월호가 바다에서 건져진 뒤 4년이 지나 우리 앞에 세워졌다. 꽃다운 단원고 학생들이 이 세상에서 꽃을 피우지 못하게 한 세월호 침몰 사건은 우리 사회에 큰 충격과 경종을 주었다. 대통령과 해경의 무능이 밝혀졌고, 해운사의 탐욕 때문에 무단 증축으로 인해 안전성이 취약한데도 평형수를 빼고 과도한 화물적재까지 더해진 상태에서 결정타를 날린 것은 임시 선장과 초짜 항해사의 운전미숙이었다. 결국 이 모든 것이 어우러져 벌어진 참사다.

시민단체는 과실 해운 사고를 정부를 공격할 수 있는 천재일우 기회로 만들었다. 진도 팽목항에서 애도의 물결이 전국적으로 퍼져 나가는 데는 시민단체의 역할이 컸다. 내가 사는 전북 전주시에도 시민단체에 의해 도로변에 추모와 진실규명을 촉구하는 집회가 계속 열렸고, 홍보물은 5년이 지난 지금도 펄럭이고 있다.

세월호의 분노를 광화문 광장에서 박근혜 대통령의 탄핵 촛불집회로 바꾼 것도 시민단체들의 힘이었다. 숱한 조사와 관련자 처벌, 그리고 조사위원회의 활동을 거치면서 시민단체는 유족들과 함께 세월호를 육상에 올려놓고 진실이 규명되었는데도 또다시 배후 진실을 규명하자고 한다. 정말 진실 규명 때문인지 아니면 다른 권력을 손에 쥐고 싶어서인지 궁금할 따름이다.

나는 50년 전 면허증을 취득하고 처음 일자리를 얻었는데, 당시 개인용달 삼륜 화물차 운전기사였다. 첫 직장에서 차에 싣게 된 운행 화물은 과적 화물인 신문용지였다. 당시 용달차는 기아 자동차가 제작한 삼륜차로 화물 적재함은 큰 데 반해 앞바퀴는 하나라 속도를 줄이지 않으면 커브 길에서 넘어지기 쉬운 차량이었다. 초짜 운전사이기에 조심해서 운전했으나 불운이 겹쳤다.

안양서 서울로 가는 포장된 국도 1호선을 탔는데 느닷없이 공사 구간이 나왔다. 울퉁불퉁한 흙길이 나온 것이다. 비가 와서 질퍽거렸고 매우 미끄러웠다. 아스팔트만 운전해온 경험 없는 나로서는 감당하기 어려웠다. 결국 미끄러지더니 전복되고 말았다. 내가 면허증 따고 처음으로 취업해 운전사로서 첫 운행을 하는데 대형사고를 낸 것이다. 다행히 사람은 다치지 않았지만 적재했던 신문 용지는 흙물을 뒤집어썼고 차주에게는 막대한 피해를 입혔다. 지금도 그때를 생각하면 나를 채용하여 운전대를 맡긴 차주에게 너무 미안한 일이었다.

내 일화처럼 그동안 인천과 제주를 정기적으로 운행하여 해상 길목을 잘 아는 경험 많은 정규직 세월호 선장 대신 그 날은 임시 선장이 대신 운전대를 잡은 것이 문제였다. 게다가 해류의 흐름을 파악하여 섬들 사이로 안전하게 항로를 제시해야 할 항해사는 이제막 해양대를 졸업한 경험 없는 20대 여성 항해사였다. 내가 초짜 운전사로 삼륜 화물차를 몰다가 공사구간의 흙길에서 전복사고를 낸 것처럼, 경험 없는 세월호의 임시 선장과 초짜 항해사가 진도 앞 바다, 해류가 요동치는 마의 구간에서 전복사고를 낸 것이다. 말 그대로 운전미숙 침몰이다. 그런데 대한민국에서는 이를 정치적으로 이용하기 시작했다.

해난사고는 자주 일어난다. 1970년, 세월호보다 더 많은 사람이 희생된 남영호 침몰사고도 있었고, 전북 부안의 위도 여객선 훼리호 사건도 있었다. 단순한 운전부주의 해난사고가 부풀려 지기 시작했다. 미군 잠수함이 고의적으로 충돌했다거나 배의 앵커(닻)가 바닥에 걸려 침몰했다는 이야기도 돌았다. 일부러 구조하지 않으려고 다이빙 벨을 투입하지 않았다 등등 온갖 괴담이 퍼졌고, 야권과 일부 언론은 이를 부채질했다. 심지어 영화로도 만들어져 사실인양 국민을 호도하기 시작했다.

세월호가 바로 서자 이 온갖 괴담들이 거짓으로 판명되었는데도 침몰원인의 진실을 계속 밝혀야 된다고 주장하고 있다. 세월호의 사고원인을 조사한다는 세월호 선체 조사위원회는 괴담인 외부세력 개입설을 입증하기 위하여 모형실험까지 하고 있는데, 이게 자기들 마음에 안 들면 또 실험한다고 한다. 사안이 명백한데도 항해 부주의로 결론이 나면 자신들의 설 자리가 없어지니 최대한 억지 이유라도 달고 조사활동을 지속하는 것 아닌가?

　이제는 국민 혈세를 더 이상 축내지 말고 침몰 원인의 진실이 아니라 무슨 목적으로 괴담을 퍼트렸고, 그래서 그들은 어떤 이익들을 취했는지를 밝혀야 한다. 도대체 언제까지 세월호를 붙들고 있을 것인가? 오죽하면 한 전직 국회의원이 징하게 우려먹는다는 악담을 하게 만드는가?

10
장

새만금

거룩한 분노

전 세계에 한국인이 만든 최고의 히트 상품을 꼽으라면 아이돌그룹 BTS, 방탄소년단을 말할 수 있다. 그 방탄소년단을 만든 빅히트엔터테인먼트의 방사혁 대표는 "나를 만든 것은 꿈이 아니라 분노." 라고 서울대 졸업식 축사에서 말했다. 최선을 다하지 않고 적당히 하려는 것에 분노했고, 자신의 주변에 납득할 수 없는 현실과 불행할 수밖에 없는 상황에 맞서 싸워 왔기에 성공했다고 말했다.

이처럼 분노는 거룩한 것이며 잠재되어 있는 에너지를 촉발 시킨다.

전북에서 일어난 동학혁명도 불평등한 사회구조와 부패하고 무능한 관료들의 핍박으로 인한 더 이상 참을 수 없는 분노에서 나온 것이며, 우리나라의 민주화도 대통령을 체육관 선거로 뽑겠다는 군부 독재에 대한 용인할 수 없는 분노에서 나온 것이다. 세상이 투명하고 공평하며 공정한 것이라면 분노가 세상밖에 나오지 않았을 것이다. 나는 우리 고장 전북에 대한 차별과 푸대접에 대한 분노를 가지고 있으며, 특히 역대 정부의 새만금 생색내기로 30년을 허송세월을 보낸 것에 절망할 수밖에 없었다. 게다가 태양광, 풍력 등 신재생에너지 방향전환으로 개발이 20년 뒤로 미루어진다는 소식에 나 또한 서서히 거룩한 분노로 변해가고 있다.

30년을 질질 끌어온 전북의 숙원사업 새만금에 문재인 대통령은 지난해 11월 30일 새만금을 방문하여 뜬금없이 태양광 발전기를 깐다고 했다. 정부는 새만금 방조제 내측 1,171만 평(38.29㎢)에 태양광 발전기와 풍력 발전기를 세워 발전용량 3.0GW의 초대형 신재생 에너지단지를 만든다고 한다. 전체부지의 10%도 안 되는 면적이라고 당초 새만금 개발에 계획에 차질이 없다고 하지만, 이는 전북도민을 기만하고 있는 것이다. 이제 감춰진 사실을 국민이 알아야 할 필요가 있다.

정부가 확정한 새만금 기본 계획 변경안은 사업면적 40,100ha에 담수호 11,800ha, 생태환경용지 5,890ha로 담수호와 현재 호소로 되어있는 생태환경용지를 합하면 약 45%가 호소이다. 태양광 발전기가 설치되는 B.C.D 지구는 새만금의 노른자위로 현재 매립이 안 되어 있는 호소이다. 여기에 수상 태양광 발전기를 설치하면 태양광 발전기의 수명이 다하는 20년 뒤까지는 개발을 안 하겠다는 것이다. 한편 태양광 발전기 설치구역인 38,29ha는 전체 유효부지 22,32ha의 약 18%에 달한다.

새만금 개발 초기부터 담수호를 너무 크게 잡아 수질오염을 가중시킨다고 한 이유는 새만금 담수호로 유입되는 만경, 동진강의 유량이 적기 때문이다. 유입량은 적은데 담수호는 크기 때문에 수질

오염이 개선되지 않고 있다. 호소는 넓고 유입되는 하천수는 적은데 전주, 익산의 하수처리장 방류수까지 흘러들어오니 고인물이 썩는 것처럼 대책이 없는 것이다. 지난 20년 동안 4조 원의 수질개선비를 투자하고도 농업용수로 쓰기에도 부적합 6급수가 나온다는 사실은, 첫 단계부터 수질개선의 방향을 잘못 잡은 것이다. 사업 시작부터 방조제 축조를 반대했던 환경단체는 이제 수질오염을 빌미로 해수 유통을 기정사실화하고 한층 더 전라북도와 정부를 압박하고 있다.

해수유통을 하면 만사가 해결되는가? 환경단체는 해수유통을 하고 조력발전을 하면 수질이 개선된다는데, 썩은 물을 바다에 그대로 흘려보내면 서해 어장이 죽어 버릴 것이다. 그래도 괜찮은가? 해수유통을 하면 만조 때 담수호의 수위가 높아지게 되는데, 만약 그때 수백㎜의 폭우가 쏟아지면 김제, 부안, 군산의 농경지 등 2만ha 이상이 침수될 것이다. 그래도 괜찮다는 말인가? 완전 해수유통을 하면 만조 때 익산의 목천포 다리까지 바닷물이 들어온다고 한다. 호남의 곡창지대인 전북의 벼농사를 망칠 셈인가?

문재인 대통령의 선거공약에 금강 하구둑을 헐어 없애는 것도 들어있다. 충남에서는 지금도 금강 하구둑의 철거를 주장한다. 금강 하구둑이 없어지면 부여의 백제강 유람선이 서해 앞바다까지 오르락내리락 하겠지만, 금강 담수호에서 농업용수를 공급받아 농사짓는 군산 옥포, 대야, 김제의 만경평야와 정읍 신태인의 전북 농민들을 죽여도 된다는 말인가? 수질이 나쁘다면 왜 나빠지는지, 천문학적 투자로 환경기초시설을 만들어 주었는데도 수질개선이 안된다면 이를 무엇이 잘못되었는지 정확히 분석하여 근본적인 원인을 찾아 해결해야 하는데, 해수유통으로 해결한다는 것은 쥐뿔도 모르는 환경단체와 얼치기 대학교수들의 완장 권력이 만들어낸 코미디 아이디어다.

한술 더 떠 새만금 개발청은 새만금 국제협력용지 6.6㎢에 거주인구 2만 명의 자족형 스마트 수변도시를 만들겠다고 한다. 상괭이들이 떼죽음 당했던 새만금 호수에 수변도시를 만들어 놓으면 어련히 사람들이 들어와서 살 것 같은가? 착각하지 말고 정책을 입안한 당신들부터 살아 보라! 베네치아를 꿈꾸다 망신당하는 것 시간문제이다.

새만금에는 또 하나의 중요한 현안이 있다. 바로 새만금 신공항이다. 군산의 미군 공항 이외는 공항이 없는 불모지 전북에서 공항은 전북도민의 숙원사업이었다. 예전에 김제공항을 추진하려다 경제성이 없어 무산된 후, 전라북도는 계속하여 공항사업을 요청해 2016년 정부의 제5차 공항개발 중장기 계획고시에 새만금 신공항을 반영하여 공항건설의 길을 열었다. 그러나 문재인 정부 들어 전라북도가 꾸준히 요청하여 예타를 면제받은 새만금 신공항은 다른 시도의 공항과 달리 2020년 이후에나 예산에 반영될 것이라 알려졌다.

새만금 신공항은 전북의 숙원사업이지만 무안공항을 서남권 거점공항으로 육성하려는 광주, 전남과의 이해관계 때문에 제대로 추진될 수 있을까 마음 졸이던 사업이었는데 아니다 다를까. 예산지원이 미루어지자 이 정부가 광주와 전남의 심기를 거스르면서까지 과연 해줄 것인지 의심하지 않을 수 없다. 송하진 전북지사가 2023년 세계 잼버리대회에 맞춰 활주로만이라도 깔게 해달라고 요청했는데도 잼버리대회 전 공항건설은 사실상 물건너가고 말았다.

1989년 11월 새만금 사업의 기본계획이 확정되고 30년이 흐른 새만금은 되는 것은 없고 그렇다고 진행이 안 되는 것도 아닌 어정쩡한 상태로 관련 부처들의 먹잇감으로 전락하고 말았다. 같은 시기에 개발한 중국의 푸동 지구는 중국 동부해안의 견인차가 되어 세계가 부러워하는 중국의 물류허브 기지가 되었건만, 새만금은 여전히 흙먼지만 날리고 있다. 수심 30m의 천혜의 양항 조건과 주변에 장애물이 없는 최고의 공항조건을 가진 새만금이 한중일 물류거점으로 손색이 없는 최적의 입지임에도 정치권과 지역 간의 이해관계로 인해 빛을 못 보고 있다.

새만금이 있는 우리 전북은 호남평야를 끼고 있음에도 과거의 농경시대나 산업화가 이루어진 현대에 이르기까지 낙후 지역으로 계속하여 지내왔다. 농업이 주된 시대에 토지가 넓고 비옥하여 소출이 많은 전북은 중앙정권의 수탈 대상으로 전락하였고, 일제 강점기 때는 미곡생산의 착취가 더욱 심하여 더욱 피폐한 지역이 되었다. 채만식의 소설 「탁류」에 나온 군산항의 애환이 이를 말해준다.

정권의 핵심에 끼지 못하면 수혜를 받지 못하고, 수혜를 받지 못하면 반발하고 저항하는 것이 사람 사는 세상이다. 백제가 멸망한 이래 지금까지 정권의 주도 세력으로 들어가지 못한 한이 서린 지역이 바로 우리 고장이고 호남지역이며 전라도이다. 호남은 신라의 백제 정복에서 무참히 학살당한 민초들의 한이 있고, 고려 태조 왕

건에게는 끝까지 저항했기에 호남에 대한 편견을 가진 訓要十條(훈요십조)가 나왔으며, 鄭鑑錄(정감록)의 호남에 대한 저주와 이중환의 擇里志(택리지)에서 호남인을 악담하는 등 오랜 세월 동안 반역의 기질이 있고 교활하다 하여 유달리 차별받아왔다. 그렇게 생겨난 전라도의 한은, 그만큼 백제멸망 이후 중앙정부로부터 소외되고 학대받고 착취당하면서 살아왔기에 생겨난 절망의 몸부림이었다.

사람이 곧 하늘이다 이렇게 외쳐 저항했던 사람들이 봉기한 지역인 동학의 발상지요, 그 동학 민중의 함성이 울려 퍼진 곳이 바로 전북이다. 과거 호남 제일성으로 호남의 중심이었던 전북은 이제 호남의 중심을 전남과 광주에게 물려주고 변방으로 밀려나고 말았다. 알토란같은 금산군을 충남에 빼앗긴 대신 낙후 도서인 어청도와 위도를 충남과 전남으로부터 떠안아 힘없는 전북의 실상이 보여주었고, 현재 위축된 도세는 180만 이하로 추락하였다. 오랜 세월 동안 천대받으며 낙후 지역으로 전락한 전북. 그 전북의 새만금을 정부는 전북의 새만금이 아닌 대한민국의 새만금으로 만들어야 하지 않겠는가? 한이 맺혀있는 전북에게 이제 보상을 해주어야 하는 것 아닌가?

운명의 장난으로 새만금을 사랑하고 새만금을 위해 활동했던 내가 새만금 개발청이 새만금 개발 활성화를 위한 국민 제안 공모에서 장려상을 수상한 '새만금 토지이용 변경과 신공항, 신항만의 역발상 전략'을 이 책의 마지막 편에 수록하였다.

고개 숙여 양해를 바랄뿐이다.

새만금 남부권 관문 공항

새만금 신공항은 공항 오지인 전북의 숙원사업이다. 1997년 추진된 김제 공항이 경제성을 이유로 좌절되었지만 이에 굴하지 않고 다시 시작된 전북도민의 열망 사업으로 2016년 5월 10일 국토교통부 제5차 공항개발 중장기 계획고시에 새만금 국제공항 타당성 검토를 반영하여 정부의 2019년 1월 29일 새만금 신공항 예비타당성 조사 면제 사업에 포함하여 세계잼버리 대회에 맞추어 본격적인 사업의 길을 열었다. 하지만 예산배정이 2020년 이후로 미루어져 새만금 신공항은 사실상 표류하고 있다고 봐야 할 것이다. 이는 자동차로 1시간 남짓 거리에 있는 무안 국제공항이나 청주 국제공항과 비행기 노선을 비롯해 고객의 수요가 겹칠 수 있다는 걱정과 지역 간 갈등, 그리고 공항 시설의 중복투자를 불러일으킬 수 있기 때문이다. 또한 서남권 거점공항을 바라는 광주, 전남지역과의 마찰이 불가피하다는 요인도 있다.

한편 영남권에서는 영남지역의 관문 공항을 바라는 지역주민들의 바람에 따라 재추진된 영남권 신공항 후보지에 대한 사전타당성 검토 연구용역이 지난 2016년 6월 말 발표 예정이었고 후보지인 밀양과 가덕도 중 택일하기로 했으나, 박근혜 정부에 의해 김해공항 확장으로 결론을 내렸다. 이에 새로 들어선 문재인 정부에서 대구와 경북 지역에는 군위에 통합 신공항 건설하고 부산과 울산, 경남 지역에는 가덕도 신공항을 재추진되는 것 같다. 결국 김해 신공항 확장으로 방향 잡았던 국토교통부는 사실상 추진 딜레마에 빠지게 되었다.

정권을 잡은 집권여당의 부·울·경 지자체 단체장들은 김해 신공항 계획(안) 타당성 검증조사를 한 뒤 위험하고 부적합한 공항으로 낙인찍고 김해 신공항을 국무총리실에서 재논의한다는 것으로 최종합의를 하였다. 한마디로 김해 신공항을 폐기하고 가덕도 신공항을 추진하는 수순이다. 이미 가덕도를 이용하기에 불편한 대구와 경북권을 위해 경북 군위에 별도의 통합 신공항을 건설하기로 선포했으니, 전북의 새만금 신공항까지 포함하면 손바닥만 한 남쪽 국토에 추가로 세 곳의 공항을 건설하겠다는 이야기다. 이런 지역 이기주의에도 정부는 "이건 아니야."라고 하질 못하고 있다.

　그동안 부산과 경남권의 김해 공항 이용객이 천만 명이 넘는 포화 상태였다는 것과 소음문제로 야간 7시간 동안의 이착륙이 금지된 것, 주변의 산이나 민가 등으로 인한 시설확장 불가능 하다는 점을 들어 새로운 공항을 물색하였고, 대안으로 제시된 밀양과 가덕도 모두 경제성이 떨어지고 공항을 짓기에 부적합한 지역으로 평가된 것이기에 공항 건설은 더욱 미로에 빠지고 말았다. 가덕도 신공항은 가덕 대항 앞바다가 예정부지로, 부산에서 가덕 대항까지는 39.8km, 소요시간은 기존 도로망 기준 1시간이다. 하지만 대구와 울산은 도심 통과로 인해 공항 접근성이 매우 불편하고, 따라서 대구와 경북을 위해 군위에 공항을 건설하겠다는 것이다.

　가덕도는 대한해협에 접하고 있는 외측 섬으로 태풍의 길목에 있어 해일과 태풍으로부터 보호를 받을 수 없는 지역으로, 2002년 태풍 매미로 인해 신항만에 있던 800톤 크레인 11대가 파괴된 것만 봐도 사실상 공항을 지을 경우 위험요소가 가득한 지역이라 할 것이다.

한때 밀양을 추진했던 경남발전연구원의 발표에 의하면 가덕도 신공항의 공사비는 20.2조 원이나 평균수심 12~20m에 이르는 가덕도 해상 매립을 위한 매립 토양 확보문제와 수심 아래의 연약지반(20~49m)을 다지는 천문학적 비용, 해상 공항의 외곽 방조제 건설, 진입도로, 철도, 전철 추가 건설 등 정부가 추가예산을 계속하여 퍼주어야 한다고 지적한 바 있다. 가덕도는 공항 건설 후 일본의 간사이 공항처럼 지반 침하로 인해 지속적인 유지 비용을 들여야 하고, 2018년 9월 태풍 제비로 간사이 공항이 침수된 것처럼 공항으로서 취약점을 분명히 가지고 있다고 봐야 한다. 이를 외면하고 추진한다면 '삼수갑산 가더라도 나는 한다.'이고, 고양이 눈감고 아웅하는 격이다.

따라서 영남권의 관문 공항을 바라는 영남권 주민들의 기대를 충족시키면서 새만금 신공항으로 인해 무안 국제공항의 위축을 우려하는 광주와 전남권의 불신을 해소하기 위해서라도 영호남을 통합하는 역발상전략이 꼭 필요하다 하겠다.

이는 지금까지 거론되었던 공항 건설을 원점에서 다시 재검토하여 새로운 미래전략을 세우는 것으로, 핵심은 영남권 신공항을 남부권 관문 공항으로 격상하여 새만금에 유치하고 고속 철도망인 KTX를 건설하여 부산에서 새만금 남부권 관문 공항까지 50분 안에 올 수 있도록 접근성을 확보하는 나의 영호남 찰떡궁합 제안이다.

부산, 창원, 진주, 남원, 김제, 새만금으로 이어지는 직통망은 새만금에서 칭따오, 부산에서 후쿠오카로 이어지는 열차 페리를 통해 한중일 물류혁명과 생활벨트가 현실화 될 수 있다. 또한 대구권은 계획된 대구-전주 간 직통 동서고속도로를 추진하여 건설 중인 새만금-전주 간 고속도로에 연결하면 90분 안에 올 수 있는 접근성을 확보할 수 있으며, 정부의 제3차 국가 철도망 구축계획에 의해 확정된 김천-새만금 동서횡단철도의 출발점을 김천이 아닌 대구로 지정해 성주-무주-전주-새만금 신항으로 이어지는 직선코스의 철도망을 구축할 수 있다. 이를 통해 포항, 대구의 물류가 새만금 신항을 통해 중국 동부지역 항만은 물론 장강을 통해 우한의 내륙 거점 지역으로까지 직접 물류를 운송하는 유용한 효과를 얻을 수 있다. 한마디로 부산과 대구는 새만금을 이용하여 중국 동부 연안, 또는 세계로 뻗어갈 수 있는 길을 여는 것이다. 그 가능성을 열기 위해선 관문 공항이 단순히 비행기가 뜨고 내리고 환적과 환승의 기능을 수행하면 안 되며, 물류를 포함한 관련된 산업을 위한 배후 부지가 제공되어야 한다. 그런데 새만금에는 1억 2천만 평에 달하는 넓은 부지가 마련되어 있다.

한편 동부해안의 중추공업도시인 울산도 현재 완공 예정인 언양-함양 고속도로를 이용하면 빠른 시간 안에 새만금 남부권 관문 공항에 도달할 수가 있다. 지금은 거리가 아니라 소요시간이 평가의 기준점이 되어야 한다. 부산시민들이, 또 대구시민들이 '세계 어디든지 갈 수 있는 중장거리 노선이 취항되는 관문 공항은 꼭 내가 사는 도시 인근에 있어야 한다.'는 생각을 버릴 때가 되었다. 산이 높고 지역은 좁아 아파트를 산꼭대기에 지어야 하는 부산의 경제 영토가 새만금까지 넓어지는 효과와 대륙 간 횡단철도 TCR, TSR과 일본의 JR이 교차되어 부산이 한중일 삼국의 물류중심이 되기 위해라도 이것은 반드시 필요한 일이다.

이를 위해 첫 출발점인 영호남통합 남부권 관문 공항을 새만금에 유치할 것을 제안한다. 이러한 나의 제안은 문재인 정부 출범 시에 국민인수위원회 광화문 1번가에 국민 제안으로 제출하였고, 새만금 개발청의 2018 새만금 개발 활성화를 위한 국민제안 공모에 제안하여 장려상을 수상한 바 있다.

이어지는 것이 바로 '새만금 토지이용 변경과 신공항, 신항만의 역발상 전략'이다.

새만금개발 활성화를 위한 국민제안 공모 장려상 수상작

새만금 토지이용변경과
신공항 신항만의 역발상전략

현황과 문제점(토지이용)

　새만금은 1991년 방조제 착공 후 우여곡절 끝에 2006년 33.9㎞ 방조제 연결공사를 완료하고 40,100ha에 이르는 국내 최대의 간척지로 전북도민의 동북아 중심 도시를 열망한 꿈이었으나 아직까지도 개발 중인 미완성의 사업임.

　역대 정권의 무관심과 형식적인 지원으로 인해 동시대에 착공한 중국의 푸동 지구는 천지개벽 되어 중국 동부권의 중심 지구로 발전했으나 새만금은 30년이 되어가도록 수질오염, 투자유치, 매립토, 행정구역 등 어느 것 하나 가시적 성과가 나타나지 않고 있음. 신공항도 세계 잼버리대회에 맞추고자 예비 타당성 면제와 용역 예산을 요청했으나 순탄하지 않은 상황.

　신청자는 현재 새만금사업의 근본적인 문제점의 원인으로 2014년 9월 확정한 새만금 토지이용 기본계획의 면적 409㎢는 토지 291㎢, 호소 118㎢는 토지이용의 문제점으로 담수호와 환경생태용지 때문에 오히려 수질오염을 가중시키고 동북아물류중심의 가용토지를 제한함으로써 새만금발전의 걸림돌이 될 수 있음을 밝히고자 합니다. (사진 1)

　새만금은 1991년 100% 농지를 전제로 한 초기 구상안에 의하면 방조제와 호안에 다수의 인공습지와 저류조를 두고 가용 농지를 최대한 확보하고 홍수 시를 대비한 계획임을 알 수 있습니다. (사진 2)

사진 1   사진 2

　그러나 정부가 제14차 새만금 위원회를 통해 확정한 새만금 기본
계획 변경안은 사업면적 40,100ha에 담수호 11,800ha, 생태환경용
지 5,980ha를 기본으로 하여 사업면적의 40%가 넘는 용지를 호소
및 생태환경용지로 만들었습니다.

　이러한 호소 및 생태환경용지는 만경 및 동진강의 미미한 유량으
로(하상계수 650:1) 인해 호소에 넓은 정체구역이 형성되어 물의 흐름
이 없고 용존산소가 부족하여 2011년 1월 상괭이 수백 마리가 집
단 폐사한 것처럼 새만금 담수호는 생명체가 살 수 없는 호소가 되
었습니다.

	최대유량(㎥/s)	최소유량(㎥/s)	평균유량(㎥/s)
만경강(백구제수문)	1,204.0	3.56	41
동진강(군포교)	698.7	0.642	34

2005~2010년 사이 유량현황

이는 2015년 새만금 환경청이 실시한 새만금 수질조사를 통해 1월~5월까지 수질이 6급수로 나타난 것으로 증명되었고, 수심이 깊은 곳은 용존산소가 거의 없는 무산소층으로 나타나 물속 생물이 살 수 없는 것으로 확인되었습니다. 지금까지 15년간 2조 5천억 원을 투자하여 수질 개선을 하였지만 조사 수질은 지금도 평균 COD 기준 10mg/L 이상으로 환경단체가 주장하는 해수유통은 이미 기정사실화 되고 있습니다.

이러한 천문학적 수질개선비를 투자하고도 효과를 얻지 못한 것은 만경, 동진강으로부터의 유입량이 적은데 호소를 크게 하여 호소가 정체구역이 되어 물의 순환이 없고 호소 바닥의 퇴적물이 혐기성 부패하기 때문입니다.

이는 정부가 사업면적 40,100ha에 담수호 11,800ha일 때 감사원 특별감사에서도 담수용량이 필요 이상으로 커서 수질오염을 가중한다고 지적했는데, 담수호를 줄이기는커녕 오히려 생태환경용지 5,950ha를 추가하여 하천 유입량이 없어 호소를 물 순환이 없는 죽음의 호소를 만들었기 때문입니다.

> (마) 새만금 담수호의 물을 필요 이상으로 많이 저수하도록 계획하여 수질오염 등을 가중시키거나 금강호 물의 수질이나 수량 등을 참작하지 아니하고 제염 및 오염 회석수로 새만금 담수호에 공급하는 계획을 수립하였다.

발췌 : 1998. 4 감사원 특별감사 자료

현재의 새만금토지이용기본계획은 드넓은 호소와 생태환경용지에 가로막혀 국제협력용지와 산업연구용지 또는 관광레저용지와 배후도시용지끼리의 상호접근성도 떨어지고 용지 간 연계성이 없으며 신공항과 신항만 등 배후 확장성도 떨어져 도시발전을 기대할 수 없습니다.

개선방안(토지이용)

1. 지금까지의 계획인 넓은 호소에 연접한 수변 도시라는 망상을 버리고 계획된 담수호 및 생태환경용지를 대폭 줄이는 대신(사진 3) 산업용지, 국제협력용지, 배후지원도시용지, 신공항, 신항만 지원용지를 대폭 늘려 800㎜/day의 폭우를 처리할 저류조와 인공습지(생태환경용지)를 조성합니다.

2. 호안도로 및 방수제를 터널형 저류조로 만들고 저류조와 인공습지는 수생식물을 식생시켜 홍수방지와 수질개선 효과를 동시에 추구합니다.

3. 만경강 및 동진강 중상류에 부상식 수거장치를 설치하여 홍수 시 떠내려오는 쓰레기 및 부유물을 제거하여 호소유입을 방지토록 합니다.

4. 호소가 대폭 축소되면 강 하류 및 호소 밑바닥 퇴적물을 준설합니다.

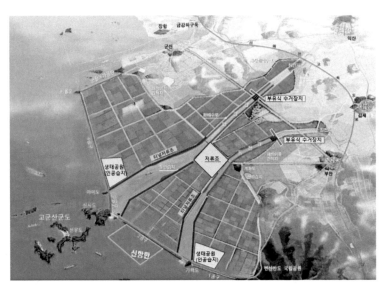

사진 3

기대효과(토지이용)

호소가 직강화되고 정체구역이 없어지면서 강의 압출 흐름이 이루어지고 강물의 호소 체류 시간이 짧아지므로 물의 용존산소가 풍부해지고 수질오염이 개선되므로 해수유통의 근거가 사라지는 유용한 효과가 있습니다.

호안축조와 방수제를 터널형 저류조로 만들면 매립토 절감과 동시에 도로 활용하는 일석이조의 효과가 있으며 폭우 시에 침수를 방지하는 효과가 있습니다.

불필요한 호소가 가용용지가 됨으로써 보다 많은 필요용지를 공급할 수 있어 새만금을 동북아 물류 중심도시로 확대할 수 있는 효과가 있습니다.

현황과 문제점(신공항과 신항만)

새만금은 내륙으로는 서울과 부산의 삼각점에, 해양으로는 텐진과 상하이의 삼각점에 위치한 한국과 중국의 지리적 교차점이며 동북아 물류 중심도시로 발전할 가능성이 있는 지역입니다. (사진 4)

사진 4

따라서 전북의 새만금을 포기하거나 한·중·일 삼국을 연계하는 큰 그림이 없이 전북만을 위한 신공항, 전북을 위한 신항만이라는 명제로 접근하는 것은 미래를 내다보지 못한 협소하고 근시안적인 정책이며 이에 대한 근거를 살펴보고자 합니다.

신공항은 공항 오지인 전북이 1997년 추진한 김제 공항 유치가 경제성을 이유로 좌절되었음에도 이에 굴하지 않고 다시 시작한 도민의 열망으로, 2016년 5월 10일 국토부 제5차 공항개발 중장기 계획고시에 새만금 국제공항 타당성 검토를 반영, 추진 근거를 마련하고 2015년 한국항공대의 전북권 항공수요조사 용역에서 2025년 190만 명, 2030년 402만 명이 이용할 것이라 제시해 경제성을 내세우고 있으나 가까운 무안 공항과 청주 공항의 이해와 이웃의 반대로 제대로 순항할 수 있을지 의문인 사업입니다.

현재 새만금 신공항은 2023 세계잼버리 대회에 맞춰 개항을 추진하고자 예비 타당성 면제와 용역 예산을 신청했으나, 이것이 순탄하지 않은 것은 정부의 경제성 판단 때문이며 독자 추진 시 또 하나의 적자 공항이 될 것이라 예상됩니다.

신항만은 2012년 6월 기공식으로 2016년 방파제를 준공하고 2023년까지 4선석 규모의 부두를 완공해 향후 18선석으로 확장할 계획이며, 새만금 산업단지 및 전북의 물동량을 처리하고 배후 교통망으로 2016년 6월 국가 철도망 구축계획에 반영된 새만금과 대야, 전주와 김천의 동서철도 노선과 새만금과 대구 간 고속도로로 포항까지 연결되는 동서 고속도로가 있습니다.

소위 동서 황금철도로 불리는 이 계획은 대구에서 위로 올라갔다 내려갔다 다시 올라가고 내려가는 직선화되지 못한 철도망으로 대중국을 향한 경북권 및 동해안 물동량을 흡수하지 못하는 경제성 없는 철도망입니다.

한편 신항만이 부두시설 건립 기본계획에 따라 향후 컨네이너 3만 톤급 2선석에 그치고 일반 및 관광·레저 위주의 항만으로 구성한 것은 중국 동부 연안의 항만과 환적화물로 경쟁해야 하는 동북아 물류중심 항만을 포기하는 것입니다. 경제 글로벌은 컨테이너 선박의 대형화가 추세이며 이는 수송효율 증가대비 연료소모량이 낮기 때문입니다. 따라서 10,000TEU 이상의 초대형 선박도 접안하며 컨테이너 18선석 이상의 매머드 환적 항만계획이 없는 것은 새만금 수심 17~40m의 천혜의 양항 조건을 살리지 못하는 것입니다.

중국은 1979년 선전경제특구 이후 상하이(푸동) 경제특구, 텐진 경제특구를 중국의 3대 특구로 개발하였으며, 특히 발해만 신 공업특구는 국가 차원에서 21세기 중국경제의 중심지역으로 개발할 예정입니다. 이는 텐진, 칭다오, 상하이와 지정학적 삼각 구도에 있는 새만금이 중국 동북부의 경제특구와 경쟁구도 거리에서 이에 맞설 글로벌 경제특구로 개발하는 근거지만, 정작 개발청사진이 없습니다.

개선방안(신공항과 신항만)

1. 새만금 신공항의 명칭을 남부권 관문 공항으로 바꾸고 김해공

항 확장으로 잠정 결정되었음에도 김해시의 소음문제, 부산시의 가덕도 신공항 재추진 시의 문제점, 대구의 군위 공항 검토 등으로 인해 표류하고 있는 영남권 신공항을 새만금에 유치하자는 역발상 제안입니다.

2. 이는 항공수요가 제일 많고 인천국제 공항이용이 불편하며 이동에 장시간이 소요되는 부산을 새만금과 고속철도를 건설하여 직선의 KTX로 부산에서 새만금 공항까지 50분 내에 접근할 수 있는 접근성을 확보하여 영호남이 함께 새만금 신공항을 남부권 관문 공항으로 만들자는 제안입니다. (사진 5)

사진 5

김해공항 항공수요 포화로 동남권 신공항으로 추진했으나 대구,

경북의 K2 공항 이전과 맞물려 버렸습니다. 그래서 영남권 신공항으로 추진하였으나 후보지가 된 밀양과 가덕도는 공항 부적합 판정을 받았고, 따라서 국토부는 관문 공항을 바라는 영남 여론을 의식해 밀양, 가덕도에 국한하지 않고 넓게 살펴본다 하였습니다.

3. 신항만은 향후 36선석으로 규모를 확장하고 부두시설 건립도 환적항의 기능을 가진 동북아 물류중심 항만으로 개발하여 우리나라 항만 물동량의 75.3%를 차지하는 부산항과 항만관리 일원화를 추진하여 새만금 신항이 부산항과 함께 동북아 환적 중심 항구가 되자는 제안입니다.

이는 부산항이 중국동부 연안 항만과의 경쟁에서 상하이 닝보, 저우산항에 밀려 세계 5위 자리를 빼앗기고 칭다오항 등 부산으로 가는 환적 화물의 급격한 감소 등으로 인하여 부산항의 위기가 도래했기 때문에 부산항과 새만금 신항이 상생할 수 있는 코피티션 전략이 필요하기 때문입니다.

이러한 부산과 새만금의 코피티션 전략은 중국 동부 연안의 대륙 간 환적화물이 남해를 돌지 않고 새만금 신항에서 북미화물을 내려놓으면 부산에서 온 일본의 유럽화물과 유럽행 선박에 실리고 반대로 신항의 북미 화물은 부산에 옮겨져 일본의 북미화물과 함께 북미행 선박에 실리는 환적화물 해운 전략입니다. (사진 6)

사진 6

4. 이러한 새만금과 부산의 철도망은 새만금과 중국 산동성 연운
   항을 부산과 일본 규수 후쿠오카에 연결하는 열차 페리를 추진
   하여 대륙과 해양의 물류가 이동하는 TSR, TCR 철도망이 새만
   금을 통해 집적, 이동, 생산, 보관, 포장되는 신 Korea 실크로드
   를 한국에 만들자는 제안입니다.

기대효과(신공항과 신항만)

새만금 신공항은 영남권 항공 수요와 경제성을 확보할 수 있으며
영남 주민들이 인천공항을 이용할 때 불필요하게 소요하던 시간을
줄이고 불편을 없애며, 재추진되는 가덕도 신공항 및 군위 공항을

추진할 일이 없어 국가 예산이 절약됩니다.

이는 김해 공항 확장이 8만 6천 명의 소음 피해자와 24시간 전천후 운항이 불가능하고 배후 확장성이 없고, 부산은 가덕도 신공항을, 대구는 군위공항을 다시 추진할 수밖에 없으나 새만금 신공항이 남부권 관문 공항이 되면 이를 일거에 해소하는 효과가 있습니다.

경남발전연구원 발표에 의하면 가덕도 신공항 공사비인 20.2조 원과 후속 예산이면 새만금 신공항은 물론 새만금-부산 간의 고속철도 및 일반 철도 건설 비용을 충당할 수 있으며 부산, 창원의 심각한 교통난 해소와 경남 서북부 지역에 큰 도움이 되며 부산의 경제 영토가 새만금까지 확장되는 효과가 있습니다.

새만금과 부산의 철도망은 새만금 신항 열차 페리에 의해 중국 산동성 거쳐 중국 내륙으로 가는 중국 횡단철도(TCR)로 연결되고, 부산항 열차 페리는 일본 규수를 거쳐 오사카 공업지대의 화물 철도 노선(JR)으로 이어지며 부산에서 경부, 동해선을 거쳐 유럽 가는 시베리아 횡단철도(TSR)는 부산이 물류 교차점이 되어 한국이 동북아 물류 중심 국가가 되는 유용한 효과가 있습니다. (사진 7)

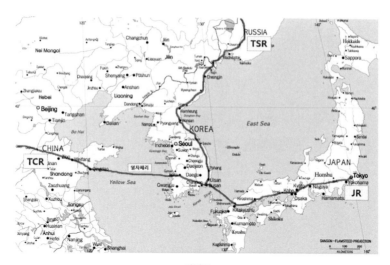

사진 7

열차 페리의 추진은 저비용 고효율의 물류시스템을 구축하는 것으로 우리가 새만금과 부산을 통해 구축한 열차 페리 해운물류가 일본으로 이어지면 일본이 굳이 TSR을 사할린을 통해 홋카이도와 연결하지 않아도 되는 효과가 있습니다.

열차 페리는 현재 쇠락하고 있는 한국 조선 산업의 회생 발판이 될 수 있으며 조선업의 부활은 새만금과 부산의 철도망 건설과 함께 문재인 정부가 지향하는 국정 지표 중 하나인 고용창출 효과가 있습니다.

이러한 미래지향적인 역발상 전략은 부산의 물류가 새만금을 통해 중국 진출에 용이해지고, 새만금 신공항이 남부권 관문 공항으로 격상되면 남부권 주민의 접근성이 좋아지며, 인천공항과 함께 투톱체제를 이루면 한국이 한·중·일 삼국의 대륙 간 항로의 동북아 환승 중심 국가가 될 수 있습니다.

새만금 신항은 부산항과 항만관리를 함께함으로써 대륙 물류와 해양 물류의 환적항으로 자리매김할 수 있으며, 한·중·일 삼국을 연결하는 물류 벨트의 중심이 되는 드넓은 새만금 부지는 환적 화물의 하역, 선적, 보관, 생산, 포장이 용이하게 이루어져 기업투자가 비약적으로 증가하고 대한민국이 동북아 물류 중심국가가 될 수 있습니다.

이는 미국이 TPP(환태평양경제동반자협정)에서 탈퇴하자 일본이 지역공동체의 필요성 때문에 중국, 한국, 일본이 참여하는 한·중·일 FTA를 요구하는 현실 속에서 1억 2천만 평의 새만금이 무비자, 무관세의 한·중·일 FTA 경제특구가 되어야 하는 이유이자, 한국이 한·중·일 경제공동체의 중심이 되어야 하는 이유입니다.

새만금은 미래입니다.
새만금은 한·중·일 삼국의 동북아 중심에서 지정학적으로 최적의 위치에 있습니다. 국민 여러분의 관심과 호응을 진심으로 기대합니다.

감사합니다.

조남수 새만금 활동사진

토론현장 기사

언론사 앞에서

과천에서

현장에서

국회에서

도청에서

여의도에서

방조제에서

새만금 열사 8인

새만금 수질보전대책위원 / 직무평가위원 등 위촉장   새만금 표창

조남수는 새만금에 열정을 바쳐왔습니다

1948. 3 전북 남원출생

1998. 6 전북일보 등 지역 언론에 새만금추진 전북발전 다수 칼럼 기고 활동

1998. 6 새만금 현장. 전북도청. 여의도. 과천청사 등 다수 새만금추진 집회
참석

2000. 9 국회환경경제연구회 주최 국회도서관 대강당 새만금 토론에 토론주
제 발표

2001. 5 서울교육문화회관 토론회 반대 측 문규현 신부와 몸싸움 전국 TV
방영됨

2001. 5 새만금추진협의회 창립주도세력으로 참여하고 대변인 활동

2001. 6 전북 언론에 새만금을 다시 만든 사람들 8인 열사에 선정

2002. 8 전라북도 새만금 수질 보전 대책위원회 위원 활동

2002. 12 한국소리문화 모악당 새만금 수질개선에 관한 심포지엄 주최 토론자

2003. 1 문화일보에서 도올 김용옥의 새만금 폄하 글에 대한 반론집회 및
특별기고

2004. 11 전라북도지사 강현욱 지역발전 기여 새만금 표창

2015. 7 새정치민주연합 전북도당 새만금 특별위원회 부위원장

2018. 11 새만금 개발청 새만금 활성화를 위한 국민제안 공모에서 장려상 수상
제목: 새만금의 토지이용변경과 신공항. 신항만 역발상 전략

2019. 3 새만금 남부권 관문 공항 추진협의회 회장으로 활동 중

후기

　글쓰기가 마무리되어 가는데 인천 서울 붉은 수돗물 파동이 연이어 터진다. 20~30년 이상 된 노후화된 송수관이 원인이다. 아무리 고도 처리하여 깨끗한 상수를 생산해도 낡은 송수관으로 수질이 오염되어 수돗물 불신으로 이어지는데 수계전환으로 책임을 떠넘긴다. 종양 같은 붉은 녹들이 덕지덕지 붙은 송수관을 교체하지 못한 것은 그동안 예산이 부족해서이다. 밑 빠진 독 물 붓기 예산이란 비판을 받고 있는 천문학적 일자리 예산은 펑펑 쓰면서 낡은 송수관은 교체할 돈이 없어 이 난리가 났으니 뭣이 중한지도 모르는 정부이다.

　영남 5단체장이 영남권 신공항 용역 결과에 승복하겠다고 해놓고 김해공항 확장으로 결론이 나니 이를 뒤집고 태풍 제비에 일본 간사이공항 침수되고 지반침하가 계속되는 해상공항의 문제점을 알면서도 부·울·경은 가덕도에 신공항을 만든다 하고, 대구경북은 별도로 통합 신공항을 추진하고, 전북은 전북대로 새만금에 신공항을 만든다고 한다. 손바닥만 한 땅에 멀리 못 보는 지역주의 공항 경쟁에 정부는 무대책이다.

트럼프와 판문점에 가 북미정상회담을 하고 나오는 김정은의 얼굴에 화색이 만연하다. 핵은 동결하되 핵보유국으로 가는 길이 열렸기 때문이다. 이는 안 봐도 비디오다. 완전하고 검증 가능하고 불가역적인 핵 폐기(CVID)는 소리 없이 날아가고 북한은 이제 핵무기를 갖게 될 것이며 서서히 남한 적화야욕을 들어낼 것이다. 이 또한 우리가 반미를 외쳐대고 미국을 허울뿐인 동맹으로 만든 결과이다.

일본이 위안부와 강제징용배상 대법원 판결 이후 만나 협의하자고 누차 했어도 사법부가 한 일이라 관여할 일 아니라고 무시하다 반도체의 부품소재 수출을 규제당하는 허를 찔렸다. 이제와 당정청 회의를 열어 반도체 소재 부품 장비 개발에 매년 1조씩 투자하고 WTO에 제소한다는데, 기업은 당장 죽겠다고 소리치는데 그게 하루아침에 될 일인가? 위안부 화해치유재단이란 국가 간 계약을 뒤집고 강제징용배상을 양국 기업이 기금을 출연하여 하자는데 국내 기업이 무슨 봉인가? 이 정부의 하는 일이 꼭 아마추어같이 나라 망하게 할 것 같아 불안하기만 하다.

우리 아이들 점심을 해주던 급식 조리원과 영양사를 비롯한 비정규직 근로자들이 정규직으로 전환해달라고 7월 3일 파업하고 광화문에 올라갔다. 이언주 의원 말대로 그냥 밥해주는 아줌마들이고 평범한 우리들의 어머니인데, 4대 보험 들어주고 적지 않은 급여를 받는데 누가 이들은 조직적으로 시위 현장으로 내몰았는가? 그래서 죄 없는 우리 아이들 빵 먹고 라면 먹게 하여 배고프게 만든 민노총 그대들이야말로 그대들의 욕심 때문에 이 나라를 병들게 하고 있는 것 아닌가? 도로 공사 비정규직 직원들도 고속도로를 점거하고 시위를 했다고 한다.

사회 곳곳에 봇물처럼 터져 나오는 집단이기주의와 내 몫 더 찾기는 만인에 대한 만인의 투쟁으로 들불처럼 번져나가고 있다. 이 모든 것은 문재인 대통령이 2017년 5월 공공 부분 비정규직 제로(0) 시대를 약속한 시점부터 예견된 일이다.

이 정부 들어 터진 오늘 같은 사태는 문재인 대통령과 민주당 정권에 일차적 책임이 있지만, 보수는 청산되어야 할 적폐이고 복지를 좌파 정권 정책의 핵심으로 밀어붙여 직업의 차이와 급여의 차등을 인정하지 않으려는 진보 진영이 만들어 낸 것이다.

글쓰기가 마무리되고 머리도 식힐 겸 내가 사는 전주시 효자동 원룸촌 동네를 한 바퀴 돌아보았다. 김밥집, 식당, 맥주집, 커피숍, 중국집 등 손님이 붐빌 저녁시간인데 가게마다 손님은 하나도 없고 주인 혼자만 우두커니 앉아 있다. 양품점, 가구점, 부동산중개소, 옷가게 등은 이미 일찍 문을 닫아버려 거리가 을씨년스럽다. 다들 죽겠다고 아우성이며 장사는 마지못해 하고 있단다. 인건비 때문에 대부분 가족끼리 하고 종업원은 내보냈다고 한다. 눈물이 핑 돌았다.

이 정부는 서민들이 죽어가는데 소득주도성장이란 방향은 맞다고 한다.

정말로 "이건 아니야."

7월의 한낮에 조 남 수